RETOUR À L'ESSENTIEL

ARNAUD DESJARDINS

RETOUR À L'ESSENTIEL

Rencontres au Québec

LA TABLE RONDE

Le papier de cet ouvrage est composé de fibres naturelles, renouvelables, recyclables et fabriquées à partir de bois provenant de forêts plantées et cultivées durablement pour la fabrication du papier.

ISBN : 978-2-266-17973-7

Sommaire

Rencontres au Québec

Lorsqu'en 1974 j'ai mis fin à mes activités de producteur et réalisateur à la Télévision Française pour me retirer en Auvergne et y fonder un petit centre consacré à la recherche spirituelle, je dois avouer que je ne connaissais en vérité pas grand-chose du Canada en général et du Québec en particulier. Certes, au lycée, on m'avait bien enseigné Jacques Cartier et Champlain puis la perte par la France de ses colonies d'Amérique. Mais, lorsque j'étais étudiant à Sciences-Po, on m'avait plus parlé de la Chine, de l'URSS ou des États-Unis que du Canada. Je fais partie de la génération de Français qui a découvert le Québec avec Félix Leclerc, son « p'tit bonheur » et « ses souliers qui ont beaucoup voyagé », premier d'une longue liste d'artistes francophones d'outre-Atlantique qui se sont succédé dans la faveur du public français, et j'admire personnellement le talent de Gilles Vignault et de Linda Lemay.

Je ne me doutais certainement pas alors de la place qu'allait prendre le Québec dans mon existence et dans mon cœur. Et puis, en 1976, les premiers livres d'Arnaud Desjardins s'étant quelque peu vendus au

Québec, j'ai reçu un jour la lettre d'une toute jeune femme me demandant si elle pouvait venir en France et séjourner auprès de moi. À cette époque je l'ai accueillie comme j'aurais accueilli Maria Chapdelaine, sur fond de neige, de cabanes dans la forêt et de trappeurs plus que de gratte-ciel à Montréal.

Peu après est venu chez nous un deuxième Québécois. Les chemins d'accès à notre « ashram » du Bost étaient à cette époque encombrés par la neige et il nous a courtoisement montré notre inefficacité en matière de déneigement avec des petites pelles ordinaires non appropriées ! Des Français émigrés et établis au Québec depuis longtemps, qui nous avaient également rendu visite, m'ont alors proposé de venir animer un séminaire de huit jours dans leur maison de Saint-Luc-sur-Richelieu, à proximité de Montréal. Je regardais récemment les photos de ce premier séjour, nous étions huit tout compris. Aujourd'hui c'est facilement devant cent personnes que je parle et que je réponds aux questions lorsque je retourne dans ce pays. Et c'est plusieurs centaines qui gravitent autour de l'ashram qui a été fondé en Estrie, à quelques centaines de mètres du no man's land de la frontière des USA.

Mais revenons un peu en arrière. De plus en plus nombreux étaient les Québécois qui venaient passer quelques semaines auprès de nous en France et mon premier séjour dans leur pays a été suivi de beaucoup d'autres. Tant et si bien que, depuis vingt ans, je me rends régulièrement au Québec et beaucoup de Québécois et Québécoises sont devenus pour moi des fils et des filles que j'ai la joie de retrouver d'année en année.

En 1984, deux Canadiens, destinés à jouer un rôle important dans le futur, sont venus se joindre au premier groupe : Pierre Lepage et son épouse Édith Charest. Et un beau jour, en France, Pierre et Édith m'ont demandé s'il n'y aurait pas un de mes plus anciens élèves ou disciples qui pourrait venir s'établir en permanence au Québec. Nous est alors venu tout de suite à l'esprit le nom d'Éric Edelmann, l'une des personnes les plus sérieusement engagées auprès de moi depuis bien des années, docteur en philosophie dont la thèse avait déjà été éditée sous le titre Métaphysique pour un passant *(il a publié aux Éditions du Relié* Jésus parlait araméen, *ouvrage qui a reçu un accueil très positif). Aidé par Pierre, Édith et un petit groupe extrêmement motivé, Éric s'est lancé dans l'aventure, quittant la France, sa famille et ses amis pour s'installer dans les cantons de l'Est, à côté de Frelighsburg où, au cœur d'un paysage superbe, a été fondé l'ashram Mangalam (ce nom signifiant* bénédiction *en sanscrit), lieu d'activités de l'association Les Amis du Silence. Depuis, Pierre Lepage nous a quittés, emporté par un cancer à évolution foudroyante, et ce fut pour moi un deuil personnel. Bien que je ne séjourne à Mangalam que dix jours par an, je vois bien à quel point ces Québécois et Québécoises que je retrouve chaque année, qui m'écrivent de temps à autre ou viennent nous rendre visite en France, sont devenus importants pour moi.*

Même si nous parlons la même langue, vingt ans de fréquentation du Québec m'ont amené à comprendre que les Québécois ne sont pas des Français. Parlant d'une manière générale, je dirai qu'ils sont moins compliqués que nous ne le sommes et surtout qu'ils osent s'engager et se mettre en cause dans un processus de transformation d'une manière plus directe que ce que j'ai pu observer en France même. Certains de nos échanges de questions-réponses ont été enregistrés et nous avons pris l'initiative d'en faire un ouvrage accessible à tous. Certes on y retrouvera des idées ou des vérités que connaissent déjà les lecteurs de mes précédents livres, mais présentées d'une manière nouvelle. Nouvelle, parce que si on y regarde de près, les questions ne sont pas posées exactement de la même manière au Québec qu'en France. Elles sont, dans l'ensemble, moins intellectuelles et plus directement sincères.

Plus je connais ce pays, plus je l'apprécie. Je ne parle pas seulement de la beauté des paysages mais du climat général des relations en dehors du monde d'un petit ashram : simplicité, chaleur, serviabilité. J'y ai rencontré des hommes connus avec qui j'ai pu partager certaines convictions essentielles : Placide Gaboury, Jacques Languirand, Guy Corneau et j'ai participé à plusieurs émissions de télévision, dont « Second Regard » ainsi qu'aux entretiens radiophoniques de Richard Cummings. Il m'arrive même de me dire parfois qu'au fond les Québécois ont réussi à faire la synthèse de ce qu'il y avait de précieux aux USA et en France tout en évitant les défauts bien connus des « maudits Français » et des Américains. Dieu sait combien j'ai aimé l'Inde et l'Afghanistan où j'ai autrefois si souvent, et parfois si longuement, séjourné et quelle est ma dette de gratitude à l'égard de ces deux pays. Je ne me doutais pas, lorsque je sillonnais les routes de l'Asie, qu'un jour à Shar-I-Nao de Kaboul ou Connaught

Circus de Delhi succéderaient Sherbrooke, Saint-Denis et Sainte-Catherine au cœur de Montréal.

L'ouvrage que voici est donc une série d'extraits des enregistrements de nos rencontres à Mangalam, chemin Verger Modèle, Frelighsburg, Cantons de l'Est. Il donne, résumées en un seul volume, les idées fondamentales développées ici et là dans les autres livres où j'ai tenté de retransmettre ce que j'avais reçu et de partager une expérience vécue.

Arnaud Desjardins.

Les différents sujets abordés dans cet ouvrage n'ont pas été regroupés par thèmes pour conserver le caractère spontané des rencontres. Les questions, tantôt très personnelles tantôt plus directement liées à l'essence de la voie, s'enchaînent donc apparemment sans suite logique car nous avons voulu privilégier le style parlé, direct et vivant. Bien qu'il ne s'agisse pas d'un exposé systématique de l'enseignement d'Arnaud Desjardins, il se dégage cependant au fil des pages un ensemble cohérent et le lecteur trouvera, du fait même de la diversité des questions posées, un aperçu général de la voie proposée par l'auteur.

Le langage familier québécois a parfois son originalité par rapport au français tel qu'on le parle aujourd'hui dans l'Hexagone. Nous avons conservé le texte des questions telles qu'elles ont été posées.

Premier jour

20 octobre

Réunion du matin

POURQUOI PRATIQUER ?

UNE FEMME : Je vois beaucoup d'émotions qui montent, je vois surtout l'image de mon père. Quand j'étais petite, s'il nous donnait un ordre, il fallait l'exécuter tout de suite. C'est quelque chose que je n'aimais pas en lui mais je m'aperçois que je fais exactement pareil : je tends à redire souvent dans la même journée les mêmes choses. Ce qui m'aide à revenir à l'observation de ce qui se passe à ce moment-là, c'est de penser à vous. Vous avez vous aussi à redire souvent les mêmes choses, à répondre aux mêmes questions et le fait d'y penser m'aide. En tant qu'enseignante, quand j'ai à répéter des quantités de fois à un enfant : « Tu dois faire ceci ou cela », c'est vraiment le cœur de la pratique.

ARNAUD : Dans « redire les mêmes choses », il y a deux aspects. Vous avez, bien sûr, à répéter toujours ce que vous enseignez. Un professeur, surtout s'il enseigne une branche de connaissance, comme l'histoire ou la géographie, qui ne comporte pas sans cesse de nouvelles informations, va redire chaque année presque les mêmes phrases. Mais est-ce que cela devient fastidieux ou est-ce que c'est, en vérité, toujours neuf, ici et maintenant ?

Vous avez fait allusion au fait que, depuis vingt-six ans que je parle de la voie, ce sont à peu près toujours les mêmes thèmes qui reviennent. C'est vrai. Parfois, bien sûr, il y a des choses que je n'ai jamais eu l'occasion de dire et que les circonstances font venir à la surface, mais c'est rare. Les bases de la pratique, vous les connaissez très bien mais demandez-vous : pratiquer pourquoi ? C'est un point capital : quel est le but ? – y compris le but lointain. Pourquoi est-ce que je pratique, que je m'exerce, que j'introduis une qualité d'attention et de conscience au cœur des situations et de mes réactions habituelles ? Pourquoi ? C'est essentiel de répondre à cette question parce que cela change complètement la valeur de la pratique. Vous connaissez probablement l'histoire des deux tailleurs de pierre au Moyen Âge à qui on demandait : « Qu'est-ce que tu fais ? » Le premier répond : « Je taille des pierres rectangulaires » et l'autre dit : « Je bâtis une cathédrale », alors qu'ils font le même travail ! Plus vous saurez vers quoi vous allez, plus votre pratique sera juste. Réfléchissez : quel est le vrai but de la voie, le but ultime ?

Naturellement, il faut être lucide et réaliste. Il s'agit d'une voie (en hindou *marg*, en anglais *the way* ou *the path)* et il y a bien un aspect de progression, même si ce que nous cherchons – et on ne le dira jamais trop – est déjà l'essence profonde, ultime de notre propre existence. Cela doit être bien clair. Dans la démarche « il faut dire oui », le bon sens nous montre : *c'est*. Ce qui est est. Qu'est-ce que ça change de dire : « Oh, merde ! Oh, zut ! Oh, non ! » Cela ne change rien. La pratique la plus réaliste pour vous consiste à observer : « Voilà un enfant qui ne répond pas à mon attente, je vois un énervement qui monte », et cette pratique simple est déjà reliée au but suprême parce que vous introduisez la conscience, la vigilance au cœur des réactions mécaniques.

Je vais prendre un exemple familier. Dans ma jeunesse, j'ai fait un certain nombre de fois le trajet en voiture jusqu'en Inde sur des routes non goudronnées et souvent défoncées. Il y avait tout le temps un problème immédiat à résoudre : par exemple franchir une frontière impliquait de discuter avec les douaniers afin d'éviter qu'ils ne démontent la voiture pour faire du zèle en cherchant de la drogue… Mais, en même temps, pas une seconde je ne pouvais oublier que j'étais en route vers un but parfaitement clair : rejoindre l'Inde et particulièrement rejoindre Mâ Anandamayî. Très souvent la pratique, en France autant qu'au Québec, fait quelque peu oublier le but. N'ayez pas peur du but ultime. Ne dites pas : « Ce n'est pas pour moi » ou « Ce sera pour moi plus tard ». Si vous vous sentez engagés sur la voie spirituelle, mystique même, cela change déjà complètement les choses. Mais en quoi consiste cette voie ? Que pouvez-vous en comprendre aujourd'hui ? La vie spirituelle, c'est le fond commun à Ramana Maharshi, à saint Jean de la Croix, à Socrate, au Bouddha… Qu'y a-t-il de commun entre des personnes apparemment si différentes ?

Quel est le but ? Vers quoi allez-vous ? Comprendre cela donne son sens à la pratique. Tout devient beaucoup plus intéressant, beaucoup plus motivant. Il existe un ouvrage remarquable et qui m'a été envoyé par votre compatriote André Decary que certains d'entre vous connaissent. Je l'ai lu en anglais mais il a été traduit en français au Québec. Il s'agit de : *The power of now*, la puissance de l'instant, car c'est de maintenant qu'il s'agit : il n'y a rien d'autre que maintenant pour pratiquer, c'est maintenant que je pose le pied là où je suis. Mais, en même temps, je ne perds pas de vue le but. Les deux aspects sont essentiels. Plus vous serez inspirée par ce que je peux appeler le Grand But, autant que vous pouvez le pressentir, plus vous comprendrez qu'aussi immense soit-il, il est le sens d'une existence humaine, donc de la vôtre.

Je vais rester sobre mais il paraît que vous avez des problèmes cardiaques ? Serrons-nous la main. Peut-être les vôtres sont-ils plus graves ? Je viens d'avoir une preuve de plus de ce que je vous dis. Il s'est produit dans mon organisme ce qu'on appelle l'œdème aigu du poumon. Physiquement, c'est horriblement pénible mais, comme il m'était déjà arrivé d'avoir des essoufflements qui s'étaient dissipés d'eux-mêmes, on n'a pas tout de suite appelé le médecin d'urgence. J'ai vu alors, j'ai bien compris et, le médecin quand il est venu me l'a confirmé, que la survie était une question de minutes. Au-delà, l'organisme ne résiste plus. Et je me rendais bien compte : il se passe quelque chose, quelque chose que je n'avais pas prévu pour maintenant, peut-être, réalistement, est-ce cette mort dont on parle beaucoup, surtout quand on a des intérêts spirituels et qu'on a bien souvent été amené à l'envisager… À ce moment-là, on ne peut même plus compter sur le souffle – expirer vraiment profondément – quand les poumons se remplissent d'eau, de plasma, de sérum, c'est… *(Arnaud s'interrompt avec un petit rire comme pour dédramatiser.)*

Et dans un tel moment, qu'est-ce qu'il reste de tout ce qu'on a accompli ou pas accompli, réussi ou pas réussi ? De tous les projets qu'on pouvait encore avoir pour le futur, que reste-t-il ? Le fruit de la pratique. Véronique[1] m'a rappelé que, entre deux suffocations, je disais, pour maintenir une complicité avec elle : « Aum, amen, oui » et même *« as an opportunity » – « Everything which comes to you, comes to you as a challenge and as an opportunity »*, « tout ce qui vient à vous vient à vous comme un défi et une opportunité ». J'ai au moins tenté cela. Je ne vais pas vous dire : « J'étais établi dans la béatitude du Soi et, sur le visage d'Arnaud, vous auriez vu, comme sur celui de Ramana Maharshi, en surimpression, la souffrance physique et la béatitude du Soi. » Vous auriez vu quelqu'un qui suffoquait, mais le fond de la conscience demeurait libre.

Tout le reste, par rapport à ce que j'appelle « le Grand But » – une expression parmi tant d'autres – tout le reste est relatif, vraiment relatif. Et le grand but de l'existence se mesure au moment de la mort. Ça peut être la mort exemplaire de Ramana Maharshi

1. Épouse d'Arnaud Desjardins.

ou de Swâmi Prajnânpad, mais c'est aussi la mort de tout être humain. Ce Grand But, vous vous le représentez intellectuellement et vous le ressentez comme vous le pouvez aujourd'hui, mais c'est cet accomplissement qui est la raison d'être de la voie. Le plus important, ce n'est pas d'améliorer – même si c'est déjà très précieux – votre manière de fonctionner. Vous savez combien Swâmi Prajnânpad prenait en considération les difficultés psychologiques de ceux qui s'adressaient à lui, mais la voie, c'est beaucoup plus que cela.

Cependant, il faut bien comprendre aussi que pour ce grand but, même s'il est vivant en vous, qu'il vous motive sincèrement et que vous en réanimez la flamme, pour le grand but lui-même, vous ne pouvez rien. Rien, même pas un petit peu, rien. Je vais m'expliquer pour que cela soit clair.

Je prends l'image la plus simple. Imaginons que j'aie très soif, que je sois déshydraté. Je me trouve sur cette plate-forme et, pour ce qui est de boire, juste maintenant, je ne peux RIEN ! Nous sommes d'accord : rien ! Ce que je peux, c'est descendre de cette plate-forme pour me diriger vers le réfrigérateur ou vers le lavabo et remplir d'eau un verre. Pour le grand but lui-même, c'est la même chose : je ne peux rien tant que je ne le touche pas. Quand je suis encore à Téhéran ou à Kaboul, pour ce qui est de faire le *pranam* à Mâ Anandamayî, je ne peux rien. Juste un petit peu ? Non, il n'y a pas de juste un petit peu. Mais, un kilomètre de plus, cent kilomètres de plus, maintenant.

Maintenant, maintenant. Maintenant, c'est un petit détail insignifiant : un gamin qui chahute, deux enfants qui se disputent... mais ce maintenant qui peut être – je ne sais pas si vous employez cette expression – merdique, peut prendre aussi un sens extraordinaire. Votre pratique, c'est votre journée d'enseignante, c'est toutes les occasions qui se présentent, y compris ces petites occasions qui n'ont rien en elles-mêmes de grandiose et qui deviennent grandioses parce qu'elles sont l'opportunité d'un pas de plus vers le Royaume des Cieux. Pratiquez, pratiquez, exercez-vous, mettez en œuvre ce que vous avez compris, dans toutes les circonstances. Tout est utilisable, tout est la puissance de l'instant, le pouvoir du maintenant, la richesse, l'importance de l'instant, juste maintenant.

LA MÊME FEMME : Je me suis aperçue qu'il y a des moments où je vis vraiment le « maintenant » avec un enfant précis et alors quelque chose change effectivement. Je suis portée à voir que c'est moins grave, il y a de l'humour qui monte et ma réponse est juste.

ARNAUD : Bien sûr. Vous allez voir la même réalité avec un regard tout à fait différent. Mais j'insiste : n'oubliez pas ce vers quoi vous allez, ou alors n'employez plus des expressions comme « la voie » et ne vous réclamez plus de Swâmi Prajnânpad. Mais c'est seulement *maintenant* que je peux m'en souvenir. Saint Benoît, père des bénédictins et des cisterciens, dit, dans sa célèbre règle, que « le moine entre au monastère pour chercher Dieu ». Si ce moine n'est pas aussi stupide que Mulla Nasreddine qui cherche ses clés là où elles ne sont pas parce que c'est mieux éclairé, c'est qu'il cherche Quelque Chose ou Quelqu'un qu'on peut trouver. Donc le moine entre au monastère avec la conviction que le sens de son existence est de se rapprocher de Dieu autant que c'est possible dans la condition humaine. Il peut y avoir des variations de formulation mais notre but est le même que celui du moine, même si nous n'osons pas employer le mot Dieu. Toute notre existence peut devenir marche vers le but, tout le temps, cela se fait peu à peu mais souhaitons que ce soit le plus vite possible. À tout instant, la réalité du moment est la présence de Dieu. Si vous rejetez votre éducation catholique, si vous préférez le mot *atman*, si vous aimez mieux le mot *nature de Bouddha*, utilisez-les. Le vocabulaire, même sacré et le plus respectable comme celui de la métaphysique ou de la théologie, demeure secondaire par rapport à l'expérience intime et à la sincérité.

L'INTENSITÉ DE L'ENGAGEMENT

UNE FEMME : Arnaud, je veux vous exprimer l'état intérieur que j'éprouve depuis que j'ai confirmé que je ferai un séjour pendant votre venue ici. D'abord il m'est venu beaucoup d'inconfort et de malaise à la pensée d'avoir à poser des questions.

ARNAUD : Pourquoi « d'avoir à poser des questions » ? Qui vous oblige ?

LA MÊME FEMME : Mon but est de me rapprocher de vous mais j'éprouve toujours ce malaise lorsque je suis dans l'attente d'une telle venue et c'est pour ça que je veux vous dire la friction intérieure que je ressens depuis quelques mois. Quelque chose se passe dans la profondeur que je n'arrive pas à déterminer et je me suis aperçue, à travers cette difficulté à accueillir, que, dans la vie en général, je ne prenais pas de risques, je me sauvais tout le temps. Ma question est : Qu'est-ce que l'engagement ? Qu'est-ce que l'intensité de l'engagement ? J'entends toujours parler de cette intensité, on dit qu'il faut être intense mais que signifie être intense ?

ARNAUD : Vous ne pouvez pas – et pourtant, c'est une tentation – être autre que ce que vous êtes aujourd'hui. Vous entendez peut-être : « Un vrai disciple pose des questions », mais demandez-vous : « Est-ce que moi j'ai une question à poser ? » ou : « Est-ce que moi, aujourd'hui, je décide que je vais prendre la parole pour dépasser une timidité que je ne sens plus juste ? » « Je veux me rapprocher d'Arnaud », qu'est-ce que cela signifie vraiment ? Se rapprocher physiquement, c'est venir ici quand Arnaud est au Québec mais il y a un rapprochement dans la profondeur, de cœur à cœur, qui est beaucoup plus important, qui ne vieillit pas d'une journée au fil des ans et qui subsiste après la mort du *guru*. Que Swâmiji soit mort hier ou il y a vingt-six ans, cela ne fait aucune différence dans ma communion avec lui.

Méfiez-vous toujours des mots que vous entendez et qui font partie du vocabulaire d'un lieu ou d'un groupe. Le but, ce n'est pas de vous rapprocher d'Arnaud, le but, c'est de vous rapprocher du Royaume des Cieux qui est au-dedans de vous. D'accord ? Alors, maintenant, est-ce que, *pour ce but-là*, cela m'aide de me rapprocher d'Arnaud ? Mettez de plus en plus de conscience dans la vérité de votre existence et surtout osez, le plus souvent possible, relier vos décisions au grand but dont je parlais tout à l'heure. « Je veux me rapprocher d'Arnaud », d'accord. Je vais prendre un exemple familier. Pour une femme qui est très attirée par un homme qu'elle sait libre et qui lui paraît généreux, beau et sympathique, le but va être de se rapprocher de cet homme. Mais, en se rapprochant de cet homme, est-ce qu'elle se rapproche aussi du grand but ou est-ce qu'elle s'en détourne ? Et là, ne répondons pas trop vite.

De même : « Je veux me rapprocher du maître. » Pourquoi ? Je ne dis pas du tout que vous avez tort ou que vos expressions ne sont pas justes mais que veut dire « se rapprocher d'Arnaud » ? Cela peut être simplement le désir que quelqu'un vous regarde, vous reconnaisse, s'intéresse à vous. Si c'est exact, voyez-le réalistement même si ce n'est pas le niveau le plus pur de la relation. C'est clair ?

LA MÊME FEMME : Oui, oui.

ARNAUD : Et s'il s'agit juste de prendre la parole, pour avoir osé le faire, parfait !

Nous avons tous une intelligence mais le problème, c'est que nous ne l'utilisons pas ou que nous l'utilisons mal, pour ne pas dire en dépit du bon sens. Faites donc confiance au fait que vous avez une certaine intelligence. Cette intelligence, vous pouvez l'utiliser sans avoir toujours à demander au maître ou à chercher dans un livre. Qu'est-ce que je fais ? Qu'est-ce que je décide ? Pourquoi ? Avec quelle intention ? Introduisez de plus en plus de lucidité dans votre existence. C'est ce qu'exprime l'image de la lumière. Vous voyez mieux dans une pièce où vous avez allumé la lampe. Ainsi, voyez que ce même terme « se rapprocher d'Arnaud » peut prendre des sens plus ou moins riches.

Vous dites aussi : « Je manque d'intensité » mais si nous tous, nous avions l'intensité qu'évoque Swâmi Ramdas dans ses souvenirs, les *Carnets de pèlerinage*, nous atteindrions la sagesse en deux ans. Oui, je manque d'intensité par rapport à certains qui étaient tellement mûrs que, pour eux, tout, oui *tout*, était soumis tout le temps à cette Réalité divine. Tous nous manquons plus ou moins d'intensité suivant les moments. Ne comparez pas, ne comparez jamais. Il s'agit de vous, de *vous* au sens le plus individuel qui soit.

La médecine, c'est une connaissance générale, mais chaque malade est un cas spécifique. Et encore, il s'agit de chaque malade en ce moment précis : juste maintenant, en train d'étouffer ou non. C'est tout à fait simple. Vous, telle que vous êtes, qu'est-ce que vous voulez ? – pas qu'est-ce que vous devriez vouloir, parce que là, nous sommes déjà dans l'erreur. Comment pouvez-vous faire sa place et laisser s'exprimer une vraie demande qui est en vous mais plus ou moins recouverte par toutes les préoccupations habituelles, toutes les craintes, tout ce que vous voudriez éviter, tous les désirs, tous les rêves. Cette demande de perfection, elle est en nous tous et elle est en vous. L'intensité ne peut venir que du but. Il n'y a que le but, tel que vous le ressentez, *votre but à vous aujourd'hui* tel que vous le concevez, qui peut vous donner l'intensité de la pratique. Il se peut que ce qui vraiment vous motive, ce ne soit pas « l'Éveil » ou « la Libération » parce que ces grands mots sont trop imprécis et n'ont pas vraiment un écho en vous.

Alors qu'est-ce qui peut vraiment vous motiver tout de suite et vous conduire en direction de ce but ? Sans cela, vous allez vous lamenter : « C'est terrible, je ne sens pas en moi ce grand but : "chercher Dieu", "l'éveil", "l'*atma darshan*"[1], la "vraie nature de l'esprit" » (en donnant un sens très vaste au mot esprit – un esprit calme, un esprit agité, un esprit angoissé, un esprit mesquin, un esprit médiocre, un esprit noble – quelle est la vraie nature de mon propre esprit ?).

Il y a bien des formules pour évoquer le but ultime. Mais vous pouvez avoir aussi un but plus concret pour vous, un but relatif qui vous rapproche néanmoins de la profondeur au lieu de prendre des voies de distraction qui sont des voies de garage. Par exemple : « Je veux dépasser telle faiblesse ou telle peur et ça, ça me motive. » Et là votre instructeur – le maître, le *guru*, si vous employez le vocabulaire classique – peut sentir : en ayant ce but-là, elle ne tourne pas le dos au grand but, au contraire elle s'en rapproche. En anglais – et pour moi l'anglais n'est pas la langue des États-Unis ou de la Grande-Bretagne mais celle de l'Inde – les hindous font une grande différence entre *want* et *will*. *Want*, c'est je voudrais bien, c'est un caprice, c'est une exigence, et *will*, *willpower*, c'est une volonté beaucoup plus utile que tous les caprices et toutes les exigences du moment. Je veux. Je veux atteindre ce but. Et, si ce but va dans la bonne direction, vous serez doublement motivée.

1. *Atma darshan* : la vision de l'*atman*, du Soi.

Vous ne pouvez pas « intensifier la pratique ». Vous pouvez intensifier la conscience de votre but à vous. Il faut que vous soyez intensément motivée *pour quelque chose*. Comme celui qui veut passer un certain concours. Il veut, lui, passer ce concours. Ce ne sont pas ses parents qui lui ont dit : « Ce serait bien si tu étais architecte. » Il veut le diplôme officiel pour exercer cette profession et, de ce fait, il va être très motivé pour travailler. Quel est votre vrai but actuel ? Il n'y a que cela qui vous donnera de l'intensité, en souhaitant que ce but vous oriente dans la bonne direction. Si la bonne direction est au sud, pour peu que vous alliez vers le sud, c'est parfait. Si vous vouliez d'ici vous rapprocher de la Floride, ne partez pas vers la baie d'Hudson.

Comprenez-moi bien : vous ne pouvez pas intensifier la pratique : « Je devrais pratiquer plus, je devrais pratiquer plus… » Qu'est-ce qui vous motive ? Et j'insiste : ce qui vous motive, ce n'est pas forcément « je veux voir Dieu face à face » ou « je veux m'éveiller à l'*atman* », c'est simplement « je veux ça », mais pas comme un caprice ! Le maître, lui, se rend compte que cela vous conduit dans la bonne direction – ou le contraire.

Voilà ce que je peux vous dire. Qu'est-ce que vous voulez ?

LA MÊME PERSONNE : Par exemple, je veux apprendre à bien cuisiner. J'ai déjà commencé et c'est très important pour moi. Même si je vis seule, je me motive à faire des choses…

ARNAUD *(l'interrompant) :* Vous n'avez même pas besoin de « Je me motive », vous êtes motivée. Si vous voulez apprendre à bien cuisiner, les faits vont le montrer. Vous allez acheter des livres, suivre des recettes, vous allez essayer, vous allez rater un gâteau, vous allez le refaire une deuxième fois et vous allez le réussir. Apprendre à bien cuisiner, c'est tout à fait conforme au *dharma* et, si vous le faites avec un certain état d'esprit, ce sera un aspect de la voie. L'essentiel, c'est se souvenir – en arabe, *dhikr* signifie simplement se souvenir. En cuisinant, je me souviens. À la fois, je pèse très soigneusement ma farine et mon beurre et, en même temps, je me souviens de Dieu. C'est ce qui fait la vie monastique. La cuisine devient alors un *yoga*.

L'EGO EST UNE ILLUSION, MAIS IL FAUT UN EGO FORT

UNE FEMME : Arnaud, l'ego est une illusion et pourtant il s'agit d'avoir un ego fort. Je n'arrive pas à comprendre ça.

ARNAUD : Si vous restez juste au niveau des mots – même si vous les avez lus dans les livres d'Arnaud – vous n'arriverez pas à comprendre. L'intellect seul ne peut pas vous aider. L'ego est une illusion et pourtant, pour être disciple, il faut un ego fort et structuré. Qu'est-ce qui vous permet à vous aujourd'hui de dire que l'ego est une illusion ? Certes de nombreux *gurus* tout à fait respectables et sachant ce dont ils parlent ont enseigné : « L'ego est une illusion. » Je suis bien d'accord et je reprends cette parole à mon compte mais, pour la comprendre un peu, je dois dire qu'il m'a fallu au moins vingt ans. Je n'étais pas très doué, comme vous voyez… *(rires dans la salle)* j'étais plutôt persévérant que doué !

Oui, comment est-ce que vous aujourd'hui vous voyez que l'ego est une illusion ? Faites très attention à ne pas adopter une formule prestigieuse sans en regarder de plus près le contenu. À votre avis, d'après votre expérience à vous, qu'est-ce qui permet de dire que l'ego est une illusion ?

LA MÊME PERSONNE : En ce sens que tout passe, qu'il n'y a rien qui dure, que c'est une constante impermanence...

ARNAUD : Oui, c'est là le point le plus important de la démarche pour comprendre ce que signifie cette parole. Tout change autour de moi : les événements changent, les situations changent. Un jour vous êtes à Montréal, un jour vous êtes à Mangalam, un jour vous êtes en France, un jour vous êtes à l'hôpital, un jour il fait beau, un jour il pleut... et ces changements, personne ne peut les nier. Le mouvement général de l'existence, du monde phénoménal, suit son cours. Mais il n'y a pas que les circonstances extérieures. Ce que j'appelle *moi*, ou *je*, change tout le temps. Condition physique changeante : le corps vieillit inexorablement même si on ne s'en rend pas compte du jour au lendemain. Et aussi : j'étais en pleine forme, maintenant j'ai mal partout. Condition affective changeante : les états d'âme, nous le savons bien, sont très fluctuants. Plus on est attentif, plus on constate ce renouvellement. Des désirs apparaissent qui n'étaient pas là il y a trois secondes ou qui n'étaient pas là il y a dix ans, des craintes se lèvent puis disparaissent. Changement, changement, changement... Dans ce flux, qu'est-ce qui est tangible, qu'est-ce qui est intangible ?

Il y a là une grande vérité dont les conséquences sont immenses mais qui est tout de suite à notre portée. On vous a donné un nom de famille qui est celui de vos parents et un prénom, ce qui, avec votre date de naissance, constitue votre identité. Et aujourd'hui, si on vous demande votre identité, vous allez répondre la même chose, mais, à part ce nom – et encore si vous n'en changez pas – il n'y a que changement. Ce que vous dites est parfaitement vrai, tellement riche de conséquences ! Il n'y a pas une entité, c'est une illusion. Pourquoi est-ce toujours « moi » alors que ce moi n'est que changement ? Qu'est-ce que je suis ? Est-ce que je suis quoi que ce soit qui *est* ? Le verbe être n'est pas uniquement le devenir, c'est-à-dire le flux. Il se conjugue à l'éternel présent.

Votre illusion aujourd'hui, c'est l'expérience que vous avez de « moi ». Ce moi, c'est quoi ? Si vous regardez bien, c'est avant tout un ensemble de refus et d'espoirs : voilà tout ce que je voudrais éviter, voilà tout ce que je n'aime pas, voilà tout ce que j'espère, voilà ce que je regrette. Cette revendication concerne le passé, concerne le futur, et nous vivons rarement la pureté de l'instant présent. On traduit le mot ego par moi mais – je l'ai dit si souvent – on devrait traduire par moi *et*. L'ego est synonyme de deux : moi et ce châle, moi et ce micro – ou moi et mon envie de vomir (qu'est-ce que j'ai ? Je me sens mal...). Moi *et*. S'il n'y avait que moi et rien d'autre, on ne pourrait plus parler d'ego, mais de l'unique réalité universelle. L'ego, c'est donc la limitation : là je m'arrête, là l'autre commence. Et cette dualité, elle règne aussi en nous. Ainsi, moi et mon angoisse, cela fait deux.

Ce qui permet de dire que l'ego est une illusion, c'est que ce fonctionnement peut disparaître. Vous ne pouvez pas faire disparaître quelque chose qui existe. Vous pouvez éventuellement le changer. Vous pouvez, par exemple, transformer votre violence en compassion mais l'énergie ne disparaît pas. Le fonctionnement de base de l'ego, de la séparation et de la limitation, peut disparaître, alors que quoi que ce soit de réel ne peut pas disparaître. Rappelez-vous l'image célèbre en Inde d'une grosse corde dans la pénombre du crépuscule que l'on prend pour un serpent. Je m'approche un peu et, tout d'un coup, je vois la corde. Le serpent a disparu mais il ne s'est pas transformé en corde comme une chenille se transforme en papillon !

La preuve que l'ego est une illusion, c'est qu'il peut se volatiliser, mais ce n'est pas chose facile. Pour se rapprocher de ce but qu'est l'effacement de l'ego, de la séparation, il faut que votre compréhension soit claire : oui, je me sens en effet séparée, limitée et, si vous n'êtes pas un génie, une exception sur des millions, vous libérer de cette illusion vous demandera un engagement persévérant sur la voie. Il va s'agir d'écouter l'enseignement transmis, de réfléchir et de le mettre en œuvre. Il y a une très belle définition bouddhiste de l'être humain : « Ce qui fait l'être humain, c'est la capacité à entendre prêcher le *dharma* – c'est-à-dire l'enseignement du Bouddha – et à le mettre en pratique. » Même un animal qui présente des signes d'intelligence comme le chimpanzé ne peut pas entendre prêcher le *dharma*. Si ce qui fait l'être humain, c'est sa capacité à entendre prêcher le *dharma* et à le mettre en pratique, cela veut dire qu'un être humain qui n'est pas capable de cela n'est pas un homme au sens plein du terme. C'est implicite.

Pour entendre l'enseignement et le mettre en pratique, il faut une certaine force. Si on commence par *(prenant un ton accablé)* : « Oh… C'est trop difficile ! Je n'y arriverai pas… », on prend des décisions qu'on ne tient pas, comme prévoir de faire un séjour dans un ashram et, à la dernière minute, trouver une bonne excuse pour ne pas s'y rendre. Vous allez vous apercevoir qu'en effet il va falloir mettre en œuvre une certaine énergie, qu'il va falloir grandir. Peut-être êtes-vous faible comme un petit enfant qui commence par marcher à quatre pattes avant de se tenir debout mais ce n'est pas incompatible avec l'espérance d'une transformation.

Découvrir que l'ego est une illusion, cela veut dire être libre de l'égocentrisme. Il faut donc bien comprendre en quoi consiste votre égocentrisme, comprendre comment vous fonctionnez ou plutôt, comment fonctionnent vos fonctions physique, émotionnelle, mentale et sexuelle. Écouter le *dharma*, entendre, réfléchir et mettre en pratique, demande une structure et une certaine force de caractère. Au lieu de gémir : « C'est trop dur ! Au secours ! Je n'y comprends rien ! », il s'agit de mettre en œuvre ce *will power* que je mentionnais tout à l'heure. Allez-y ! Demandez : de quoi s'agit-il ? Puis, écoutez et, ensuite, mettez un pied devant l'autre et avancez.

Apparemment, oui, il y a une contradiction dans la phrase qui vous pose question, mais essayez de comprendre. Pour découvrir que l'ego est une illusion, il faut une pratique qui exige une vigilance, une expérimentation, une observation et une qualité de présence et, pour mettre en œuvre cette pratique, il faut d'abord un ego qui ait une certaine force. C'est un aspect de l'ego, ou un ego particulier, qui a un but permanent, le même à vingt-quatre ans qu'à soixante-dix : l'éveil, ou tout autre terme qui a aujourd'hui un écho en vous. Et là on se rend compte qu'il y a les mous, les paresseux, les faibles, les incohérents – et ceux qui peut-être reviennent de loin, qui peut-être ont tout à faire, mais qui le font. Dès que les années commencent à passer, nous pouvons nous souvenir des faiblesses que nous avions au début du chemin et constater que, peu à peu, notre force a grandi. Certains et certaines qui étaient vraiment mal en point dans l'existence ont changé petit à petit mais parce qu'il y avait en eux la volonté de changer, une certaine force qui les poussait à voir : je suis faible mais je veux grandir.

C'est vrai que Swâmiji disait de temps en temps : « *Swâmiji needs strong egos* », Swâmiji a besoin d'ego forts, pour pouvoir jouer vraiment son rôle.

Qu'est-ce qui pour vous, ce matin, manque à ma réponse ?

La volonté et le tyran en nous

LA MÊME PERSONNE : Je me rends compte qu'il y a en moi le personnage du tyran et je sens une confusion entre la volonté et l'ambition.

ARNAUD : Commencez par la volonté, même s'il y a là des aspects trop volontaristes. Vous allez en voir les limites, vous allez en voir l'erreur, c'est comme ça qu'on apprend. D'accord, constatez une ambition.

Bien sûr, vous pourriez dire : il n'y a que l'ego pour désirer la libération, notre essence est déjà libre et, plus on veut être libéré, moins on est en mesure de voir qu'on est déjà libre. Oui, c'est vrai une fois pour toutes : la vague est déjà l'océan. Mais avec des phrases comme celle-ci, qui sont justes en soi, on se dupe et on n'est plus engagé dans une pratique.

Tant mieux s'il y a une volonté. Quant à l'aspect tyran, vous allez découvrir son côté erroné. Mais, pour le découvrir, il faut entendre, il faut observer, il faut réfléchir. Or, pour cela il faut avoir une certaine structure, un minimum de cohésion. Donc, je vous redis : tant mieux si elle est là, cette volonté, même avec un aspect tyran dont vous allez reconnaître peu à peu qu'il est un obstacle sur votre voie parce qu'il exige, qu'il va demander l'impossible et brimer certains aspects de vous-même au nom d'autres aspects. La voie consiste à découvrir nos erreurs et à ne pas y persister trop longtemps.

Vous ne pouvez pas tout de suite comprendre clairement de quoi il s'agit ou alors vous faites partie des rarissimes surdoués. Vous allez donc faire des efforts mêlés d'imperfection : il y a trop de tension, trop de volontarisme. Nous avons tout à apprendre. « Connais-toi toi-même » mais nous fonctionnons sans connaissance de soi et la voie nous apprend à *voir*. Vous réalisez alors : « Oh ! Je fonctionnais comme ça et je ne m'en rendais même pas compte ! » On vit complètement dans l'ignorance de soi-même. Et puis on découvre et on voit, par exemple, cet aspect tyran qui est réel : une tension, une exigence, une vue partielle et partiale qui nous fait aller trop loin à droite parce que nous allions un peu trop loin à gauche. Tout cela, nous le découvrons peu à peu. C'est long pour la moyenne des gens. Ne prenez pas pour norme Swâmi Ramdas, Nisargadatta Maharaj et quelques figures exceptionnelles.

Il vaut donc mieux avoir une volonté et découvrir qu'elle est mêlée d'un aspect tyrannique que, pour éviter l'aspect tyrannique, n'avoir aucune volonté. Vous allez progresser. L'enseignement, en tout cas celui que j'ai reçu, fournit des réponses à chaque étape de notre cheminement. Ce qu'il est nécessaire de voir, petit à petit on le voit et ce qu'il est nécessaire de comprendre, petit à petit on le comprend, alors que cela nous avait échappé complètement les premiers temps. Dans ma jeunesse, avec les « Groupes » Gurdjieff, j'ai eu une pratique qui n'était pas du tout inutile mais qui était mêlée d'erreurs. C'était inévitable de vouloir, à l'intérieur du sens de l'ego, me perfectionner sans remettre l'ego en question : moi, si je pratique et si je me centre, si je suis vigilant, je ne serai plus une machine à réagir mais un homme conscient. Mais je ne mettais pas en cause le mécanisme fondamental. En fait, j'essayais de faire triompher ce qui me paraissait bon sur ce qui me paraissait mauvais. Et pourtant, je n'y ai pas perdu mon temps. S'il y a en vous un aspect « tyrannique » et que vous progressez sur la voie, vous découvrirez en pleine lumière la sottise de ce volontarisme crispé. Quand on a vu la sottise d'un fonctionnement, avec un peu de vigilance on arrive à le dépasser.

Ce que je vous dis là vous paraît-il concret ?

LA MÊME PERSONNE : Oui.

ARNAUD : Et puis souvenez-vous, il s'agit de *vous*, ne vous laissez pas impressionner par les questions que posent les autres, sauf en fonction de vous : en quoi sa question me concerne-t-elle ? Osez être vous-même. Il s'agit de vous, il s'agit de vous, de vous ! Vous découvrirez à votre tour que, pour que *vous* puissiez progresser, il faudra que vous sortiez de *moi, moi, moi* et que vous commenciez à devenir beaucoup plus vaste et à vous ouvrir à l'autre. Tout cela se révèle peu à peu. Au début nous sommes complètement, ou presque complètement, égoïstes, en tout cas égocentriques : MOI ! Parfait, d'accord. Partons de là. C'est ce moi qui devient de moins en moins égocentrique, de plus en plus vaste, de moins en moins limité et le sens de la séparation se dissout peu à peu.

INTENTION ET VOLONTÉ

LA MÊME PERSONNE : Un jour Daniel[1] m'a dit que je mélangeais intention et volonté. Si j'ai bien compris ce que vous dites, la volonté aurait un rapport avec l'ego : c'est l'ego qui veut, tandis que l'intention, ce serait le disciple ?

ARNAUD : Il peut se trouver, et cela peut nous embrouiller un peu, que différentes personnes, en nous répondant, ne donnent pas exactement le même sens aux mêmes mots. Essayez donc de comprendre Daniel lorsqu'il fait une distinction entre l'intention

1. Collaborateur d'Arnaud à Hauteville. Daniel Morin a animé des séminaires à Mangalam à plusieurs reprises.

et la volonté, puisque moi je n'hésite pas à employer le mot volonté que Swâmiji utilisait aussi.

Il peut y avoir une volonté pour accomplir des buts qui ne vous rapprochent pas spécialement de l'éveil. Dans tous les domaines, nous pouvons voir autour de nous des personnes très motivées qui « en veulent », comme on dit, qui travaillent, qui se donnent du mal, avec une certaine persévérance et qui font preuve de volonté mais c'est une volonté au service de l'ego. Le sens (ou l'illusion) de l'ego, cela ne désigne pas forcément un monstre d'égoïsme, cela veut dire un être humain qui fonctionne d'une manière dont on peut s'éveiller. Un ego peut être généreux mais c'est encore l'illusion du moi, c'est encore quelqu'un qui vit dans son monde et pas dans le monde. Nous savons de quelle volonté nous avons été capables pour quelque chose qui nous motivait beaucoup. Rigoureusement, je ne dirais pas une volonté née des demandes de l'ego ordinaire, puisque l'ego n'est que changement et contradictions, mais des demandes du moment : réussir tel concours, gagner telle compétition. Ce n'est pas encore l'aspiration à passer au-delà de toutes ces limitations.

Si vous voulez, vous pouvez très bien utiliser comme Daniel ce terme de volonté, en sachant clairement quel sens vous donnez à ce mot et le terme intention, en lui donnant une consonance moins individuelle. Ce qui est important, ce ne sont pas les mots, ce sont les réalités concrètes, même subtiles que nous cherchons à désigner pour nous comprendre. Or, trop souvent, les mots nous dupent. Daniel sait parfaitement bien ce qu'il tente de partager avec vous, mais quels termes va-t-il utiliser ? On essaie différents termes jusqu'à ce qu'on se comprenne.

Je suis d'accord avec ce que vous dites. Il y a toutes les demandes momentanées et tous les refus momentanés de l'ego ordinaire. Ces demandes – j'insiste là-dessus – peuvent être parfaitement compréhensibles, même légitimes, mais cela relève encore du moi séparé et séparateur. Ces demandes sont là. Si mon enfant est malade, je demande qu'il guérisse et je fais tout ce que je peux faire en ce sens. Et puis, il y a l'autre demande, d'un autre ordre. « Mon royaume n'est pas de ce monde », a dit le Christ qui a pourtant pleinement vécu dans ce monde au point qu'on lui a reproché de manger et de boire, en même temps qu'on reprochait à Jean-Baptiste d'être trop austère. Tout cela est dans l'Évangile : « Vous avez critiqué les disciples de Jean pour leur austérité et maintenant vous nous critiquez nous, en nous traitant de goinfres et d'ivrognes. » Le Christ était donc dans le monde mais il a affirmé : « Mon royaume n'est pas de ce monde. » On comprend comme on peut cette formule mais il faut essayer d'en ressentir personnellement le message.

Le disciple a un but qui est d'un autre ordre, ce que le Bouddha, tout simplement, appelait « un but différent des buts ordinaires des hommes ». Vouloir être en bonne forme, avoir une hygiène de vie, faire des postures de yoga parce que cela aide à être en bonne santé, exercer un métier intéressant, gagner sa vie, se marier, tomber amoureux d'une autre femme ou d'un autre homme que son conjoint, etc., correspond à un certain niveau d'être. Chercher Dieu, c'est complètement d'un autre ordre. Et pourtant, d'un certain point de vue, c'est aussi une demande, un désir, une ambition, un engagement. Il faut bien voir d'abord que l'égocentrisme ordinaire cherche toujours à fonctionner de la seule manière qu'il connaisse, c'est-à-dire : « Ça, j'aime, ça, je n'aime pas. » L'égocentrisme se demande : « Qu'est-ce que va *me* rapporter la méditation ? » et il est là, à l'affût, à l'arrière-plan de notre recherche.

Je ne parle pas même pas des motivations en tout genre, plus ou moins inconscientes, telles que : « Est-ce que venir à l'ashram va me rendre plus efficace pour gagner de l'argent ? Est-ce que je vais trouver l'homme (ou la femme) de ma vie à l'ashram ? » Je parle d'une manière plus fondamentale : « Qu'est-ce que ça va me rapporter à moi ? Qu'est-ce que je vais y gagner ? », mais toujours à l'intérieur de notre expérience ordinaire du j'aime-je n'aime pas, frustrant-gratifiant, menaçant-rassurant.

Il s'agit d'autre chose. Daniel a distingué le mot volonté et le mot intention, le terme volonté dans le sens de « mes volontés », *I want this, I don't want that*, et le terme intention pour la voie elle-même, puis pour des actions de plus en plus conscientes et libres. Vous pouvez agir avec une volonté individuelle, égocentrique, dans des circonstances en tout genre ou bien vous demander pourquoi et pour quoi vous faites cela, ce que Swâmiji appelait *the purpose* et c'est cela que, personnellement, je traduis par une intention. Pourquoi faites-vous telle chose ? Avec quelle intention consciente ? Où je vais ? Est-ce nécessaire ? Est-ce que vous savez ce que vous faites et pourquoi vous le faites ? Il s'agit d'introduire peu à peu de plus en plus de conscience dans votre existence.

Swâmiji m'avait demandé – et c'est très fort, parce que après je me suis rendu compte que je le faisais : « Cela vous est-il déjà arrivé, en pleine nature, de cueillir un brin d'herbe ou une petite tige ? » « Oui » « *What is your purpose ?* Quelle est votre intention ? » Aucune. À partir du moment où Swâmiji m'a dit ces mots, je me suis surpris souvent à arracher mécaniquement un brin d'herbe. Mécanicité ou conscience sont incluses dans l'utilisation du mot intention par Daniel.

Pourquoi suis-je là ? Qu'est-ce que je fais là ? La réponse est peut-être : « Je me repose, je prends ma récréation. Je fais toute la journée un travail intellectuel et maintenant, ce qui me plaît, c'est d'écouter de la musique facile. » Mais je sais ce que je fais et pourquoi je le fais. C'est agir avec intention, mener une existence de plus en plus consciente.

Cette réponse vous convient-elle ?

LA MÊME PERSONNE : Oui.

ARNAUD *(en riant) :* Alors, messieurs, vous laissez toujours la parole aux dames ?

L'ÉGOCENTRISME

UN HOMME : Je me rends compte, dans mes relations avec les amis, avec ma fille, que toute ma vie est basée sur moi, que je ramène toujours tout à moi. J'ai, au moins, découvert que j'étais comme ça mais ce qui m'agace le plus, c'est que je sais que je ne veux pas perdre ce fonctionnement. C'est comme si... Non, ce n'est pas « comme si », c'est. On dirait que je ne veux pas changer ça, que je suis bloqué là-dedans.

ARNAUD : Vous avez très bien fait de corriger le « c'est comme si ». « C'est comme s'il faisait un temps ensoleillé aujourd'hui... » Ce n'est pas « comme si ». Il fait un temps ensoleillé. Mais, ensuite, vous avez enchaîné : « on dirait que » et cette expression retombait dans la même erreur de ne pas vous engager vraiment. « On dirait que... » Non. « Je dis que... » « J'ai pris en flagrant délit mon égocentrisme. Je ne suis pas en communion avec l'autre. Je ne suis pas en communion en ce moment avec ma fille et ça devient *ma* fille, pas au sens de l'état civil, bien sûr, mais celle de mes projections. Ça y est, je l'ai vu : je m'exprime, moi. Ce qui domine en ce moment, ce n'est pas elle, c'est moi. » Et vous le voyez, vous le reconnaissez.

Vous dites ensuite : « Ce qui m'agace, c'est que je n'ai pas tellement l'intention... », c'est-à-dire « je suis complice de cette manière de fonctionner ». Vous voulez en être libre ? Qu'est-ce qu'elle vous apporte, cette manière de fonctionner ? Cette attitude égocentrique n'est pas seulement au détriment de votre fille, elle est surtout à votre détriment. L'égocentrisme est une prison, une prison dont découlent ensuite nos frustrations et notre manque de légèreté, de spontanéité, d'aisance dans le moment concret. Voulez-vous en être libre, même s'il est aujourd'hui omniprésent et tout-puissant ? L'enfant est obligatoirement égoïste : moi, avec ce que j'aime et ce que je n'aime pas. Cette division du monde en deux – ce que je trouve, juste maintenant, bon et ce que, juste maintenant, je trouve mauvais – est un aspect majeur de l'ego. Cela peut concerner les idées politiques : ce que je trouve bon, c'est que tel parti l'emporte aux élections et pas tel autre. Je suis persuadé que j'obéis à des motifs objectifs, je parle de son programme, etc., mais ceux qui votent pour l'autre candidat donnent eux aussi à leur choix des raisons apparemment très objectives. C'est encore et toujours l'égocentrisme. C'est donc une grande tâche que de voir et de reconnaître : c'est ma pathologie, mais je peux guérir. Utilisez votre égoïsme, parce qu'il est là et que vous ne pouvez pas le faire taire, mais vous pouvez le rendre de plus en plus intelligent et c'est cela qui est capital. Ne niez rien, ne sacrifiez rien, transformez. Qu'est-ce que vous voulez tous ? Être vraiment heureux. Pourquoi vous arrêteriez-vous à « un peu » ? Non, complètement heureux et un état heureux qui soit compatible avec les vicissitudes de l'existence, un état heureux non dépendant.

Quand on me parle d'une personne très intelligente, d'un cerveau brillant mais qui est, en fin de compte, malheureux, je ressens : « Non, il n'est pas intelligent. Il a voulu, comme tout le monde, être heureux, mais il n'a pas été capable de comprendre comment y parvenir. » Alors que Ramdas est heureux, que Swâmi Prajnânpad est heureux et tant d'autres le sont ou l'ont été. Un égoïste intelligent est inévitablement amené à découvrir toute la voie du non-égoïsme parce que c'est la seule réelle possibilité d'être heureux au-delà des vicissitudes de l'existence. Votre point de départ est l'égocentrisme. Acceptez-vous comme égoïste parce que ça ne peut pas être autrement. Voyez bien que l'ego, *ahamkar* en sanscrit, c'est notre condition, mais un égoïste intelligent comprend que c'est son égocentrisme qui est la prison et il redécouvre alors toute la voie au-delà de l'ego.

Réunion du soir

LA VIE QUI NOUS ANIME

UN HOMME : Madeleine vous a un jour posé une question par rapport à la cuisine. Elle a dit qu'elle était présente en cuisinant. Vous avez répondu : « Tu peux cuisiner et être présente à Dieu en même temps. » Ce n'est pas le mot Dieu qui m'agace. Vous auriez dit l'atman, *le* brahman, *ce serait la même chose : je ne ressens pas ça, moi, Dieu…*

ARNAUD : J'admets que le mot Dieu puisse agacer certaines personnes. Je connais la réaction de beaucoup de Québécois à leur éducation ultra-catholique, souvent ressentie comme opprimante. C'est avant tout une question de vocabulaire. On enseigne couramment que le bouddhisme est une religion non théiste. Cela met à l'aise bon nombre de nos contemporains, tandis que les théologiens chrétiens déplorent : « C'est une sagesse purement humaine et qui n'a rien de surnaturel. » Mais ces considérations, en elles-mêmes, ne changeront rien à votre être ni à votre existence.

Or le Bouddha a dit : « Il existe bien un Non-Né – donc non-situé dans le temps – non-fait, non-devenu, non-composé. » Cette formule est acceptable pour la théologie apophatique qui utilise une manière négative de parler de Dieu évitant de le définir, de lui donner un visage humain.

Cette réalité ultime, comment allons-nous la nommer ? Certains ne veulent pas employer le mot Dieu mais ils acceptent : « le divin », en anglais *the divine*. Dans l'hindouisme, par exemple, il y a en sanscrit un très grand nombre de termes pour évoquer « la réalité ultime dont on ne peut rien dire » ou « un Dieu dont on peut parler » et dont le dévot dira qu'il est amour. L'étymologie du mot français Dieu n'est pas la même que celle de *Gott* en allemand ou de *God* en anglais. C'est donc d'abord une question de vocabulaire. Un moine entre au monastère pour chercher Dieu et tout est organisé pour soutenir sa quête, tout l'aide à se souvenir de Dieu, à chaque instant, au lieu d'être emporté par ses activités et d'oublier l'essentiel.

Si nous ne sommes pas moine, ni moine cistercien, ni moine zen, comment faire pour que cette grande réalité ne soit pas tout le temps oubliée ? Vous trouverez toujours, sur toutes les voies sans exception, la même insistance sur l'attention et le souvenir, et d'abord me souvenir que je suis engagé sur la voie, me souvenir que j'essaie d'entrer en relation avec la plus grande profondeur possible en moi-même. Cette réalité profonde n'est pas seulement affirmée mais proposée à notre vérification, à notre expérience personnelle. Ce qu'on recherche en méditation, mais que vous pouvez rechercher dans toutes les circonstances de votre existence, c'est le tréfonds de votre propre réalité, la vie de votre vie. Qu'est-ce qui vous donne l'être, l'existence ?

J'existe : qu'est-ce que je suis vraiment ? Qu'est-ce que c'est que cette vie qui m'anime, plus profondément, plus durablement que tous les changements de la surface ? Est-ce que je suis quoi que ce soit qui demeure à jamais au présent – pas uniquement des changements, des successions dans le temps – et quoi que ce soit de non dépendant, autonome, autogène – produit par soi-même ? Tout ce que nous observons d'abord est changeant, impermanent. J'étais bien ce matin, ce soir je me sens fatigué. J'étais cafardeux hier mais j'ai reçu une très bonne nouvelle, et maintenant je me sens beaucoup plus ragaillardi : changements, changements. C'est notre première observation. Et, avec le changement, la dépendance, la production en nous d'effets dont nous ne connaissons même pas toutes les causes.

Tout ce que nous sommes, à la surface de nous-mêmes, instant après instant, est produit. Une bonne nouvelle produit un certain type de pensées, une mauvaise nouvelle produit un autre type de pensées et ces pensées engendrent des émotions. Notre vécu physique, émotionnel ou mental est impermanent, évanescent et il est dépendant, produit. Est-ce que vous êtes quoi que ce soit de non changeant – qui n'est pas soumis au temps, au vieillissement – et d'autonome – qui ne soit pas produit par autre chose ? À cette question, les enseignements spirituels répondent : oui, il y a bien une réalité ultime.

Je reprends la phrase de saint Paul : « Dieu n'est jamais éloigné de nous, en Lui nous avons l'être, le mouvement et la vie. » Mais le Bouddha dirait : « Le Non-Né n'est jamais éloigné de nous, en cet absolu nous avons l'être, le mouvement et la vie. » Est-ce que cette réalité indestructible, non-impliquée dans le temps, non-produite par d'autres facteurs, est une pure illusion ? Une invention de philosophes ? Ou est-ce vrai ? Vous pouvez vérifier et vous verrez que c'est vrai. Nous avons trop – dans l'Occident chrétien – privilégié la croyance au détriment de l'expérience.

Les orthodoxes – le christianisme d'Orient – emploient volontiers l'expression : la sensation de Dieu, une réalité qui se révèle au cœur de notre cœur. Vous-même, utilisez le terme qui vous convient à vous aujourd'hui. La formulation hindoue utilise le mot *tat*, qui signifie simplement Cela. On ne peut pas dire qu'il s'y glisse l'image d'un père sévère, ou d'un père bourreau qui a fait crucifier son fils ou tout autre thème avec lequel vous pouvez n'être pas d'accord. L'expression la plus courante en français, probablement celle qui convient le mieux, c'est la Réalité ultime. Cela dit, qu'est-ce que j'appelle vraiment *Réalité*, et que signifie *ultime ?* Ne nous grisons pas avec des mots. Beaucoup de discussions, d'incompréhensions viennent uniquement de la tyrannie du vocabulaire et du renoncement à l'expérience vécue.

En sanscrit, il y a deux paires de termes. D'une part *nitya* qui signifie : éternel, non impliqué dans le temps. Selon une image moderne donnée par un sage du vingtième siècle : le film se déroule dans le temps mais l'écran n'est pas impliqué dans le temps. *Nitya* : éternel, *anitya* : non éternel. Rien de ce que nous observons d'abord n'est éternel. Tout est impermanent Et d'autre part *atman, anatman. Atman* signifie : existant par soi-même et non produit par quoi que ce soit d'autre. Au premier abord, vous ne voyez rien qui existe par soi-même. Et *anatman*, causé, produit, non autonome, non autogène. On traduit *anatman* par : ce n'est pas le Soi, impliquant ce n'est pas produit par soi-même. Est-ce que vous êtes quoi que ce soit d'autonome et de non impliqué dans le temps – la source d'où naissent les préoccupations, les pensées, les désirs, la conscience à l'état pur ? C'est l'essentiel de la voie. Ensuite vient la terminologie. Ramana Maharshi employait aussi bien le mot *atman* que le mot *God*.

Le livre à lire devient vous-même. Ici, maintenant, vous êtes vivant. La vie, c'est la vie, que vous ayez six mois ou que vous ayez quatre-vingts ans. Je vous suggère une précision de langage. Nous qui utilisons la langue française, nous devrions distinguer la vie et l'existence. Au lieu de « Je mène une vie de chien » ou « Pour ce que la vie m'a apporté » ou « La vie a été généreuse avec moi », il serait beaucoup plus juste de dire : l'existence. La vie, c'est simplement le fait d'être vivant ici et maintenant, indépendamment des circonstances. Nous avons chacun notre histoire, le déroulement de notre existence. La vie, c'est toujours et uniquement « ici et maintenant », la vie fondamentale qui sous-tend l'existence avec les péripéties propres à chacun. « Je suis vivant » maintenant, une vie consciente, plus profonde même que « Je suis un homme » ou « Je suis une femme », plus profonde que « Je suis un médecin » ou « Je suis un ouvrier d'usine ». L'Être est le même chez l'homme ou chez la femme. Ce sont les formes de pensées qui spécifient et définissent – un homme ne va pas se préoccuper de savoir s'il risque un cancer du sein, une femme ne va pas s'inquiéter pour savoir si elle peut encore avoir des érections. L'Être n'est ni masculin ni féminin. La Conscience n'est ni masculine ni féminine.

Pour un certain nombre d'êtres humains, ce dont je parle en ce moment est l'essentiel de leur existence, leur vraie motivation, ce qui leur importe le plus, et c'est pour cela qu'ils rentrent au monastère. Pour beaucoup d'autres, ce qui est la raison de vivre d'un contemplatif, d'un yogi, du disciple d'un maître, ne joue aucun rôle dans leur existence, même une existence menée avec dignité et intégrité.

C'est Dieu qui nous donne l'être. En théologie, on enseigne que Dieu seul a l'aséité – l'être par lui-même – et que tout le reste n'a que l'abaliété – l'être par un autre. Et cet autre, c'est la réalité divine qui s'exprime à travers tout le monde manifesté.

Poussez-moi dans mes retranchements. J'ai donné un cadre général, non seulement pour vous, mais pour tous ici. Revenons au cœur de votre question.

LE MÊME HOMME : Suite à ce que vous avez dit, j'ajouterais par rapport à cet aspect très important de la voie, que j'en ai une compréhension intellectuelle. Ça, je n'en doute pas. Par contre, je ne ressens pas du tout que j'en ai l'expérience. Pour le moment, pour moi, c'est théorique...

ARNAUD : Vous pouvez avoir tout de suite un commencement d'expérience ! Vous vous arrêtez un instant de regarder la télévision, de lire un livre, de téléphoner, vous vous arrêtez un instant de penser à : « Il faudrait que je fasse ceci » ou « Si je pouvais faire ça » ou « Ça serait bien... » et vous vous surprenez en flagrant délit... d'être ! Simplement, je sens pendant une seconde : j'existe ! Il n'y a même pas besoin de formuler : « Je suis. » Ensuite, les pensées se succèdent : « Je suis bien inquiet, embêté »,

« Je suis fou de joie », « Je suis trop gros, trop maigre, je suis ceci, je suis cela ». Mais vous avez eu un commencement d'expérience. Pendant une seconde, deux secondes, vous vous êtes rendu compte : je suis conscient que je suis conscient ! Je suis. C'est ce qu'il y a de plus simple : *Aham asmi* en sanscrit : je suis. Mais quel est ce « je » ? Qui est ce « je » ?

S'il nous est proposé la connaissance de soi – expression familière à toutes les formes de sagesse et pas seulement à Socrate – c'est bien parce que nous ne nous connaissons pas nous-mêmes. Que de personnes intéressées par la sagesse ou la spiritualité, qui acceptent complètement cette expression : « Oh ! Homme, connais-toi toi-même, et tu connaîtras le secret de l'univers et des dieux ! », mais qui en vérité partent du point de vue qu'elles se connaissent déjà ! La connaissance de soi, ce n'est pas savoir : je préfère Fauré et Debussy à Jean-Sébastien Bach, je sais que je m'ennuie en montagne mais j'ai la passion de la mer et de mon petit voilier, ni même je sais que je suis hétérosexuel ou homosexuel. Ce n'est pas de cette connaissance de soi-là qu'il s'agit. C'est quelque chose que nous n'avons pas et que nous pouvons acquérir : le secret de notre propre existence.

Une parole superbe de la tradition hindoue m'a souvent beaucoup aidé : « Je peux douter de tout, sauf de celui qui doute. » Même paumé, perdu – je ne sais plus où j'en suis, je ne comprends plus rien, je ne crois plus à rien – à l'arrière-plan de tout ce désarroi, il y a : j'existe, je suis. Et je vous le redis, c'est ensuite que se définit : je suis un homme ou je suis une femme. Je me souviens d'une réponse de Swâmiji à qui je disais un jour : « Maintenant vraiment je sens une liberté stable par rapport à l'argent, au succès, au pouvoir, mais je ne me sens pas libre de la même manière par rapport à la sensibilité au sexe opposé. Je ne vois pas toutes les femmes ou comme des filles ou comme des mères ou comme des sœurs. » Il m'a répondu tranquillement : « Tant que vous vous prendrez pour un homme, vous serez attiré par les femmes. » Vous devinez combien cette réponse m'a fait réfléchir.

Je crois que c'est Jack Kornfield qui raconte dans son dernier livre qu'un maître bouddhiste tint devant une femme un discours terrifiant : « Aucune femme ne peut atteindre la libération, la femme est un être inférieur », etc. Bien sûr, la femme en question réagit : « Maître, comment avez-vous pu dire tout ceci ? » Il la regarde et il lui dit : « Ah ! Parce que vous vous prenez pour une femme ? »

Ce que les hindous appellent l'*atman* n'est pas spécifiquement masculin ou féminin. Mais cette réalité non impliquée dans le temps s'exprime à travers toutes les formes que peut prendre l'énergie. Vous connaissez l'inépuisable image de l'océan qui demeure et qui se manifeste à travers toutes sortes de vagues – des vagues amples, des vagues déferlantes, des vagues qui font beaucoup d'écume quand elles se brisent contre un rocher : c'est toujours l'océan ! Les vagues apparaissent, disparaissent, naissent, meurent, l'océan demeure. Être établi définitivement au niveau de conscience le plus élevé que l'être humain puisse atteindre, ce qu'on appelle le *jivan mukta* en Inde, ne viendra pas en quelques secondes. Mais tout de suite, oui tout de suite, vous vous surprenez en flagrant délit d'être, et d'être conscient. Car nous humains, nous sommes, et nous sommes conscients. Vérifiez. Le premier pas de la vérification est tout le temps là à votre disposition, même si ça ne dure qu'une seconde et que vous soyez vite repris par les pensées, perdu dans vos pensées.

L'ÉROSION DES DÉSIRS : DE L'ACCOMPLISSEMENT À LA LIBERTÉ

UN HOMME : Je suis confus. Je croyais que je n'avais pas beaucoup de besoins. Je découvre progressivement que j'en ai. Et en même temps je m'aperçois que pour être libre de ces besoins – d'après ce que vous enseignez – je peux soit les réaliser, soit lâcher prise, soit ne pas les réaliser mais en étant capable d'être à l'aise avec le fait que je ne les réalise pas. Je m'aperçois que certains de ces besoins se manifestent fortement et semblent correspondre véritablement à une demande forte. En fait, si ces besoins se manifestaient dans mon environnement, si j'essayais de les satisfaire, j'ai le sentiment que ce ne serait pas juste par rapport à la situation. Je me tourne alors intérieurement du côté du lâcher-prise, en me disant : puisque ce besoin n'est pas réalisable, ou puisque la possibilité de le réaliser ne semble pas juste, es-tu capable de lâcher prise ? Quand je fais ce constat, je me dis : est-ce que je suis capable de lâcher prise vraiment ? Si je ne le suis pas mais que je suis dans une situation où je ne peux pas réaliser ce besoin, qu'est-ce que je fais ? Enfin, bref, je suis confus.

ARNAUD : C'est normal, pendant un certain temps en tout cas. Vous employez le mot *besoin* là où plus couramment j'emploierais le mot *désir*. Soyons clairs : vous avez besoin d'eau, sinon vous vous déshydratez. Un moteur de voiture a besoin de carburant : c'est une nécessité.

Il y a des demandes pour lesquelles nous emploierons vraiment le mot *besoin*, qui ne sont pas uniquement de l'oxygène ou de l'eau, mais qui sont des nécessités : un bébé n'a pas seulement besoin de lait. Il a besoin, pour se développer, qu'on s'intéresse à lui, qu'on s'occupe de lui, qu'on le regarde, qu'on le touche : c'est une nécessité vitale. Par contre, qu'est-ce qui est désir, et là des questions peuvent se poser, des doutes apparaître ? Pour le besoin, la question ne se pose pas : si c'est une nécessité, c'est une nécessité, et si cette nécessité est frustrée – il n'y a plus d'oxygène – vous mourez ! S'il n'y a plus d'eau à boire, vous êtes déshydraté et vous mourez ! Et, à défaut de mourir, certains manques produiront une destruction psychique de vous-même, comme une plante qui ne pousse pas parce qu'on ne l'a pas assez arrosée. Les besoins – je dis *besoins* – changent suivant les êtres humains, suivant l'âge, suivant la maturité. Donc certains désirs (nous allons les appeler des besoins) doivent être réalisés sinon, à défaut de mourir, nous serons mutilés. Ils doivent donc être pris très au sérieux.

Pourtant, cela ne veut pas dire que vous pourrez toujours satisfaire ce besoin. Des gens sont morts de soif dans le désert. Et il y a aussi ce qui est moins vital : tous les désirs, innombrables – désir d'éviter ce dont nous ne voulons pas, désir d'accomplir ce que nous voulons... Vous avez très bien posé la question. Mais cela va prendre du temps pour arriver à sentir toujours : est-ce que je décide ou non de tenter d'accomplir ce désir, en me souvenant que je suis engagé sur la voie et que je veux mettre de l'ordre dans mon existence et ne pas être simplement une machine à obéir à mes pulsions ?

Swâmi Prajnânpad avait une formule tout à fait simple : « Soyez présent pour accomplir consciemment vos désirs et non pas que vos désirs s'accomplissent à vos dépens. » Par rapport à mon engagement sur la voie, au désir absolu de l'éveil, de la grande découverte intérieure, de trouver Dieu, qu'est-ce que l'accomplissement ou le non-accomplissement de ce désir relatif va m'apporter ?

Peu à peu, nous sommes de plus en plus dans l'instant présent – souvenez-vous de la distinction entre *vivre* et *exister*. Que votre désir soit frustré ou non, vous êtes et la voie de la recherche profonde en vous, celle de l'essence de votre être, est toujours ouverte. Ce désir est là – je ne peux pas le nier – et effectivement, vous décidez dans ce contexte : je vais tenter de l'accomplir, ou au contraire : non.

Swâmiji avait choisi, pour parler à un enfant – c'est moi qui traduisais – une image : si j'ai très soif, il faut que je boive, mais si je vois une marre par terre, une flaque d'eau, je ne vais pas boire, parce qu'il y a trop de risques. Un chien la boira facilement sans attraper de maladie mais nous, nous avons une sensibilité au moindre microbe. Donc, j'ai un désir, mais je ne l'accomplis pas dans ce contexte-là. Je le situe dans une vue plus vaste. Si vous n'êtes pas une machine, vous tenez compte de l'autre : je n'aurais pas envie qu'on me fasse du mal, pourquoi est-ce que je ferais du mal aux autres ?... Essayez-le autant que vous le pouvez !

Nous allons d'abord pendant des années constater notre faiblesse relative. Le fait de nous rendre compte que : « tel que je suis aujourd'hui, je ne peux pas ne pas tenter d'accomplir ce désir » va nous stimuler pour aller plus loin. Pourquoi prendre de grandes décisions, belles et nobles, mais que vous ne tiendrez pas ? Je ne peux pas ne pas accomplir ce désir, il est trop fort. Et en accomplissant ce désir je crée de la souffrance autour de moi. Oui ! Ce n'est pas la peine de mentir, de projeter un nuage de fumée pour ne pas voir la vérité : voilà ma vérité d'aujourd'hui. C'est un stimulant très fort sur la voie : je veux changer, mais je n'ai pas encore changé. Je ne suis pas encore libre mais il faut, c'est ma loi la plus intime, que je le devienne.

Peu à peu grandit la compréhension : où cela me mène-t-il ? Je satisfais un désir : est-ce que je suis définitivement établi dans la plénitude, l'opposé de la frustration ? Non. Vais-je passer mon existence à essayer d'accomplir ce que je veux et d'éviter ce que je ne veux pas ? Finalement, est-ce que cela m'a établi dans un état heureux durable ? Non. Où est ma dignité à mes propres yeux ? C'est au moins d'essayer de tenir compte de l'autre de mon mieux, d'avoir une éthique. Dans ce contexte ou dans cette situation, je n'accomplis pas ce désir : *it is below my dignity*, c'est au-dessous de ma dignité. Ce serait de la faiblesse, de l'esclavage. Et cette dignité peut émaner d'un humanisme matérialiste qui ne fait pas intervenir la dimension transcendante.

Faire preuve d'intégrité, de dignité, d'un peu de maîtrise de soi, ne doit pas être remis à plus tard. Mais il faut aussi tenter de comprendre : qu'est-ce que ce jeu des désirs ? Qu'est-ce que je veux ? C'est être heureux. Mais j'ai l'impression que si je ne peux pas éviter tel événement que je refuse, je serai malheureux. Et si je ne peux pas accomplir ce désir, je vais être malheureux. Est-ce qu'il n'y a pas à regarder plus profondément ? Et là, vous ferez une découverte : c'est qu'en fait, votre état fondamental – que vous connaissez encore bien peu – est complètement heureux par lui-même. Et les désirs en tout genre vous exilent de cet état heureux intrinsèque. Vous avez l'impression que ce que vous cherchez, le bonheur, est dans les objets, les accomplissements, quels qu'ils soient. Quand je dis les objets, ce n'est pas seulement un autre humain dans la relation amoureuse ou sexuelle, ni une voiture ou un manteau de fourrure. Ce qui se passe, c'est qu'au moment où un désir est accompli, une certaine tension lâche et vous ramène à votre état naturel heureux. Et ça, peu à peu, vous le découvrez : c'est une illusion de croire que le bonheur auquel vous aspirez est dans les objets. Il est en vous-même. Le désir vous en exile et, au moment où ce désir est accompli, vous êtes en contact avec cette plénitude intime, la vraie joie de vivre.

Votre vraie nature essentielle n'est pas du tout frustrée : elle est plénitude, complètement heureuse. Mais les désirs vous font croire que vous en êtes coupé. L'accomplissement du désir vous remet en contact pendant un instant avec cet état heureux naturel parce qu'il y a une détente – et puis apparaît de nouveau un désir ou une crainte qui vous donne l'impression d'un manque… Tout à coup, vous repensez à une facture que vous devez payer et qui est plus élevée que ce que vous aviez prévu – quelque chose qui n'est pas tragique mais suffisant pour vous gâcher l'existence. Alors peu à peu – car cela ne peut se faire que peu à peu – vous devenez convaincu que le plus précieux, c'est la découverte intérieure. Ce n'est pas d'être très riche, ce n'est pas d'être Premier ministre, ce n'est même pas de vivre un grand amour : c'est de découvrir cette réalité en vous. Mais même si cette conviction nous imprègne de plus en plus – et il faut surtout éviter de faire semblant d'être plus libres des désirs que nous ne le sommes, de prendre des grandes décisions que nous ne pourrons pas tenir – cette érosion des désirs va être une longue affaire, pour laquelle il n'y a pas une unique réponse.

Vous avez très bien posé la question : dans ce contexte, je décide de ne pas accomplir ce désir parce que ça ne me paraît pas juste. Pourtant, ce désir est là en moi. J'admets la frustration que je ressens. C'est mon point de départ. Je mets en pratique ce que j'ai déjà compris, partant de la souffrance d'une frustration : ce désir est fort, mais je ne peux pas l'accomplir soit parce que je ne peux pas – je n'ai pas l'argent – soit parce que ma conviction est que ce ne serait pas juste – notamment dans le domaine des relations amoureuses où je peux si vite faire souffrir une personne qui a de l'amour pour moi alors que je ressens seulement une attirance. Il y a donc une frustration. Mais au moment où cette frustration vous fait le plus souffrir, vous découvrirez que vous êtes à quelques secondes d'une paix parfaite, qui est votre véritable état naturel.

Il y a une habileté à trouver : « j'accepte complètement que ce désir soit là, j'accepte complètement qu'il ne puisse pas être accompli, j'accepte complètement qu'il y ait frustration », et vous découvrez cette paix. C'est toute la démarche, qui est en fait le contraire de ce dont nous avons pris l'habitude. L'impossibilité, qu'elle soit éthique ou matérielle, d'accomplir un désir crée une souffrance – employons le mot *souffrance* dans le sens le plus large possible. Pour l'ego, l'idéal, ce serait « moi, sans ma souffrance ». Mais la souffrance demeure, elle est là, même refusée. La démarche, c'est d'arriver à : « la souffrance, sans moi ». Oui, la souffrance, sans moi. Vous acceptez tellement la vérité momentanée de la souffrance, que celui qui refuse la souffrance disparaît. À ce moment-là, la souffrance n'a plus de point d'appui. Il n'y a plus personne pour souffrir. Que vous l'appeliez état-sans-ego ou non-dualité, c'est vrai, je vous le promets.

Pourquoi ai-je l'audace d'affirmer que c'est vrai ? Simplement parce que c'est vérifiable. À mon tour, je l'ai vérifié, après tant d'autres ! Et cela s'accomplira de plus en plus facilement. Lorsque se manifestera la souffrance de la frustration, vous vous souviendrez : « Ne nous trompons pas, ne nous laissons pas embarquer dans la souffrance refusée : je souffre de souffrir. » Vous osez adhérer complètement : oui, mon désir est impossible à réaliser. Oui, il y a une frustration. Et cette surprenante formule : non pas « moi sans ma souffrance », mais « la souffrance sans moi » s'impose d'elle-même à vous. L'ego qui souffre disparaît momentanément, et vous êtes en contact avec cette plénitude intrinsèque, inhérente – l'opposé de la frustration.

Sat, chit, ananda : c'est une des expressions hindoues les plus connues. *Sat* signifie ce qui est, le réel ; *chit* signifie la conscience, et *ananda* – en anglais *bliss*, en français béatitude – un état heureux spontané, associé à l'être et à la conscience. Généralement, on ne connaît pas cette béatitude : on connaît uniquement le désir accompli ou non, ou en voie d'accomplissement, la crainte dissipée ou non, ou en voie d'être dissipée parce que… Pour quatre-vingt-dix-neuf pour cent de ceux qui ont une recherche spirituelle, cette conviction ne peut s'établir que peu à peu. Mais on comprend tôt ou tard inoubliablement que, de toute façon, tout se termine à la mort. Au moment où je suis en train de vivre ma propre agonie, que je sois président de la République ou Premier ministre ou que je sois dans la situation la plus médiocre, qu'est-ce qui reste ?

L'attitude du Bouddha fut simple mais radicale : je constate la vieillesse, la maladie, la mort, je veux chercher ce qui est libre de la vieillesse, libre de la maladie, libre de la mort. Même avec une détermination aussi forte, il y aura encore une ascèse à pratiquer. Mais pour nous dont la détermination est moins forte, qui avons encore beaucoup de désirs et beaucoup de refus, il faudra aussi beaucoup de persévérance : je veux aller vers de plus en plus de liberté.

Et les désirs sont divers et souvent contradictoires. Quelqu'un peut voir en lui le désir d'avoir d'innombrables aventures féminines puis un autre désir, moins courant : je veux devenir un grand yogi et convertir toute mon énergie sexuelle en sagesse ; ce sont deux désirs incompatibles. Nous sommes faits de personnages juxtaposés qui ont chacun leurs désirs et leurs refus, chacun réclamant ou refusant au détriment des autres. Qu'est-ce qui peut donner une cohérence à ces multiples aspects de nous ? Quelqu'un peut être touché en lisant un texte mystique de saint François d'Assise sur la pauvreté et, en même temps, être extrêmement intéressé par l'argent. Le personnage en moi fasciné par l'argent ne peut pas entendre l'éloge de la pauvreté. Puis ce personnage ébloui par les signes extérieurs de richesse passe au second plan. En lisant une biographie de François d'Assise, un autre personnage en nous peut ressentir : la pauvreté, quelle liberté ! Qu'est-ce que tous ces aspects de nous-même peuvent entendre, si ce qui est admissible pour l'un est inécoutable pour un autre. Parler de chasteté au personnage mystique qui est en nous, d'accord. Parler de chasteté au personnage très intéressé par la vie sexuelle : il ne veut rien entendre. Mais tous ces aspects de nous peuvent entendre deux mots : *liberté* – aucun aspect de nous n'a envie d'être un esclave – et *dignité* – aucun aspect de nous n'a envie d'être minable, médiocre.

C'est en vous proposant toujours la liberté et la dignité que vous pourrez vous éduquer peu à peu. Oui, ce désir est là – quel qu'il soit : gloire, succès, célébrité, argent, pouvoir, sexe, relation amoureuse – dans tous les domaines. Ce désir est là. D'accord. Je vais tenter de l'accomplir, mais pas en esclave, pas au-dessous de ma dignité et pas comme une machine sans conscience tout juste bonne à réagir. Il vous faudra beaucoup d'habileté. Ce désir est là ; oui, vous le rassurez tout de suite : je vais tenir compte de toi. Mais dès que le désir est rassuré, vous vous souvenez : liberté et dignité. Les hindous emploient beaucoup l'expression : *it is below dignity* – au-dessous de la dignité. Oui, tu vas boire. Tu as soif, tu vas boire – mais pas stupidement l'eau qui coule le long du trottoir dans une grande ville. Vous ne créez pas une frustration avec une énorme réaction, un combat. Une détente se crée : d'accord. Je n'agis pas en esclave, et pas dans une condition au-dessous de ma dignité à mes propres yeux. Ce que je vous dis là peut devenir concret. Ce sont des indications qui ont une valeur générale mais vous pouvez les mettre en pratique.

Il n'y a pas de règles toutes faites à l'avance. Ce désir de nous transformer, de devenir plus mûr, plus adulte et de nous rapprocher de la liberté fondamentale, quelle place tient-il parmi tous les autres désirs ? Peu à peu, vous allez mettre de l'ordre parmi tous ces autres désirs. Vous accomplissez un désir le plus consciemment possible… et puis *vous voyez*. Ah ! Ce désir ne tient pas ses promesses – sur le moment, oui, mais ça ne dure pas. Vous avez eu l'aspect favorable mais l'aspect défavorable est venu avec lui. Vous avez fait souffrir certains êtres qui, même dans votre égoïsme, vous étaient chers. Moi-même, je peux me souvenir il y a – oh ! les années passent –, il y a trente ans, je ne pouvais pas ne pas accomplir un désir mais, assez vite, je n'ai plus pu m'aveugler sur le fait que cette situation était douloureuse pour mon propre petit garçon. Je ne peux pas, tel que je fonctionne, ne pas accomplir ce désir. Et je ne peux pas par conséquent, tel que je fonctionne aujourd'hui, ne pas être cause de souffrance pour mon propre enfant. On peut être cause de souffrance pour quelqu'un d'autre et trouver des justifications : il ou elle n'a pas répondu à mon attente, a été dur pour moi, a été une cause de frustration, a trahi ma confiance – mais pour un petit garçon de cinq ans et demi, on ne peut rien trouver de tel. C'est une prise de conscience si forte, si intense, qu'elle nous motive vraiment : je ne peux pas ne pas changer. C'est ma vérité d'aujourd'hui mais je ne peux pas m'installer ni demeurer dans cette vérité d'esclavage et d'indignité. La jungle des désirs et des peurs est une part immense de notre existence, et de notre existence éclairée par la philosophie au sens premier : l'amour de la sagesse, de notre existence de disciple.

Au nom de la religion, on a persécuté, on s'est haïs entre juifs, musulmans, chrétiens… Mais la sagesse réconcilie. Le sage peut être en même temps très humain. Le philosophe est celui chez qui la sagesse a un écho. Dans l'Ancien Testament, les livres qu'on appelle « sapientiaux », les Proverbes, l'Ecclésiaste, sont des livres de sagesse. Introduisez de plus en plus de sagesse dans votre existence, non pas comme un ascète qui médite nu aux sources du Gange, mais comme celui qui vit dans la cité.

Deuxième jour

21 octobre

Réunion du matin

ACCUEILLIR SON CŒUR FERMÉ

UN HOMME : Je suis allé à Hauteville l'an dernier. Avant mon séjour, je redoutais le pire, c'est-à-dire de me faire secouer. Le pire est arrivé mais ce n'était pas ce à quoi je m'attendais : j'ai vécu un mois d'amour de la part de tous là-bas, et ça, ça m'a vraiment secoué ! Depuis ce temps, je suis dans la nostalgie du cœur ouvert. Quand je suis revenu, le balancier est allé dans l'autre sens, et je n'ai pratiquement rien senti pendant plusieurs mois. J'ai commencé un travail avec Édith et, quand je suis avec elle, je suis en communion avec les autres, mais quand je suis seul, j'ai du mal à sentir cette communion.

Daniel me disait de ne pas faire de bilan. Je suis dans la nostalgie car je sais que cette communion est possible. Un jour j'avais dit à Daniel : je ne sens plus rien, c'est parti. Il m'a répondu d'une voix très forte et énergique : enlève ces mots de ton vocabulaire !

Je sais que c'est là, mais je voudrais tellement que ce soit là plus souvent...

ARNAUD : Je suis d'accord avec Daniel, heureusement ! Voilée par tous les mécanismes de surface, il y a ce que nous pouvons appeler notre vraie nature : la paix, la joie et l'amour ou la compassion. Ces trois facettes relèvent d'un sentiment unique mais on peut aussi les distinguer l'une de l'autre. Une des différences culturelles apparentes entre la tradition dite judéo-chrétienne et l'Orient est que nous avons beaucoup insisté sur le péché – de même que les Orientaux insistent sur l'illusion, l'erreur, l'aveuglement – alors que les Orientaux insistent beaucoup sur notre qualité fondamentale. Dieu créa l'homme à Son image et l'homme est déchu mais, dans la profondeur, il conserve cette bonté fondamentale. C'est un des aspects les plus marquants du bouddhisme sur lequel le Dalaï-Lama insiste beaucoup. L'habileté à développer – vous l'avez entendu cent fois – c'est qu'au moment où vous perdez ce sentiment, vous êtes un avec le fait de l'avoir perdu. Sinon, vous vous engagez dans l'enchaînement des pensées : « Je n'aurais pas dû le perdre, ce serait mieux si je ne l'avais pas perdu » et vous vous mettez en conflit avec la réalité.

Il y a matière à être secoué ! Ça n'est pas ordinaire, tout d'un coup, de ressentir, d'éprouver l'amour... En outre, les Québécois ont très bonne presse à Hauteville ! Dès qu'un Québécois arrive, tout le monde est amical, chaleureux. Vous l'avez senti, c'est votre témoignage. Dans ces cas-là, on commet la première erreur qui est celle de s'identifier et de s'approprier. Il s'agit de s'exercer : ce ressenti heureux est là, mais je n'ai pas la preuve qu'à ce niveau il va persister, ce n'est pas encore l'axe stable autour duquel oscille le balancier des états changeants. Quand on l'a vérifié un certain nombre de fois, on s'en souvient. C'est tellement courant ! Ça s'ouvre, ça se ferme. Certaines femmes ne comprennent pas comment à certains moments elles sont très ouvertes sexuellement et pourquoi, ensuite, tout se bloque ! L'habileté consiste premièrement à éviter la saisie, comme une main ouverte. Deuxièmement, au moment où vous perdez ce qui était heureux, la passion de la vérité l'emporte et vous dites oui, ce qui évite que vous vous laissiez emporter par un conflit. Faites la paix tout de suite : je l'ai perdu, d'accord ! Vous retrouvez alors en quelques secondes ce que vous cherchez – au moins un peu. Il n'y a pas d'autre réponse, mais la pratique demande d'être très rapide. Dites oui dès que la réaction se produit, au moment où le mouvement s'inverse. Tout est là, sinon nous sommes en conflit avec la vérité. La vérité, c'est que ce sentiment d'ouverture, d'amour, de dilatation du cœur, je ne le ressens plus ici et maintenant. D'accord, je ne le ressens plus, et je fais la paix. Ainsi, vous reconnectez avec l'axe autour duquel oscille le balancier.

Être engagé sur la voie, c'est être patient et persévérant. C'est pourquoi il y a en Asie de nombreuses formules pour souhaiter une longue vie, afin qu'on ait le temps de parcourir le chemin. Il y a certes des génies de la spiritualité mais, pour vous et moi, l'ascèse prend du temps. Vous avez vécu quelque chose d'important, vous avez connu ce sentiment d'ouverture du cœur, vous avez vu que vous pouvez le perdre et vous avez vu qu'en vous désolant de l'avoir perdu, vous ne faites qu'entretenir la frustration. Acceptez complètement ce qui est, sans qualifier, simplement parce que cela est. Si on pense : « Oui, mais c'est bien dommage », ce n'est pas un vrai oui. La conscience-témoin voit mais ne qualifie pas. C'est difficile. Entraînez-vous inlassablement à convertir le non en oui. Il faut savoir que le premier mouvement est inscrit en vous – oh non ! – et que vous ne réussirez pas toujours à dire oui du premier coup. Ce que nous pouvons, c'est nous souvenir : « ici et maintenant » – pas de pensées inutiles concernant le futur. Seule cette réconciliation avec la réalité nous donne accès à la vraie profondeur non affectée, non impliquée. La voie n'est pas une petite affaire facile. On croit qu'on a atteint le but et de nouveau on se rend compte qu'on n'a pas atteint l'autre rive et que les vieilles réactions se poursuivent.

LE MÊME HOMME : C'est déjà quelque chose, c'est déjà une belle expérience que j'ai vécue...

ARNAUD : Bien sûr ! Mais qu'allez-vous en faire ? Comment allez-vous l'intégrer ? Quel enseignement allez-vous en tirer ?

Ce que je dois à Swâmiji, qui est tout simple et qui n'a pas de prix mais qu'on ignore ou qu'on oublie, c'est cette totale et immédiate adhésion au fait d'avoir perdu ce qui paraissait si précieux. C'est la seule possibilité. Vous trouverez dans la tradition mystique chrétienne bien des témoignages où le contemplatif accepte : c'est la volonté de Dieu de Se cacher, de me laisser dans l'aridité et le désespoir... Si je dis « c'est la volonté de Dieu que je me sente si sec, si amer, si négatif », déjà quelque chose est changé. Je le vois comme la volonté d'un Dieu plein d'amour même si je ne comprends pas, même si j'étais comblé de grâces et que le Seigneur se retire et me laisse dans un désert. On s'aperçoit que la nature humaine est la même partout, que l'on soit engagé dans une voie qui se situe dans un contexte culturel occidental – juif et gréco-romain – ou dans un contexte asiatique – l'hindouisme et le bouddhisme. J'insiste : je fais la paix le plus vite possible avec le fait d'avoir perdu ce qui était si précieux. Autrement, je reste emporté par le mouvement du balancier : action et réaction.

LES CENTRES INTELLECTUEL, ÉMOTIONNEL ET PHYSIQUE

UN HOMME : Dans une cassette de vous que j'ai écoutée l'été dernier sur le centre émotionnel, vous mentionnez que Gurdjieff dit qu'il n'y a pas normalement d'émotions négatives dans le centre émotionnel. Il y a une sensation, puis une pensée qui crée une émotion, qui à son tour crée une réaction. Si nous faisons un avec la sensation, il y a le sentiment et l'action. Pourriez-vous élaborer davantage ?

ARNAUD : Il y a quelques approches extrêmement simples pour comprendre ce que vous êtes et pour savoir quel sens vous donnez aux mots. Quel sens est-ce que nous donnons au mot *sensation*, au mot *émotion*, au mot *sentiment* ? Il faut dire qu'en anglais le *mot feeling* correspond parfois à une sensation – de chaud, de froid, de faim – et parfois à un sentiment ou à une émotion : ce n'est pas toujours clair dans les traductions en français. Le traducteur peut utiliser le mot sensation là où en fait il s'agissait d'émotion, et je propose de choisir plutôt le mot *ressenti*, parce que la sensation peut être une sensation sans aucune émotion. Swâmiji utilisait les termes *physical, emotional and mental* et Gurdjieff distinguait différents *centres*, ce qui est tout à fait compatible avec la voie proposée par Swâmiji. Gurdjieff distinguait donc le centre *intellectuel* – la tête, les pensées plus ou moins sottes ou plus ou moins lucides –, le centre *émotionnel* et le centre qu'il appelait *instincto-moteur*. Le terme *instinctif* correspond à tout ce qui n'a pas besoin d'être appris (la respiration, la circulation du sang) et *moteur* correspond à ce que nous apprenons, comme le fait d'apprendre à marcher. Gurdjieff utilisait aussi le terme *les trois cerveaux de l'homme*. Dans son livre *Récits de Belzébuth à son petit-fils*, Gurdjieff parle des êtres *tri-cérébraux* qui peuplent la planète Terre. Le corps – le niveau physiologique – reçoit des informations et répond, avec une remarquable intelligence, une intelligence instinctive que nous connaissons intimement fort peu : le corps sécrète-t-il des contrepoisons, des anticorps si une substance étrangère s'introduit dans notre organisme ? Si je sens une odeur très suspecte, la moitié « négative » de ce cerveau m'indiquera de refuser de respirer l'air vicié et d'ouvrir les fenêtres. Dans le centre physique, il y aura toujours un aspect qui dit oui et un aspect qui dit non, ce qui est normal et nécessaire. Si une bouteille est mal étiquetée et que je crois goûter un vieux cognac alors que c'est de l'alcool à brûler, le centre physique dit non et recrache. Si je pose ma main sur une plaque brûlante, j'enlève ma main immédiatement. La moitié positive du centre physique dit oui à un verre d'eau si j'ai soif et la moitié négative dit non à une substance qui ne doit en aucun cas être absorbée. Le centre intellectuel a aussi une moitié positive et une moitié négative : si un vendeur me propose un article dont je n'ai pas besoin, je dirai non, ce qui est normal. Mais Gurdjieff enseigne que normalement, dans le centre émotionnel, il n'y a pas de moitié négative. Qu'est-ce que cela signifie ?

On ne pourrait pas vivre s'il n'y avait pas une moitié positive et une moitié négative dans le centre moteur. On serait vite détruit : on n'enlèverait pas sa main d'une plaque brûlante, on absorberait des liquides empoisonnés… On ne pourrait pas subsister s'il n'y avait pas une moitié négative dans le centre intellectuel : je refuse des propositions qui auront des conséquences graves. Par contre on peut vivre sans moitié négative dans le centre émotionnel, le cœur toujours accueillant, toujours ouvert, établi dans la paix, la compassion, l'amour des ennemis – ceux qui ont cheminé sur une voie spirituelle et les sages en témoignent. Que signifie l'expression *aimer vos ennemis* ? Ça ne veut pas simplement dire que pendant la guerre 39-45, il ne fallait pas haïr fondamentalement les Allemands. Les ennemis ne sont pas seulement les catholiques pour les Irlandais protestants et les protestants pour les Irlandais catholiques, ou les Israéliens pour les Palestiniens et vice versa. C'est tout ce que nous ressentons comme inamical, tout ce qui est momentanément cause de gêne, de malaise, de déception, de souffrance pour nous.

On ne peut pas exister et survivre sans une moitié négative dans le centre moteur et sans une moitié négative dans le centre intellectuel, mais on peut vivre sans une moitié négative dans le centre émotionnel. La fermeture du cœur peut disparaître dans l'exercice de l'accueil et de l'amour. Si nous arrivons à ce qu'il n'y ait pas de moitié négative dans le centre émotionnel, nous entrons en relation avec ce que Gurdjieff appelle le *centre émotionnel supérieur* qui existe, dit-il, tout formé en l'homme mais avec lequel nous ne sommes presque jamais en contact. C'est une qualité de sentiment libre et non duelle, la véritable intelligence du cœur.

Un maître tibétain décrit l'émotion comme étant la forme physique des pensées. C'est une description pleine de sens : s'il n'y avait pas le jeu du mental et le fonctionnement erroné de l'intellect, il n'y aurait pas d'émotion. Dans le livre *La Voie et ses pièges*[1] un chapitre s'intitule « La pensée précède l'émotion ». Cette pensée peut être ultra rapide. Dès que je réagis : « Oh ! Non ! » c'est une pensée, ce n'est pas une vision impartiale. Un miroir voit et réfléchit, c'est tout. S'il n'y avait pas la pensée « Oh ! Non ! » il n'y aurait pas d'émotion. Le cœur serait établi dans sa vraie nature de paix, de sérénité et de compassion. Parfois la pensée est plus élaborée, comme le décrivent les ouvrages du psychologue américain Ellis. Ellis considère que le travail sur les émotions, comme la célèbre thérapie primale, est secondaire. Il propose une minutieuse rectification de nos pensées erronées telles que « Si on se moque de moi en public c'est terrible, j'en mourrai ! » C'est vous qui l'avez décidé. Swâmiji nous aidait à démasquer ces pensées toutes faites, absurdes, que nous projetons sur le monde, du type « si je ne suis pas parfait, je suis une loque » ou « si je ne suis pas le premier de la classe, je ne suis rien ». C'est faux ! Même

1. Éditions de La Table Ronde.

si vous êtes le dixième ou le dernier de la classe, vous réussirez autrement que comme professeur d'université, c'est tout !

Mais le mécanisme peut être encore plus simple. Si je réagis intérieurement « Oh ! Non ! », c'est une pensée : je pense que « ce serait mieux si c'était autrement » et voici la naissance de l'émotion. En même temps l'émotion a toujours une base biologique ou physiologique – on devient tout rouge ou tout blanc s'il y a modification de la circulation dans les vaisseaux périphériques. On peut « faire dans sa culotte » sous le coup de l'émotion, et on peut aussi mourir d'une joie très intense. Une femme dont le mari avait été déporté et avait survécu est tombée morte de joie quand elle a revu celui-ci.

De quoi est faite l'émotion ? D'un fonctionnement généralisé mais absurde du centre intellectuel et physique. Un « Oh ! Non ! » peut me paraître évident si j'ai l'impression qu'on se moque de moi dans un groupe. Je pense que cela devrait être autrement que cela n'est et une sensation pénible se manifeste, une sensation avec laquelle je peux faire connaissance au lieu de lui résister, de me débattre et de m'affoler. L'émotion est un fonctionnement mental et physiologique, que nous exprimons en termes de joie, de tristesse, d'humiliation, d'inquiétude, d'excitation heureuse. Si on se moquait publiquement d'un sage et qu'on l'insultait, il ne serait pas du tout humilié, blessé ou fâché, il verrait que ces propos sont un aspect du mouvement général de l'existence et que des causes produisent des effets : ici et maintenant, voilà ce qui se produit.

Aucune voie ne nous a promis que l'existence ne serait plus, comme disait Gurdjieff, « que pétales de roses ». Le Christ lui-même a dit : « Vous aurez des tribulations par le monde, mais prenez courage, J'ai vaincu le monde. » « Je suis » a vaincu le monde. Vous rencontrerez toujours des « bonnes » et des « mauvaises » nouvelles. Observez lucidement comment vous les « prenez », comment vous réagissez. L'émotion est directement liée à ce que Swâmiji appelait péjorativement *penser* au lieu de *voir*. Il est possible à l'être humain de vivre sans moitié négative dans le centre émotionnel. Cela dit, l'insistance de Gurdjieff sur les « émotions négatives » était immense parce que nous commençons tous sur la voie asservis à ce fonctionnement erroné qui crée bien inutilement toutes les émotions ordinaires. S'il n'y avait que la vision objective et la communion, il n'y aurait pas d'émotions. Il y aurait la participation du cœur, du sentiment positif, à la prise de conscience de la réalité instant après instant.

La purification du cœur : de l'émotion au sentiment

Pour vraiment connaître et comprendre quoi que ce soit, nous utilisons nos cinq sens qui sont nos moyens de communication avec l'entourage et qui relèvent du physique – la cécité est une spécificité physique, un aveugle peut être très agile intellectuellement et avoir un cœur très ouvert. Il y a donc les cinq sens et l'intelligence qui reconnaît : c'est un être humain, ce n'est pas un cheval, autrement dit la perception et la conception. Comment le cœur, le sentiment, participe-t-il à notre compréhension et à notre prise de conscience ? Ce que je vais dire va peut-être vous paraître bizarre.

Vous pouvez avoir la sensation de cette pendule : vous voyez les aiguilles, vous entendez le tic-tac ; vous avez aussi la perception intellectuelle de ce dont il s'agit : ce n'est ni un téléphone portable ni une fourchette. Avez-vous la sensation de la pendule ? Oui. Avez-vous l'idée de la pendule ? Oui. Et le sentiment de la pendule ?... Cette question est surprenante mais l'intelligence du cœur – le cœur purifié des émotions négatives – est un instrument de connaissance participant à une vraie compréhension autre qu'une connaissance intellectuelle sans communion.

La compétence scientifique ne change pas la qualité d'être. Les témoignages ne manquent pas sur l'arrivisme, la médiocrité, l'égoïsme et l'infantilisme de chercheurs scientifiques qui ont valu un prix Nobel à leur pays. Le cœur, le sentiment *comme instrument de connaissance objective*, est oublié aujourd'hui. On demande à un chauffeur de taxi de ne pas être aveugle, on demande à un professionnel d'avoir un cerveau qui fonctionne bien pour diriger une entreprise, pour enseigner ou pour poursuivre une recherche en laboratoire, mais il n'y a pas d'exigence spécifique quant au cœur. On retrouve un écho de cette nécessité dans la « formation psychologique des cadres », dans les stages où des directeurs cherchent à comprendre quelles peuvent être les émotions qui interfèrent avec leur rendement et la productivité de l'entreprise dont ils sont salariés, mais ce n'est pas le travail de purification commun à toutes les ascèses.

Le cœur sans moitié négative participe à la connaissance. L'amour et la compassion rendent intelligent. Quelqu'un peut avoir la jouissance de ses cinq sens, posséder un quotient intellectuel élevé et ne pas vous comprendre parce que l'intelligence du cœur n'a pas participé. En face d'un sage, on se sent accueilli, reconnu, accepté, compris par quelqu'un, hindou ou tibétain, qui n'a aucune idée précise de ce que sont la France et les Français, ni de qui vous êtes. En une seconde, je me suis toujours senti compris, complètement en sécurité. C'est la fonction du cœur.

Sans les pendules, notre existence serait réglée uniquement sur le mouvement du soleil et, quand le soleil est caché derrière les nuages, vous ne sauriez pas du tout s'il est encore haut ou bas dans le ciel. Est-ce que vous ressentez une gratitude pour la pendule qui vous indique l'heure, qui vous facilite une existence que vous pouvez consacrer à la recherche de Dieu ? La pendule fait partie des points d'appui qui favorisent notre démarche vers la sagesse ou vers l'éveil.

Quand nous étions assis en face de Swâmiji, nous étions assis sur une grosse couverture pliée. Quand l'entretien était terminé, nous reposions la couverture dans un coin de la pièce. Un jour, j'ai négligemment lancé cette couverture : cela m'a valu un supplément d'entretien qui a même duré assez longtemps. Swâmiji m'a dit à peu près ceci : « Comment avez-vous traité cette couverture, qui vous aide à être plus confortable pour écouter Swâmiji, donc pour entendre les paroles importantes qui vous guident vers l'essentiel ? » Swâmiji m'a alors parlé comme un orateur socialiste du début du siècle de la peine des agriculteurs indiens qui cultivent le lin ou le coton dans la chaleur, derrière leurs bœufs. « Quelle gratitude avez-vous pour eux ? » m'a-t-il demandé, « … et pour tous les travailleurs du réseau commercial qui amènent les biens des producteurs jusqu'aux consommateurs ? ». C'était un discours digne de Jaurès, le grand orateur socialiste idéaliste assassiné juste au début de la guerre de 14-18 ! Finalement, j'ai réalisé que j'avais le cœur sec et que je ne ressentais rien par rapport à cette couverture qui, en effet, me permettait d'être assis plus confortablement pour entendre les paroles les plus précieuses qui allaient me permettre de progresser sur le chemin. Ça m'a tellement frappé que, dans les jours qui ont suivi, j'avais le sentiment de la brosse à dents et de la pâte dentifrice qui allaient m'éviter les caries, et de chaque détail de l'existence.

Le sentiment participe à la connaissance et à la compréhension de la réalité, quel que soit cet aspect de la réalité. Ce n'est pas nécessaire pour une étude scientifique poussée, mais c'est indispensable pour une autre forme de connaissance. Il y a une moitié négative dans le centre physique et dans le centre intellectuel, mais celle du centre émotionnel est pathologique. Cela dit, l'humanité vit dans les émotions négatives, à part une petite minorité.

La sensation

LE MÊME HOMME : Si je suis un avec la sensation, suis-je automatiquement dans le cœur ? J'aimerais apporter un exemple. J'ai lu récemment un chapitre du maître zen Albert Low sur le traumatisme où il parle de l'interaction entre moi et l'étranger. Au fond, l'étranger, c'est moi. Ce matin, j'écoutais le vent – en anglais on dit « to hear », mais en français je ne sais pas comment rendre cette nuance. Le vent vient à mon oreille, j'écoute. Il y a aussi « to listen » qui signifie écouter de l'intérieur : je deviens un avec le vent, donc je suis le vent.

ARNAUD : Je vois bien la nuance de ces deux termes en anglais : on pourrait en effet décider de traduire par *entendre* et *écouter*. Je suis tout à fait d'accord : je peux entendre ou entrer en communion.

LE MÊME HOMME : En écoutant, j'ai découvert le vent : il n'est pas égal et il fait un peu comme une valse. Le son part de loin, il s'approche, il touche le corps. Il y a toute une vie du vent que j'ai découverte parce que j'étais un avec le vent. Par exemple, je peux vous écouter mais si pendant ce temps je pense à ma question, le cœur est absent...

ARNAUD : On revient à des formules que vous aurez à approfondir pendant des années : personne ne vit dans *le* monde, chacun vit dans *son* monde. Vous ne voyez pas Arnaud, vous voyez *votre* Arnaud – pas au sens « c'est mon Arnaud » comme on dirait « c'est ma voiture », mais vous voyez l'Arnaud de vos projections. « Projection » est un terme expressif : nous sommes comme un projecteur. Nous projetons sur le visage de quelqu'un ce que nous portons dans l'inconscient, des vieilles images du passé qui sont réveillées par le présent – pourquoi quelqu'un qui est très sympathique à l'un d'entre vous est-il antipathique à un autre ? Si vous pouvez éliminer cette interférence, vous voyez la réalité relative telle qu'elle est, ni interprétée ni déformée par le mental. C'est vrai : entrez en communion avec le vent.

Vous pouvez dès aujourd'hui vivre des expériences intéressantes, riches, précieuses : j'ai été en communion avec le vent, j'ai compris la différence entre *to hear* et *to listen.* Vous pouvez avoir une autre expérience du même type : j'ai été vraiment un avec le bouquet de fleurs. Je n'ai pas projeté, j'ai accepté le bouquet tel qu'il est, je l'ai laissé dire « je suis ce que je suis, un bouquet de tulipes, un bouquet de roses... ». Mais ces moments de communion ne doivent pas nous faire oublier tous les moments de non-communion. Il ne faut pas chercher uniquement à vivre une expérience de grande qualité. Et le reste du temps ? Puissiez-vous être de moins en moins dans la saisie de ce qui vous convient et le rejet de ce qui ne vous convient pas et dans l'identification à votre réaction.

TOUT EST NEUTRE, C'EST VOUS QUI QUALIFIEZ DE BON OU DE MAUVAIS

LE MÊME HOMME : Être vigilant à la sensation, n'est-ce pas un moyen de court-circuiter l'émotion parasite ?

ARNAUD : Si ! L'émotion a une base physiologique parfois très perceptible – je n'arrive même plus à respirer – et parfois beaucoup plus fine, perceptible aux yogis qui ont une intime connaissance de leur corps. La voie commence à partir de la distinction entre sensation, pensée (ou intellect) et émotion. S'il n'y a pas d'émotion mais que la sensation s'affine – c'est-à-dire les sensations intimes de tout ce qui peut se passer dans l'organisme et dont nous sommes généralement coupés – la sensation a une grande valeur. Lorsqu'une émotion surgit, par exemple l'angoisse, et que nous acceptons que cette émotion se produise ici et maintenant, nous ramenons l'émotion à une sensation, c'est-à-dire que nous réussissons à ne plus être identifié à des pensées telles que : « C'est horrible, ce n'est pas juste, ça fait des mois que ça dure, il n'y a aucune raison pour que ça change, je n'y arrive plus… » Au lieu de cela, nous entrons en communion avec l'aspect sensation de l'émotion, c'est-à-dire que l'aspect pensée est mis de côté. Être un avec une émotion, c'est être un avec une sensation, parce que l'émotion est un ensemble de pensées et de sensations. Les sensations sont des phénomènes biologiques, physiologiques. Le mot *feeling* crée de la confusion. Il faut que nous ayons entre nous un vocabulaire rigoureux : différence entre sensation et émotion, voir et penser. La précision d'un vocabulaire commun est fondamentale sur toutes les voies. La terminologie sanscrite et le vocabulaire arabe des soufis sont très précis, très techniques.

Ce que vous dites là est probablement inhabituel pour beaucoup ici, mais tout à fait intéressant. En cas d'émotion, essayez de ne plus vous identifier et vous laisser emporter par les pensées. Pour penser moins, ressentez plus. Vous allez avoir un ressenti physique que vous ne qualifierez pas : j'entre en communion avec ce malaise. Ainsi, il devient neutre et, s'il n'est pas entretenu par un conflit – je suis malheureux mais je ne suis pas d'accord pour être malheureux – la manifestation physique, le support physiologique de l'émotion se dissipe très vite. L'organisme s'autorégule (sauf dans les cas rares de perturbations graves). Dans son livre déjà ancien *Essais sur l'expérience libératrice*, le docteur Godel emploie beaucoup les mots *homéostase* et *homéostasie :* comment l'organisme revient à l'équilibre. On agite quelque chose, on cesse de l'agiter, l'énergie revient au repos. Nous montons un escalier en courant, nous sommes haletants, nous ne faisons rien, l'essoufflement s'arrête, les battements du cœur reviennent à la normale. Si nous sommes vraiment un avec l'aspect physiologique de l'émotion, la sensation que nous allons appeler angoisse et qualifier d'émotion (ce qui est le terme juste : il y a une différence entre l'angoisse et une douleur dans le dos), si nous réussissons à nous centrer dans le ressenti, la régularisation va s'accomplir beaucoup plus vite qu'on ne peut le croire à l'avance. Cette sensation va se normaliser, exactement comme l'essoufflement. Mais il ne faut pas que la pensée l'entretienne.

LE MÊME HOMME : Au fond, ce qui fait lever l'émotion c'est la mémoire qui fait des liens avec des sensations passées.

ARNAUD : Oui, c'est à cause du passé que nous qualifions le présent. Pour approfondir ce point nous devons entrer dans des subtilités très importantes mais qui sont surprenantes au premier abord. Une des paroles avec lesquelles j'ai eu le plus de mal – mais je n'ai pas lâché, je voulais comprendre – c'est « *everything is neutral, you qualify good and bad* » : « tout est neutre, c'est vous qui qualifiez de bon ou de mauvais ». Une telle affirmation est au premier abord incompréhensible et scandaleuse. Auschwitz et cinq millions de Juifs massacrés uniquement parce qu'ils sont Juifs, c'est neutre ? Cette parole est inadmissible, révoltante. Quand un gourou aussi brillamment intelligent que Swâmi Prajnânpad prononce une telle parole – et ce Swâmi avait un si grand cœur, une si grande compassion, une telle bonté – on est obligé de se demander où est la vérité de cette affirmation. La compréhension vient peu à peu, pas à pas. Le premier constat que nous faisons est que nous avons qualifié de très heureux un événement qui a mal tourné ou que nous avons qualifié de tragique un événement qui a eu des conséquences tout à fait heureuses. Je ne parle même pas du fait que la manière dont nous vivons une épreuve nous fait progresser sur la voie. C'est comme la fameuse histoire de celui qui a un rendez-vous d'affaires capital, qui rate l'avion, qui est désespéré jusqu'à ce qu'il apprenne que l'avion s'est écrasé et qui – sans beaucoup de compassion pour les deux cent trente passagers tués – remercie le Ciel d'avoir raté l'avion. En regardant un peu attentivement notre passé, nous allons voir combien de fois nous avons justifié une émotion négative qui, même au niveau ordinaire, ne l'était pas puisque, finalement, la situation a bien tourné et a même eu des conséquences positives – et l'inverse.

Vous allez donc un peu moins qualifier immédiatement de bon ou de mauvais. Osez considérer comme neutre la sensation qui sert de support à l'émotion par l'intervention des pensées, même si cette sensation est au premier abord pénible. Je ne qualifie plus : je ressens, j'entre en communion. Vous éviterez ainsi bien des erreurs : je peux en témoigner en tant que disciple plein de gratitude pour Swâmiji. L'événement très impressionnant d'œdème aigu du poumon que j'ai vécu récemment a été un choc physique profond mais je peux vous certifier qu'il n'y a pas eu d'émotion ni de refus. Mais il faut être convaincu, imprégné de conviction, sinon le refus se lève tout de suite : « C'est atroce, c'est horrible, j'étouffe... » En se souvenant « Aum, oui, amen... » on évite l'émotion. C'est alors de la sensation pure de suffocation, de manque d'oxygène. La tension monte pour que le cœur puisse tenter de continuer à fonctionner alors qu'il est submergé par plus de sang qui lui arrive que de sang qu'il renvoie dans le circuit mais on peut éviter l'émotion.

J'insiste donc sur le fait que dans toute émotion il y a un aspect sensation et un aspect pensée. Si vous laissez l'aspect pensée de côté, que vous tournez votre attention sur l'aspect sensation – notamment si vous n'êtes pas dans une situation d'urgence, de vie ou de mort – et que vous essayez d'être vraiment *un* avec cette sensation, vous pouvez sentir qu'elle est neutre. Si les pensées n'interviennent pas, l'aspect physiologique va se régulariser très vite. Tout revient à la normale et l'émotion disparaît. Puis vous repensez à la situation – ma femme m'a quitté ou j'ai reçu une lettre de licenciement de l'entreprise – et de nouveau l'émotion va se produire jusqu'à ce qu'elle disparaisse définitivement. Alors maintenant, qu'est-ce que vous sentez ? Quelle action vous est possible ?

LE MÊME HOMME : S'il y a sensation pure, il y a sentiment pur puisqu'il y a acceptation du cœur…

ARNAUD : Bien sûr ! Il y a l'expérience par le cœur de ce qu'est l'événement pénible. C'est très important parce que cette réalisation fait grandir la compassion : j'ai reçu un enseignement qui me permet d'intégrer cette souffrance – quelle que soit la souffrance – et je me sens en communion avec les millions de gens qui souffrent en ce moment même. Si nous comprenons cette souffrance à la fois par la sensation, par l'intellect et par le cœur, nous sommes vraiment au cœur de la voie, au cœur de l'enseignement de Gurdjieff dans ce qu'il avait de plus profond et de plus subtil, au cœur de l'enseignement de Swâmi Prajnânpad, au cœur de la soumission absolue à la volonté de Dieu qui est l'essence du soufisme, au cœur du « Que ta volonté soit faite » de Jésus.

Le refus du corps et les sensations en méditation

UN HOMME : Vous dites qu'il y a une moitié de l'aspect physique qui est négative : n'y a-t-il pas parfois un refus du corps physique lorsque le corps s'emballe comme dans l'incident que vous avez vécu récemment ?

ARNAUD : Oui. Un refus du corps est légitime. Dans le cas du sida, par exemple, on pourrait dire que la diminution naturelle de l'immunité est que le refus du corps ne joue plus et que celui-ci laisse la pathologie gagner la victoire. Le corps essaie toujours de revenir à la normale, à la santé. Nous pouvons l'aider. La médecine moderne est tout à fait étonnante à cet égard : comment deux petites pilules minuscules peuvent-elles faire disparaître complètement les extrasystoles et l'essoufflement dans les montées ? Le corps refuse et se bat pour reprendre le dessus en cas de maladie depuis qu'il y a des hommes sur terre mais les capacités du corps ont leurs limites, sinon on ne mourrait jamais et on ne serait jamais malade. Le corps refuse ce qu'il considère nocif. Il essaie de sauver la situation, mais il n'y arrive pas toujours ! Quelqu'un peut mourir bien que le corps ait essayé d'éliminer la perturbation. Est-ce cela que vous vouliez dire ?

LE MÊME HOMME : C'est que ce matin, au cours de la méditation, j'ai vécu quelque chose d'assez intense physiologiquement. Ça a commencé par un engourdissement à une jambe, chose qui m'arrive assez fréquemment. À un moment j'ai senti ma pression chuter, j'ai eu des sueurs et ensuite j'ai perdu la vue, puis je ne vous entendais plus...

ARNAUD : C'est un phénomène connu qu'en méditation, quand on quitte les distractions et la surface, il peut y avoir des malaises ou des impressions bizarres. Je me souviens d'un de mes anciens séjours ici pendant lequel il y avait eu plusieurs évanouissements, ce qui avait donné lieu, lors de la fête de fin de stage, à un numéro plein d'humour où tout le monde venait à la méditation avec un casque de motocycliste... pour amortir les chutes. Ces évanouissements se produisent aussi parfois à Hauteville ou dans les monastères zen. C'est à nous d'apprécier : j'ai un engourdissement dans la jambe, toute mon intelligence me dit que cela ne peut pas être grave, je continue. Dans certains cas, je décide d'arrêter, de décroiser les jambes et de faire quelques pas. C'est à vous d'estimer, mais moins vous prendrez peur plus vous oserez vivre l'expérience : ce sont des évanouissements dont on se relève très bien. À Hauteville, ça n'inquiète plus personne. Les évanouissements se produisent généralement à la fin de la méditation, si bien qu'on ne laisse pas la personne affalée trop longtemps. Dix minutes après, elle est en pleine forme !

LE MÊME HOMME : Le refus et l'emballement face à cette situation accentuent-ils la réaction ?

ARNAUD : Oui. Qu'il y ait une part de refus est habituel, mais osez vivre la situation. Cela dit, il y a quand même une question d'appréciation personnelle.

J'ai été frappé et surpris de voir que dans les monastères zen – je n'y ai certes pas passé des années, mais j'y ai pratiqué le zazen – des moines s'évanouissaient. Depuis trois mille ans, on a répertorié toutes sortes de manifestations ou de perceptions bizarres en méditation : j'ai l'impression que je suis tellement léger que je vais m'envoler, ou j'ai l'impression d'être incroyablement lourd, ou encore de devenir physiquement tout petit ou immense. J'ai vécu certains de ces phénomènes qui sont parfaitement connus, et j'ai entendu parler de beaucoup d'autres. Leur importance est très secondaire.

Réunion du soir

LA DÉPRESSION

UNE FEMME : Je n'ai pas vraiment de question, mais j'ai le désir de communiquer où j'en suis, ce que j'ai vécu depuis votre dernier séjour avec nous. Ce dernier séjour portait beaucoup sur la bienveillance envers soi-même. Vous vous souvenez ? Ça m'a fait voir comment je ne faisais pas ça avec moi-même, mais que c'était le point de départ. L'an dernier aussi à cette époque-là, je vivais des situations difficiles dans mon travail, ce qui fait qu'un mois et demi après le séjour avec vous et Véronique – c'était important aussi ce que Véronique apportait – mon corps a lâché. J'ai dû arrêter le travail. Ensuite, ce sont les émotions qui ont lâché, et les fonctions intellectuelles aussi. J'ai fait une dépression nerveuse majeure. Maintenant, le pire est passé. Ce que je trouve heureux dans tout ça, c'est ce qui est tombé : une structure très forte qui veut tenir le coup à tout prix, réussir à tout prix, ne pas décevoir. Ça c'était à la surface, mais dessous, il y avait des peurs, une immense frayeur. Aujourd'hui, non seulement je ne peux plus utiliser les mêmes mécanismes parce que je n'ai plus la capacité de le faire, mais je ne veux plus le faire. Je suis en contact avec cette frayeur que j'accepte, avec laquelle j'apprends à vivre. J'apprends à vivre autrement avec l'enseignement. Je dirais que je me reconstruis, que je me révèle à moi-même avec l'enseignement. Nous ne pouvons plus avoir d'entretiens individuels avec vous[1]*. J'avais envie de vous dire ce que je vis. À le dire devant un groupe, mon image en prend un coup, mais je pense que c'est une bonne leçon pour tout le monde. À un certain moment, il y a des choses qui tombent. Je ne leur souhaite pas la même chose que moi, mais je leur souhaite que leurs défenses tombent. En vous le disant, je me place en position de recevoir de vous un regard guérissant. Je sais que c'est juste. Alors je le fais pour me placer en position de recevoir de vous et pour m'encourager à continuer à apprendre à vivre d'une façon juste, avec l'enseignement.*

1. En août 2000, Arnaud Desjardins a ressenti la nécessité de réduire son activité pour des raisons de santé. Il a donc annoncé par courrier à tous les adhérents d'Hauteville qu'il ne répondrait dorénavant plus au courrier ni ne donnerait plus d'entretiens privés. Il demeure cependant très présent dans la vie de l'ashram puisqu'il anime chaque jour une méditation guidée et deux réunions communes.

ARNAUD : Qu'est-ce qui résume l'enseignement pour vous ?

LA MÊME FEMME : Maintenant, ce qui est.

ARNAUD : Voilà. Maintenant. Vivre avec l'enseignement, d'accord ! C'est une certaine manière de vivre les situations qui se présentent, le plus consciemment possible. Vous pouvez détailler ce que nous appelons l'enseignement en plusieurs volumes mais vous ne pouvez pas mettre en pratique plusieurs volumes. Il n'y a rien d'autre – c'est évident – que l'instant. On le sait, la formule « ici et maintenant » est célèbre dans toutes les langues, dans toutes les traditions – et on l'oublie. L'instant. Pas hier, pas demain, pas il y a trois secondes, pas dans trois secondes, juste maintenant. Si vous entendez cela, vous avez tout : la vérité de l'instant et la folie – mais ce qui est folie aux yeux des hommes est sagesse aux yeux de Dieu – d'accueillir sans discuter cette vérité de l'instant, quelle qu'elle soit. Il y a dépression ? Soit. Mais ce qui se passe communément c'est que, dès les premiers signes avant-coureurs d'une dépression, se lève inévitablement le : « Oh ! Non ! Pas ce malaise ! » et c'est cela qui aggrave tout. Ce qui peut alors intervenir, c'est une part, non pas de croyance dans un credo, mais de confiance, *trust*, dans l'enseignement transmis par des générations de maîtres et par les amis spirituels avec qui vous avez une relation plus directe. « Je ne l'ai pas encore vérifié mais je fais confiance. » Qu'est-ce qu'un vécu dépressif ? Il implique à la fois le niveau physiologique – et c'est pour ça qu'il peut être soigné par des médicaments – émotionnel et mental. Ce ne sont certes pas des pensées positives et joyeuses qui s'imposent alors. Mais, même s'il y a eu une erreur quelque part, celle-ci fait partie du cheminement. Au pire moment, souvenons-nous : de même que nous sommes déjà nus sous nos vêtements, notre vraie nature – ou la vraie nature de la conscience – à la surface de laquelle se succèdent des « formes » parfois euphoriques, parfois désespérées, est la paix. « Je n'ai pas tout perdu. Même si je ne le ressens pas, je sais que le Royaume des Cieux est déjà là en moi. » L'Évangile ne dit pas : « Le Royaume des Cieux sera au-dedans de vous », mais bien « Le Royaume des Cieux est au-dedans de vous ». Pour l'instant, représentez-vous les Cieux comme l'immensité, la vastitude, l'espace, au sein duquel les limitations prennent forme et se succèdent. Plus vous acceptez l'horreur, au lieu de vous débattre, plus vous avez au moins un avant-goût de cette paix. Mais, pour la mentalité ordinaire, cette attitude représente une capitulation – en anglais, la langue des sages hindous : *surrender*. Comment ressentez-vous ce mot : la capitulation ? « Tant que je résiste, tant que je me bats, j'ai un espoir », pensons-nous. Dans certains cas, c'est vrai : contre une agression physique, nous essayons de nous défendre. Mais intérieurement, ce refus est toujours une erreur. Je capitule devant le désastre. Je fais la paix en moi. Je suis d'accord pour le pire. Il n'y a rien d'autre : tout refus, toute résistance revient à demeurer dans le monde du conflit.

J'ai connu depuis cinquante ans des disciples de qualité, vraiment sérieux, qui ont traversé quelques mois de dépression, qui ont été soignés par les antidépresseurs de la médecine actuelle, et qui ont guéri. Mais en même temps qu'ils étaient soignés, il restait en eux un petit quelque chose : « Je n'oublie pas complètement que je suis engagé sur la voie. » La souffrance fait partie du prix que certains d'entre nous avons à payer pour que ces potentialités de désarroi que nous portions en nous se manifestent et soient dépassées. La paix qui a été détruite l'a été parce qu'elle était destructible. Ce qui est important c'est : « Qu'est-ce que je fais maintenant de cette expérience ? Quel enseignement puis-je en tirer ? En quoi ma pratique va-t-elle être différente ? » Et si vous avez vu : « J'étais perfectionniste, je mettais de l'orgueil dans ma démarche », si vous voyez objectivement où ont été vos erreurs, sans vous accabler et sans rajouter : « Je n'aurais pas dû », c'est une erreur que vous ne commettrez plus. Oui, soyez bienveillante avec vous-même. Je peux vous citer le cas d'un abbé de monastère, qui avait eu dans sa jeunesse la réputation d'être un abbé exceptionnel et qui avait une si haute idée de son rôle – selon la tradition – qu'il a fait une dépression au bout de trente ans. Il y avait en lui, malgré la pureté de son engagement, une tension à l'arrière-plan, une ambition spirituelle. Se demander plus qu'on ne peut est un manque de soumission à la vérité. Mais chaque erreur reconnue est un pas vers le but.

Swâmiji avait dit un jour – c'est une parole toute simple – *« If I am a devil, let me be a devil »*, « si je suis un démon, que je sois un démon ». « On verra comment on peut transformer un démon en Bouddha. Si je suis faible, bien ! Je suis faible aujourd'hui. La Réalité ultime en nous rayonne à un niveau plus profond que ce que nous appelons être fort ou être faible. *Surrender* est en quelque sorte le suicide momentané de l'ego. Vous entrez en relation avec cette profondeur. Vous n'êtes pas seulement cet état dépressif, vous êtes la conscience complètement libre. C'est de cette conscience sans forme – dont nous avons parfois un commencement d'expérience en méditation – que naissent (et à laquelle retournent) toutes les formes. Un état dépressif est une forme ! C'est une forme physique, émotionnelle et mentale, ou du moins une succession de formes qui se déroule dans le temps, comme les vagues à la surface de l'océan.

Il y a donc dans notre pratique une part de confiance : « Je me souviens et je suis convaincu que les sages ont dit vrai. » C'est très important. Après tout, si un de vos professeurs de géographie vous enseigne que la capitale de la Hongrie c'est Budapest, vous le saurez sans avoir besoin d'aller forcément en Hongrie vérifier qu'il existe bien « Buda » et « Pest » de chaque côté du Danube. Nous savons faire confiance : « Est-ce que tu as vu *Billy Elliot* ? Superbe ! Grand film ! », et vous allez voir ce film ! Quelqu'un vous dit que tel restaurant est formidable : vous allez y dîner ! Mais quand un sage vous dit quelque chose de mille fois plus intéressant encore, vous n'arrivez pas à croire que ce que vous entendez est vrai. Or vous ne vous mettrez en marche qu'à partir d'une conviction. Pourquoi iriez-vous quelque part, si vous croyez que cet endroit n'existe pas ?

Le grand appel de la découverte intérieure s'adresse à tous. Je ne parle pas simplement d'un moment de supra-conscience, de *satori*, de *samadhi*, qui laisse un souvenir certes très fort mais qui ne nous change pas définitivement – les vieilles peurs réapparaissent, les émotions reviennent. Ne laissez pas l'ego rechercher les états mystiques mais sachez que cette Réalité est en vous jusqu'à ce que vous y ayez de plus en plus librement accès. Or cet accès n'est possible que par la capitulation, le *amen*. Ce qui s'exprime en termes religieux par « Que Ta volonté soit faite ». Vous arrêtez de résister, vous arrêtez de vous battre, et cette réalité commence à se révéler. L'ego ne peut pas obliger Dieu à répondre mais il peut préparer le terrain, il peut écouter ce qui lui est proposé, il peut dissoudre peu à peu des illusions, des voiles, un monde d'émotions. La paix des profondeurs se révèle dans cette capitulation.

Peut-être serez-vous convaincue dans un an que cette période de dépression a été une bénédiction. Quelque chose dépend de nous : « Qu'est-ce que j'en fais ? Quel enseignement est-ce que j'en tire ? » Ne recommençons pas les mêmes erreurs qu'autrefois. Mais cette bienveillance avec soi-même, que vous avez évoquée au début de votre témoignage, est capitale. Vous ne pouvez pas éduquer un enfant à coups de « Crétin ! Imbécile ! »… Vous ne feriez que le terrifier ! L'éducation implique la bienveillance. « Attends ! Tu n'arrives pas à comprendre : ne t'inquiète pas, tu vas y arriver » et non pas : « Mais tu es franchement bête ou quoi ? » Vous êtes d'accord ? C'est évident ! Alors, comment nous conduisons-nous avec nous-même ? Nous ne nous aimons pas parce que nous ne sommes pas aussi extraordinaire que notre ego aurait voulu et voudrait l'être. Et comme nous ne nous aimons pas, l'inévitable compensation, c'est l'amour-propre, la vanité, l'orgueil si on nous fait des compliments, l'humiliation si on nous critique – tout cela parce que nous n'avons pas de compassion pour nous-même : « Je ne suis pas assez brillant, je n'ai pas été assez beau ou assez belle quand j'avais onze ans, je n'ai pas été ce que mes parents espéraient. » Vous avez souffert parce que vous n'étiez (et n'êtes) pas ce qui vous aurait évité ces souffrances, donc vous vous êtes ressentie comme votre propre ennemie. Et vous n'avez pas été capable d'« aimer vos ennemis ».

Vous ne pouvez pas fonder la voie sur le non-amour de vous-même. Vous pouvez prendre des revanches sur les échecs de votre jeunesse : « Je n'ai pas été capable de faire des études poussées, ça m'a humiliée, mais je réussirai à gagner plus d'argent que les amis qui ont des diplômes brillants. » Même si vous y arrivez, ce succès ne vous donnera ni la paix du cœur ni la sagesse. Vous ne pouvez pas progresser sur la base du rejet de vous-même. Vous pouvez sobrement et lucidement constater en vous des nœuds que vous pouvez dénouer, des distorsions que vous pouvez redresser, des faiblesses que vous pouvez dépasser. Mais il faut le faire en amitié avec soi-même. « Le gourou intérieur » fait de vous un éducateur pour vous-même, vos mauvaises habitudes physiques, votre sottise mentale qui interprète et déforme, votre faiblesse émotionnelle qui s'excite pour un compliment, s'effondre à cause d'une critique, votre sexualité aussi, dans laquelle vous pouvez mettre plus d'ordre, plus d'harmonie, plus de noblesse. Mais vous n'oubliez jamais qu'on ne peut pas éduquer un enfant en l'accablant. C'est insupportable pour l'enfant d'être divisé : « Je devrais être cela, je ne le suis pas et mes parents sont fâchés. » Adolescents, certains fuient dans le rêve – ils sont de moins en moins adaptés à l'existence –, d'autres fuient dans l'alcool ou la drogue, et d'autres encore – c'est encore plus cruel – fuient dans le suicide. Malgré leur bonne volonté, certains parents commettent de graves erreurs d'éducation. Vous le savez. Essayez d'éviter ces erreurs avec vous-même.

Ayez de la compassion pour tous les aspects de vous, même ceux que vos parents ou vos amis désapprouvent ou ceux que l'opinion publique condamne. Sans bienveillance, il n'y a ni amour, ni accueil : il n'y a que le jugement, l'humiliation de l'ego, la déception de n'avoir pas été superman ou superwoman. Le non-amour de soi est un des aspects les plus cruels du fonctionnement de l'ego. C'est la face inversée de l'orgueil, de la vanité, de l'amour-propre, du narcissisme.

L'HOMME N'A PAS DE DEVOIRS, SEULEMENT DES DROITS ET DES PRIVILÈGES

UNE FEMME : Dans une causerie, Arnaud, vous nous citez une parole de Swâmiji : « Un individu a des devoirs, un chercheur de vérité a des droits et des privilèges »...

ARNAUD : « *Man, as man, has no duty, man has only right and privilege* », « l'être humain, en tant qu'être humain, n'a pas le devoir de..., il n'a que le droit et le privilège de... » C'est en effet une parole de Swâmiji d'autant plus frappante que les hindous traduisent communément *dharma* par *duty*. Mais ils ne ressentent pas le mot *duty* comme nous sentons en français le mot devoir.

Quand on remercie un Indien qui s'est vraiment donné de la peine pour nous aider, il nous répond : « *Don't mention it, sir : it's my duty* » – ne me remerciez pas, c'est mon *dharma*, c'est ce qui est juste pour moi. Ne sentez pas : « c'est mon devoir » mais : « c'est mon droit et mon privilège ». Formulation évidemment surprenante au premier abord !… Voulez-vous préciser votre question ?

LA MÊME FEMME : Je me sens souvent accablée par les devoirs. J'ai tel rôle, je dois l'assumer, et je sens souvent une lourdeur qui s'attache à ce rôle. Je voudrais voir où se situent le devoir et le privilège.

ARNAUD : Vous êtes ce que vous êtes et vous faites ce que vous faites à l'instant même : le reste, ce ne sont que des pensées. Swâmiji expliquait : « Un professeur n'a pas le devoir d'enseigner : il a le droit d'être un enseignant. » C'est ce qui l'aide à être. Il s'est qualifié par les études et les diplômes qu'il a obtenus. Instruire ses élèves, c'est sa dignité, c'est son *dharma*. C'est ce *dharma* qui fait qu'au niveau relatif vous n'êtes pas seulement un faisceau de pulsions, *an amorphous crowd*. Au milieu de cette jungle de tendances, je suis un père, je suis une mère, ou je suis un professeur : ce n'est pas un devoir, c'est ce que je suis en ce moment. Quand j'enseigne, je suis un professeur. Quand je joue au tennis, je suis un *tennisman*, ou une joueuse de tennis. Quand je nage, je suis une nageuse. Si vous n'êtes pas d'accord pour une activité, ne la faites pas. « Je suis bien obligée, parce que c'est mon métier. » Faites un autre métier ! « Vous croyez qu'on trouve du travail comme ça ? » Comme toujours, la vérité est simple : finalement, vous allez le faire ou non ?

Que ce soit aller au collège pour enseigner, ou que ce soit autre chose, si je le fais, c'est ma possibilité d'être, au plus grand sens du mot. Mais si vous faites les choses – quoi que ce soit – tant soit peu divisée, vous tournez le dos à ce Royaume des Cieux qui est au-dedans de vous. En fin de compte, si on est un tant soit peu attentif, on se rend compte que ce qu'on fait, c'est ce qu'on veut. « Oh ! Ce qu'on veut ! Vous ne pensez pas que j'aimerais mieux me reposer que de faire ce boulot ? » Ne le faites pas ! « Oui mais, il faut bien que je gagne ma vie ! » Vous voyez bien en fin de compte que ce qu'on fait, c'est ce qu'on veut faire ! Alors, faisons-le vraiment ! « Mais pas du tout ! Je suis obligée, c'est une corvée, je… » : alors ne le faites pas ! Ce que vous faites (fût-ce à contrecœur, divisée et mécontente) c'est pourtant toujours ce qu'en fin de compte vous voulez faire. Alors soyez vraiment ce que, selon toute apparence, vous êtes en ce moment – non duelle. Être vraiment ce que vous êtes à l'instant même, c'est votre dignité. Le professeur n'a pas le devoir d'enseigner, il a la qualification pour enseigner, le droit d'enseigner, le privilège d'être un enseignant.

À chaque instant, soyez parfaitement ce que vous êtes, faites complètement ce que vous faites : la queue devant une salle de cinéma – parce que c'est un film qui a un énorme succès, comme *Titanic*, et il y a beaucoup de monde. Oui, *ici* et *maintenant*, « je suis quelqu'un qui fait la queue devant le cinéma. Je le suis ». « Ah ! Vous croyez que c'est marrant de faire la queue, de piétiner debout pendant une demi-heure ? » Eh bien ! Ne la faites pas ! Quittez la queue, rentrez chez vous ! « Ah non, mais je veux voir *Titanic*. » La vérité est que si je suis là, c'est que je le veux. Sinon, je m'en vais !

Swâmiji disait : *« Be what you appear to be, do what you appear to do »*, « Soyez ce que vous paraissez être, faites ce que vous paraissez faire ». Vous pouvez vous trouver dans une file d'attente alors qu'intérieurement vous ressentez un refus et un conflit. *« Be what you appear to be »* : il ne s'agit pas d'une caricature, ou de faire semblant. « Soyez ce que selon toute apparence vous êtes en ce moment même. » Vous avez le droit et le privilège d'être ce que vous êtes à l'instant même.

LA MÊME FEMME : Est-ce que les devoirs sont au niveau de l'avoir ? Et les droits et les privilèges au niveau de l'être ?

ARNAUD : Vous pouvez le dire comme cela, à condition que ce ne soit pas que des mots et qu'il y ait une réflexion, une conviction. Passez du monde de l'avoir – sous toutes ses formes : avoir de l'argent, avoir des relations, avoir des idées originales – au monde de l'être. *« To be is to be free from having » :* être, au grand sens du mot, c'est être libre d'avoir ou de ne pas avoir. Il ne s'agit pas seulement d'être au sens de : « Je suis très énervée aujourd'hui, alors ne m'énervez pas davantage. » La vérité et rien que la vérité. Je suis ce que je suis. Je suis gaie ? Je suis gaie. Je suis triste ? Je suis triste.

Un professeur qui n'enseigne pas n'est pas un enseignant. Il est un diplômé, il n'est pas un enseignant. Un médecin qui ne soigne pas n'est pas un médecin. Il a un doctorat en médecine, il n'est pas médecin ! Quand il se baigne en mer, le médecin n'est plus un médecin : il est nageur. Quand il raconte *Blanche Neige* ou *Pokemon* à ses enfants, il n'est plus un médecin, il est un père. Jouons pleinement tous les rôles que nous avons à jouer. Un comédien qui joue un rôle le joue complètement : il a les vêtements, la perruque, les mimiques du personnage, il dit le texte – s'il joue un personnage triste, il ne rigole pas en scène et s'il joue un personnage drôle, il n'arrive pas devant le public avec une tête sinistre parce qu'il a eu un contretemps dans la journée. J'ai à jouer mon rôle de père, j'ai à jouer mon rôle d'enseignant, j'ai à jouer le rôle qui est le mien juste maintenant. Fût-ce quelque chose de tout à fait ordinaire comme d'aller à la selle ou d'uriner : c'est ma vérité de l'instant. « Je suis. » La réalité ultime, vous l'emmenez partout avec vous. Vous l'emmenez aux toilettes, même quand vous êtes sur le siège à pousser parce que vous êtes constipée. Si vous êtes parfaitement non divisée, non conflictuelle, vous entrez en relation avec la profondeur, avec l'Être. Est-ce clair ?

LA MÊME FEMME : Si je comprends bien, vous dites : le devoir est au niveau de l'avoir, et le droit et les privilèges, c'est...

ARNAUD : Qu'entendez-vous par « le devoir est au niveau de l'avoir » ?

LA MÊME FEMME : Avoir des obligations, au lieu d'avoir des droits et des privilèges...

ARNAUD : Toujours l'auxiliaire avoir...

LA MÊME FEMME : Je comprends que ça ne se situe pas au même niveau...

ARNAUD : Pas du tout. Si vous sentez qu'une chose est une obligation, mais que vous aimeriez mieux faire autre chose, vous êtes divisée et, en ce qui concerne la progression sur la voie, vous êtes clouée sur place. Réunifiez-vous. L'Évangile nous le dit :

« Que peut un royaume divisé contre lui-même ? » Le Christ ne faisait pas de politique – il s'est même fort peu occupé de la politique qui passionnait les Hébreux à l'époque, c'est-à-dire la résistance aux Romains. Le royaume divisé contre lui-même, c'est nous : « Je le fais, mais je n'ai pas envie de le faire » : c'est notre erreur à nous.

LA MÊME FEMME : Est-ce que je peux vous donner un échantillon ?

ARNAUD : Bien sûr.

LA NON-DIVISION : OU JE LE FAIS OU JE NE LE FAIS PAS

LA MÊME FEMME : Il y a trente ans, la mère d'une amie m'a demandé de prendre soin de sa fille le reste de ma vie. À cette époque, cette amie fonctionnait bien. Elle travaillait. Mais maintenant, je vois pourquoi sa mère m'a fait cette demande. J'avais accepté pour la rassurer parce qu'elle venait de perdre son mari, qu'elle était âgée et qu'elle était inquiète. Trente ans après, cette amie devient de plus en plus non fonctionnelle. Elle est vraiment handicapée au niveau mental. Je lui ai recommandé de voir un psychiatre : ça me paraît très important parce qu'elle est de plus en plus suicidaire. Elle est séparée de sa famille à cause d'un héritage, enfin... Avec l'aide d'Édith, j'ai réalisé que souvent, elle m'appelait parce qu'elle avait consommé des médicaments ou de l'alcool. Je lui ai rendu visite dans le but de lui dire de ne plus m'appeler quand elle en avait consommé. Je le lui ai dit, Arnaud, mais je le lui ai dit de dos. J'étais allée poser des fenêtres et laver des vitres avec elle, parce que je voulais l'aider, et comme je n'ai pas été capable de le lui dire en face – c'est après que je m'en suis rendu compte – je le lui ai dit de dos. Elle est sortie, j'ai vu qu'elle avait pleuré. Je trouve la relation de plus en plus lourde : elle m'appelle, et le lendemain elle me rappelle pour me raconter les mêmes histoires parce qu'elle ne se souvient plus de m'avoir appelée. J'avais trente ans quand j'ai fait cette promesse. Je ne pensais pas que ça serait aussi lourd, mais c'est une promesse…

ARNAUD : Oui ! Mais qu'est-ce que vous avez promis ? « J'ai promis de prendre soin d'elle. »

LA MÊME FEMME : C'est ça.

ARNAUD : Qu'est-ce que cela veut dire ? Ça veut certainement dire que vous ne pouvez pas rayer cette amie de votre existence : ça, ce serait trahir la promesse. Mais « prendre soin » ne veut pas dire que vous devez être auprès d'elle vingt-quatre heures sur vingt-quatre. Il faut que vous compreniez la promesse que vous avez faite. Telle que vous étiez, vous avez fait cette promesse. Quelle compréhension aviez-vous alors de la manière dont la situation pouvait évoluer ? Prendre soin de cette amie ne veut pas dire être satellisée, c'est-à-dire tourner autour de ses difficultés et de ses conflits comme la terre tourne autour du soleil. C'est un premier point : « Qu'est-ce que j'entends par prendre soin d'elle ? » Que votre réponse soit réaliste et acceptable pour vous, sinon vous allez vous situer en effet dans le monde de l'avoir, comme vous dites : « J'ai un fardeau sur le dos, j'ai une obligation suite à cette promesse. » L'aider, ce n'est pas être satellisée par ses souffrances, même si elle est malheureuse. Cela peut impliquer une fermeté, une dureté apparente. Qu'est-ce qui l'aide le plus ? Prendre soin d'elle, être toujours complice de ses faiblesses ? Cela peut être aussi de faire appel à sa propre force en l'obligeant à réagir.

« *I ought to do but I cannot do is a lie.* » C'est un mensonge que de dire : « je dois, mais je ne peux pas ». Si vous ne *pouvez* pas, vous ne *devez* pas. C'est tout. Vous n'êtes pas tenue de faire disparaître la souffrance de tous les êtres qui vous approchent. Sinon, vous allez aussi faire une dépression. Et vous n'êtes pas tenue de sauver cette personne. Mâ Anandamayî ou Ramana Maharshi – les sages les plus accomplis – n'ont pas donné définitivement la sérénité à tous ceux qui les ont approchés. Il est certain que, dans la situation que vous évoquez, ce thème d'être et d'avoir est tout à fait impliqué. Dites ce que vous sentez juste de dire aujourd'hui. Et peut-être que ce sera en effet très juste. Pour aller plus loin, il faudrait que nous entrions dans tous les détails.

« J'ai fait cette promesse : tant que cette amie sera vivante, je ne peux pas la laisser complètement tomber. » Distinguez bien ce qui s'étend dans la durée « Comment est-ce que je vais vivre cet engagement ? Qu'est-ce que je prévois ? Est-ce que je décide que je la verrai seulement une fois par semaine ? Est-ce que j'essaie de la convaincre de voir un psychiatre ? » et ce qui se passe juste maintenant. Vous ne pouvez être qu'au présent. Vous ne pouvez pas être hier – vous pouvez seulement vous souvenir d'hier. Vous ne pouvez pas être demain – vous pouvez prévoir demain.

Vous ne pouvez être qu'au présent. Il y a donc deux dimensions : d'une part une réflexion, une stratégie d'aide à cette amie en difficulté. Et puis il y a l'instant : pas de conflit dans l'instant. Si elle me téléphone : « Non, non, je n'ai pas le temps, ce n'est pas le moment, voilà. Au revoir. » Et vous raccrochez. « Ah non ! Mais je ne peux pas raccrocher, c'est trop terrible, elle va peut-être faire une tentative de suicide, que sais-je ? » Donc je continue à l'écouter. Je continue à l'écouter… unifiée ! C'est cela : être. Ou je le fais, ou je ne le fais pas. Mais si je le fais, je ne le fais pas à moitié, ni aux trois quarts. Si je suis une femme qui écoute son amie au téléphone, je ne le suis pas à moitié !

Du point de vue de la voie, de la vie spirituelle, cette division est une tragédie. C'est une forme non pas de mensonge délibéré – *lie* en anglais – mais de non-vérité, *untruth*. La vérité est unique, elle n'est pas double : je suis en train de l'écouter. Je n'ai pas raccroché, alors je l'écoute. Il s'agit de la vérité ou réalité – prenez-les comme synonymes – de l'instant. Réunifiez-vous. Ne soyez pas duelle, divisée, conflictuelle. Mais nous laissons échapper l'instant. La division implique des pensées : « Quand est-ce que ça va être fini ? Ah ! Il y en a pour combien de temps encore ? » Examinez par vous-même la façon dont vous allez appliquer cette compréhension du monde de l'avoir et du monde de l'être à la situation que vous évoquez. Du point de vue de la voie, toute situation peut être utilisée pour progresser, même celles que nous avons tendance à refuser au premier mouvement de l'ego. Réfléchissez à ce point : la progression sur la voie est la seule activité humaine en direction d'un but – que vous appeliez ce but « éveil » ou « voir Dieu face à face » – qui ne rencontre *jamais* d'obstacle. Toutes nos activités peuvent rencontrer des empêchements. « Il faut que je parle à quelqu'un, il est déjà en communication, d'un autre côté, j'ai un train à prendre, je n'ai pas réussi à le joindre au téléphone… » : c'est un empêchement. « Je dois faire un voyage, j'ai beaucoup de température, je suis malade, je ne peux pas faire ce voyage » : c'est un empêchement. Toutes nos activités peuvent rencontrer des entraves par rapport au but relatif que nous nous sommes fixé. La progression sur la voie est la seule activité qui ne rencontre jamais d'empêchement, même si celui-ci semble concerner notre cheminement, par exemple un séjour que vous avez prévu à Mangalam : je ne peux pas y aller, ma mère est en train de mourir, je reste auprès d'elle, je renonce à mon séjour en Estrie. Ou vous pouvez être dans l'impossibilité de lire un livre de Jack Kornfield ou de Pema Chödrön qui vous paraît très important : le libraire ne l'a pas. Mais tous ces contretemps sont des points d'appui pour votre pratique, tout est utilisable pour progresser. Vous pouvez être empêchée de faire un séjour à l'ashram qui vous paraît important. Mais vous ne pouvez pas être empêchée de revenir à la vérité de l'instant, à la réunification dans l'instant. *« Every place is a place to be »*, « tout lieu est un lieu pour être », même une cellule dans une prison. Tout instant est un instant pour être – entendez-le avant tout aujourd'hui comme « être unifiée ».

Voyez bien, soyez bien claire : qu'est-ce qui se situe dans le temps, avec un passé – une promesse ancienne –, un futur : tant que cette amie est en vie, je ne peux pas la rayer de mon existence. Qu'est-ce qui est l'instant, juste maintenant, sans passé, sans futur. L'existence se déroule dans la durée ; la Vie, c'est maintenant, l'éternel présent.

Avoir des relations ou être en relation

UN HOMME : Vous disiez : « être libre de l'avoir ». Vous donnez comme exemple : avoir des relations... ?

ARNAUD : Oui. N'importe quelle forme d'avoir, tout ce qui se conjugue avec le verbe avoir.

LE MÊME HOMME : Mais quelle différence peut-on faire entre être en relation avec quelqu'un, et avoir des relations ? Est-ce qu'il y en a une ?

ARNAUD : Bien sûr ! La différence se situe dans la liberté. « J'ai des relations, ça m'ennuierait de les perdre. » « Je connais bien un ministre. » Le jour où cette personne n'est plus ministre, où elle a perdu son influence, son pouvoir, vous êtes déçu. Toute relation juste est vécue dans l'instant, même si c'est une relation qui dure dans le temps : vous êtes en relation avec vos parents, votre épouse, vos enfants. La question est : est-ce que je suis libre ? S'il me quitte, il me quitte. Si elle me quitte, elle me quitte : qu'elle soit heureuse, qu'il soit heureux ! Puisse-t-il ou puisse-t-elle réussir son existence, trouver la paix. Le non-attachement est liberté. « Je suis attaché à... » implique « je suis attaché par... ». Voulez-vous être libre ?

Ici, maintenant, vous êtes ce que vous êtes, en train de parler à une personne, mais sans crispation, sans « prendre ». Vous appréciez l'instant, vous le vivez pour sa valeur habituelle, celle que tout le monde reconnaîtra mais, en plus, vous lui donnez une valeur que tout le monde ne prend pas en cause et qui est l'aspect transcendant, spirituel. De ce point de vue-là, Swâmi Prajnânpad utilisait une formule qui m'a été très précieuse : « Ne dites pas *j'ai un fils* mais plutôt *je suis un père.* » Vous passez de l'avoir à l'être. Je suis le père de ce garçon, tel qu'il est, qu'il ait deux ans et demi ou qu'il en ait dix-neuf. Qu'est-ce que je peux pour lui ? Parmi tous les êtres humains de la planète, celui-là m'est particulièrement confié. « Oui, mais il est asocial, révolté, il me traite de sale con, il est grossier avec sa mère… » – « Je suis son père : qu'est-ce que je peux pour lui ? » Si c'est « mon fils », je suis désespéré, fâché, humilié qu'il ne réponde pas à mon attente. Si je suis « son père », je ne discute pas. « Voilà sa tragédie, voilà sa souffrance, je suis là pour lui. » Quel que soit l'âge.

Être en relation est donc très différent de « avoir des relations ». Souvenez-vous simplement, quand nous parlons du monde de l'avoir, que nous n'évoquons pas seulement les biens matériels comme le fait d'avoir une nouvelle voiture ou une chaîne hi-fi spécialement perfectionnée, ou les liens affectifs tels qu'avoir des enfants, mais tout ce qui relève de l'avoir. « J'ai une bonne santé » c'est une forme d'avoir. En êtes-vous libre ? Nous avons pu observer des sages malades complètement libres, tel Ramana Maharshi mourant serein d'un cancer douloureux… Être, c'est être libre de l'avoir, de toutes les formes qui peuvent accompagner le verbe avoir. Ce n'est pas une petite affaire mais, peu à peu, nous nous en rapprochons. Si déjà vous passez de l'auxiliaire avoir à l'auxiliaire être, cela fait un grand changement – en vous-même et dans votre existence.

C'est un thème qui m'a beaucoup touché autrefois. Et j'ai été saisi de me rendre compte que, par exemple en hindi mais dans d'autres langues aussi, l'auxiliaire avoir n'est pas utilisé. Vous ne pouvez pas dire en hindi : « J'ai trois enfants. » Vous ne pouvez dire que : « Trois enfants sont auprès de moi. » Il paraît que, dans l'ancien persan tel qu'on le parlait encore au début du XXe siècle, on s'exprimait ainsi : « Combien d'enfants sont auprès de vous ? » et on répondait : « Appartenant à Dieu mais confiés à ma garde, trois enfants sont auprès de moi. » Nous, nous trouvons que c'est plus rapide de dire : « J'ai trois enfants. » Avoir ou être, voilà la question.

Troisième jour

22 octobre

Réunion du matin

De la culpabilité à la responsabilité

UNE FEMME : Je traîne une vieille culpabilité à la suite d'un événement survenu quand j'avais quatre ans. Depuis, la vie m'a comblée mais il m'est difficile de ressentir la joie parce que cette culpabilité est toujours là, dans l'ombre.

ARNAUD : C'est un fait bien connu que le passé colore inutilement le présent. Ce qui s'est produit s'est produit et rien ne peut effacer le fait que cela se soit produit. Mais une possibilité est ouverte devant vous en regardant vers le futur : comment puis-je utiliser ce qui s'est passé en l'acceptant complètement, parce que c'est la vérité, pour aller vers plus de lumière et plus de capacité à diminuer la souffrance en moi et autour de moi ? La culpabilité est une pure émotion fondée sur une non-vérité : je n'aurais pas dû faire ça. Certains enfants se sentent coupables parce qu'ils sont convaincus que c'est leur faute s'il est arrivé un malheur à leur papa, à leur maman ou à leur petit frère. Telle que vous étiez, enfant, vous avez réagi d'une certaine manière et vous ne pouviez réagir autrement, même si vous avez fait du tort à quelqu'un ou que vous avez eu un comportement qu'aujourd'hui vous ne pouvez plus considérer comme juste. On sait d'ailleurs que, dans l'histoire de la spiritualité, des grands saints aussi bien chrétiens qu'hindous ont commencé leur vie dans la débauche et la malhonnêteté. Il ne nous est pas toujours possible de réparer nos erreurs, alors nous traînons une culpabilité complètement inutile. J'ai réagi comme j'ai réagi à quatre ans ou à vingt ans parce que je fonctionnais d'une certaine manière : cela peut devenir un stimulant pour changer. Même si j'ai été cause de souffrance et que je ne peux pas réparer, qu'est-ce que je peux faire maintenant pour ne plus contribuer à augmenter la souffrance dans le monde et pour contribuer au moins à diminuer un peu la souffrance autour de moi ? Faites-en une motivation pour progresser : je ne perds plus d'énergie en pensées même si j'ai accompli quelque chose qui n'est pas juste. Je le vois aujourd'hui avec des yeux différents, mais c'est ce que j'étais à l'époque. Sinon, c'est de l'énergie gaspillée et inutile.

S'accabler n'est pas de la vertu, c'est de la non-vérité, c'est tenter de crier plus fort que la vérité. La responsabilité est très différente. La culpabilité concerne le passé alors que la responsabilité concerne le présent. Étymologiquement, le mot signifie : donner la réponse la plus appropriée à la situation. Si vous ne savez pas nager et qu'un enfant se noie sous vos yeux, ni la sagesse, ni la vérité, ni Dieu Lui-même ne peuvent vous demander de plonger pour le sauver. Je ne peux pas, je me soumets, je m'incline devant la vérité. Quand quelqu'un est le responsable d'une activité, c'est qu'il ou elle a les compétences, les qualifications pour donner, au jour le jour, la réponse appropriée. Lorsqu'une femme a la responsabilité de la cuisine dans une association ou une collectivité, on peut dire que cette personne a les compétences voulues pour répondre à la situation, à la demande des enfants du collège qui veulent manger à midi jour après jour. Si vous n'êtes pas médecin, vous ne pouvez répondre à des urgences médicales mais vous pouvez répondre à d'autres types de situations qui rentrent dans le cadre de vos compétences. La responsabilité concerne le présent et non le passé, et l'oubli de cette vérité génère beaucoup de confusion. Quand je considère que je suis « responsable » d'une tragédie qui a eu lieu, c'est que la manière dont, à l'époque, j'ai répondu à la situation a produit des faits qui sont condamnés par la morale courante et que je suis prêt à en assumer aujourd'hui les conséquences. Dans la culpabilité il y a un aspect de non-vérité, *untruth*. Ce que j'ai fait, je l'ai fait. Je me soumets à la vérité, je me suis conduit comme ça.

En tant que père, quand j'ai vu de quelle façon je m'étais comporté envers mon fils qui avait cinq ans à l'époque, j'ai changé. Mais à ce moment précis, j'étais conditionné à agir de cette manière. Quand nous découvrons que nous avons été cause de souffrance, la seule attitude juste et conforme à la vérité, c'est : je ne peux pas ne pas changer, je ne veux plus contribuer à la souffrance autour de moi mais contribuer à la diminution de la souffrance. Oh ! ce n'est pas « je vais sauver le monde » mais à ma petite échelle « je vais changer ». Voyez-le d'une manière générale et pas seulement en relation avec un seul événement. Le Malin ou le mental – Satan, l'adversaire, le diable (le diviseur), le Prince de ce monde est à l'œuvre et nous sommes complices. Il ne s'agit pas uniquement de nos défaillances morales, éthiques ou de nos névroses que la psychologie étudie et essaie de guérir mais de la situation générale de l'humanité : l'illusion, la mécanicité, les peurs, la pensée qui déforme, la non-connaissance de soi, l'ignorance de notre vraie nature profonde. Les êtres humains se conduisent d'une manière qui est cause de souffrance pour eux et pour leur entourage, parce qu'ils n'atteignent pas la paix et la sérénité. Ce n'est pas parce que vous n'êtes ni un bourreau ni un tortionnaire que vous ne faites pas souffrir autour de vous. La seule attitude juste est l'engagement déterminé sur la voie de votre évolution possible.

Quand vous sentez « je suis responsable », qu'est-ce que cela signifie ? Du point de vue des compagnies d'assurance, dans cet accident de voiture, la personne qui n'a pas respecté un stop – pardon : un « arrêt » – est responsable. Faites attention aux termes qui peuvent créer une confusion. C'est vrai que, juridiquement, la sentence va attribuer la responsabilité de l'accident à une personne ou la partager entre les deux s'il y a des torts des deux côtés. Mais comprendre le terme « responsabilité » de cette façon ne vous aidera pas. « Voilà la réponse que j'ai donnée à la situation, ce jour-là. C'est ce qui a eu lieu. » Une expression m'a frappé dans un livre d'Alan Watts : « Ne conduisez pas en regardant uniquement le rétroviseur, regardez devant. » Cet ensemble de conditionnements, de réactions physiques, émotionnelles et mentales que j'étais à cet âge, à cette époque, s'est exprimé de cette manière sans beaucoup de conscience. La responsabilité demande de plus en plus de conscience pour répondre à la situation *dans le relatif*. La souffrance est partout et personne ne l'a fait disparaître, ni le Bouddha ni le Christ. Ce que nous pouvons, c'est illuminer cette souffrance pour nous d'abord et ensuite aider à illuminer cette souffrance pour les autres. Nous pouvons aussi très concrètement diminuer la souffrance sous forme d'aide financière : au lieu de vous offrir quelque chose dont vous aviez envie, vous donnez cet argent pour une association d'aide au tiers-monde. C'est ce que je peux faire concrètement. Et qu'est-ce que vous pouvez faire pour servir la cause de l'effacement progressif du « mental » régnant sur l'humanité ? C'est le plus important et, bien entendu, le plus délicat. Quel rôle pouvez-vous jouer pour qu'il y ait moins de jugement, moins d'incompréhension et un peu plus d'ouverture de cœur autour de vous ? Sinon nous allons uniquement rêver de sainteté, et cet idéal restera au niveau des pensées.

Comment puis-je répondre à l'instant ? Avec une vision claire, je ne peux plus aujourd'hui considérer que la manière dont je me suis conduite était juste en soi, mais elle était juste pour moi à l'époque. Swâmiji m'a dit cette parole qui m'a fait beaucoup réfléchir : « *Act is always right even if action is wrong* », « l'acte est toujours juste même si l'action est erronée ». Que voulait-il dire par là ? L'acte est juste en tant que résultat d'un nombre incalculable de chaînes de causes et d'effets, dans l'interconnexion de tous les éléments de la réalité, car la réalité forme une unité totale. Ce que nous sommes aujourd'hui, nous Occidentaux, est la résultante du judaïsme et des civilisations grecque et romaine. Et chacun de nous serait différent s'il n'y avait eu dans l'histoire ni le peuple hébreu, ni la philosophie grecque, ni l'empire romain et que nous ayons tous vécu en Chine. Quelles étaient les conditions de ma mère pendant la grossesse qui m'a donné « le précieux corps humain », comment ma naissance s'est-elle passée, qu'est-ce que j'ai vécu comme amour ou comme rejet à six mois, quels films ai-je regardés enfant et qui m'ont marqué plus que je ne le crois ? Bref, en un certain point de l'espace, en un certain point du temps, comme résultat de la causalité générale, un certain phénomène se produit. En ce sens *« Act is always right »*, on ne peut pas discuter. Si votre machine à calculer est juste, 62 plus 25, divisé par 3, multiplié par 6 donnera toujours un certain résultat : ce n'est pas discutable. Compte tenu d'un anticyclone et d'une zone de basse pression, il pleut ou il ne pleut pas aujourd'hui. *« Even if action is wrong »* : d'un autre point de vue je ne peux plus considérer cette action comme juste. Elle était inévitable, mais je ne peux pas la considérer comme juste. Compte tenu de tellement de conditionnements, d'antécédents et d'arrière-plans, un homme à bout de souffrance sort son revolver, tire sur son épouse et la tue : *Act is right, action is wrong*, l'acte est juste – ça ne pouvait pas être autrement compte tenu de ce qu'il était à cet instant précis – mais l'action est erronée.

Certes, au début, cette phrase m'a surpris. Elle était inattendue, mais elle contient une immense richesse. À ce niveau, vous ne pouvez plus condamner l'autre en disant « Il ou elle n'aurait pas dû faire ceci ou cela » – que ce soit un criminel ou simplement un beau-frère qui ne se conduit pas comme, selon nous, il devrait. Comment pouvons-nous alors changer pour que nos actions à nous deviennent peu à peu plus justes, pour qu'elles soient non plus cause de souffrance mais source de diminution de la souffrance pour nous et pour les autres ?

Voyez la culpabilité comme une pathologie psychique qui ne relève pas directement des antidépresseurs ou des anxiolytiques mais de la psychothérapie. N'oubliez pas que « psychothérapie » ne veut pas dire guérison *du* psychisme, mais guérison *par* le psychisme et non par des substances médicales agissant sur la physiologie. Freud était médecin mais les médicaments ne l'intéressaient pas. Ce qui l'intéressait, c'était d'utiliser le psychisme pour guérir le psychisme. Parmi les maladies du psychisme, il y a la culpabilité en tant que déni de réalité. « Je n'aurais pas dû » ne signifie rien. Telle que j'étais, c'est ce qui s'est produit. C'est l'ego blessé et humilié de ne pas s'être toujours comporté comme un saint admiré depuis sa naissance qui discute la vérité des faits. La vérité c'est que j'ai été ce que j'ai été et que celui que j'étais a fait ce que j'ai fait. Je regarde devant moi et je tire l'enseignement de la situation. La culpabilité nous empêche de tirer cet enseignement : c'est une manière subtile d'essayer de nier que je me suis conduit comme ça. La culpabilité est une forme d'orgueil de l'ego. Ce n'est pas spécialement flatteur en tant que père d'être cause de souffrance pour son enfant. Maintenant, d'un mal peut sortir un bien : un enfant qui a été blessé peut être motivé pour changer et s'engager sur la voie spirituelle alors qu'un enfant épanoui va peut-être se contenter de gagner de l'argent et d'avoir une jolie maison. Mais ça, ce n'est pas à nous de le décider. Ne conduisez pas en regardant le rétroviseur – même si, de temps en temps, c'est nécessaire –, regardez devant vous.

Cette réponse est-elle utilisable ? L'intérêt est de l'utiliser – si nous nous contentons de suivre des cours de cuisine sans jamais préparer un plat, que mangerons-nous ? « Oui, c'est très beau, vraiment ce Swâmiji était remarquable, mais moi je ne peux rien en faire » est sans aucun intérêt, juste une dérisoire petite satisfaction intellectuelle.

NON PAS TENIR UNE DÉCISION MAIS PRENDRE UNE DÉCISION

UNE FEMME : La libération reste pour moi quelque chose de très abstrait. Par contre il y a une chose que je trouve très motivante, c'est la possibilité d'être de plus en plus unifiée. Dans ce sens, vous avez fait souvent allusion au fait qu'il est important de se tenir aux décisions que l'on prend, ce qui m'est très difficile. Fondamentalement, une fausse loi du mental me dit constamment : « Tu n'es pas au bon endroit au bon moment, et tu ne fais pas la bonne chose. » C'est très fort chez moi, ce qui fait que quand je prends une décision, je peux sur le moment avoir l'impression que c'est juste mais après je suis assaillie par les doutes. J'ai récemment pris une décision professionnelle après en avoir parlé à Éric, mais j'ai maintenant l'impression que je n'avais pas vu tous les éléments en cause, ce qui me torture et me cause de l'insomnie. Pouvez-vous m'aider ?

ARNAUD : Un premier point : la libération vous paraît un peu abstraite. Vous n'envisagerez un peu sérieusement ce mot « libération » que si vous comprenez d'abord quelle est la prison ou la servitude. Nous rêvons d'être libres avant même d'entrevoir en quoi consiste l'état ultime d'éveil ou de sagesse. On libère ou on affranchit un prisonnier ou un esclave – on ne propose pas la libération à des êtres déjà libres. En quoi consiste ma prison ? De quoi suis-je l'esclave, à quoi suis-je asservie ? Occupez-vous de votre non-liberté, découvrez-la peu à peu. Je n'ai même pas la liberté d'arrêter de penser quelques minutes, ou je m'aperçois que je prends des décisions que je considère comme justes – par exemple ne plus m'énerver contre les enfants – et je ne réussis pas à tenir ma décision. Voilà ma non-liberté : je suis asservie à des mécanismes émotionnels ayant leurs racines dans l'inconscient. Un médecin ne s'occupe pas de la santé, il s'occupe de la maladie : quels sont les symptômes, quels sont le diagnostic, le pronostic, le traitement ? Quand tous les symptômes ont disparu, il reste la santé. Quand toutes les marques et les signes concrets de votre asservissement ou de votre esclavage se sont peu à peu dissipés, il reste la liberté. C'est un premier point par rapport au mot célèbre de « libération ».

Le mot unité est le contraire de la division. Vous pouvez tout de suite supprimer la division. Constatez « Je suis divisée : il faut que je fasse ça, non, c'est une erreur ; si, il faut le faire, non, je me trompe… » Si vous entrez un tant soit peu en conflit avec le fait que maintenant vous êtes divisée, vous ajoutez une division entre vous et ce que vous constatez en vous. Tout de suite, pas « si », pas « quand », réunifiez-vous, soyez d'accord, ne soyez plus en conflit avec votre incapacité actuelle à prendre une décision. Sinon, vous ajoutez vous-même une division par rapport à votre incapacité à décider et au fait que vous êtes divisée. C'est le premier pas, et ce n'est pas la peine de tenter le second pas avant d'avoir fait le premier. Soyez d'abord non divisée avec votre division, au sens de : une part de moi voit les choses de cette manière et une autre les voit différemment. Le mental plaide les deux causes. Vous ne pouvez pas arriver à l'unification que vous cherchez si vous n'avez pas d'abord accompli la première réunification avec le fait que, pour l'instant, vous êtes divisée.

Vous avez dit : « J'ai pris une décision mais j'ai l'impression que je n'avais pas vu tous les éléments en jeu. » Bien entendu, il ne faudrait pas s'en tenir à une décision inadaptée simplement parce qu'on l'a prise. Il faut que toutes les données soient présentes pour que le cerveau et, si possible, le cœur – pas l'émotion – perçoivent la situation et donnent la réponse appropriée. Pour l'instant, la réponse appropriée ne vous apparaît pas, la décision ne s'impose pas à vous : détendez-vous et ne vous mettez pas en conflit avec vous-même. Si de nouveaux éléments apparaissent, vous serez amenée à modifier votre décision. Vous accéderez peu à peu à une vision moins partielle et moins partiale, et vous réussirez à tenir compte de tous les paramètres. La décision s'imposera de plus en plus souvent sans conflit, et vous vous y tiendrez.

La question de la faiblesse par rapport aux décisions se pose par rapport aux décisions sur lesquelles il n'y a pas de doute, et sur lesquelles vous ne pouvez pas vous dire que vous vous êtes trompée parce que vous n'aviez pas tous les éléments d'information. Par exemple, j'avais pris la décision, autrefois, en face de Swâmiji, de ne plus jamais m'énerver et de ne plus monter le ton par rapport à ma première épouse – certes nous ne nous sommes jamais insultés mais notre fils souffrait de nos désaccords. Rentré en France, évidemment, je me suis à nouveau énervé… Et de nouveau, notre fils a demandé : « Ne vous disputez pas, ne vous disputez pas ! » Vais-je ruminer ma culpabilité ? La culpabilité est une émotion qui nous empêche de ressentir : « Oui ! *Act is always right but action is wrong.* » Je n'ai pas pu tenir cette décision, là est ma faiblesse. C'était une décision unifiée sur laquelle aucun paramètre nouveau ne pouvait m'amener à revenir en arrière. Voyez bien qu'il y a deux thèmes : le premier, c'est la difficulté de décider – je décide et le lendemain je ne suis plus du tout d'accord. Et le second est notre faiblesse, qui nous impose de ne pas tenir une décision qu'aucun facteur nouveau ne peut nous amener à mettre en cause. Peu à peu, en étant attentive, vous allez clairement distinguer les deux. Je peux prendre la décision de me lever tôt le matin et si, un jour, je suis très fatigué ou que j'ai une longue insomnie et ne me suis rendormi qu'à quatre heures du matin, je vais peut-être continuer à dormir et ce sera juste ou en tout cas inévitable.

Je me souviens que notre fils encore tout jeune enfant avait eu un comportement qui n'était pas juste et qu'il s'en était rendu compte à propos d'une décision qu'il n'avait pas tenue. Il a demandé à Mâ Anandamayî : « Comment est-ce qu'il faut faire pour tenir une décision ? » La réponse de Mâ m'a frappé : « La question n'est pas de tenir une décision, c'est de *prendre* une décision. » Vous ne tiendrez pas une décision mal prise. La partie se joue donc au moment de prendre la décision. Si vous prenez une décision que vous ne pouvez pas tenir, vous ne la tiendrez pas. Sachez aussi distinguer entre « Je vais tenter » et « Je vais tenter sincèrement ». Si vous échouez, vous échouez. Une fois la décision bien prise, il faut vraiment s'y tenir. Si vous ne vous y êtes pas tenue, vous le reconnaissez. « Je ne m'y suis pas tenue » et vous tentez à nouveau. Je ne retire pas cette affirmation : l'une de nos faiblesses est de prendre des décisions et de ne pas les tenir, d'aller comme une feuille morte qui tourbillonne dans le vent. À quarante et quelques années, après seize ans de groupe Gurdjieff, d'Inde, de méditation et de rappels de soi, Swâmiji m'a écrit : « Jusqu'à présent, vous n'étiez qu'un léger duvet – *a light feather* – que le moindre petit souffle de vent faisait tourbillonner. » De ce point de vue, il nous faut prendre un peu de poids et d'enracinement. Très souvent, une situation comme celle que vous avez exposée est plus complexe que nous ne l'avons d'abord imaginé – pas tellement complexe qu'on ne puisse y voir clair mais demandant un examen et une réflexion plus poussés. Souvenez-vous que la question n'est pas de tenir les décisions mais de prendre les bonnes décisions. Comment ? En intégrant le plus de paramètres possible, en tenant compte des faiblesses qui sont les vôtres aujourd'hui. Il vaut mieux prendre une petite décision et la tenir plutôt qu'une grande qui n'aura pas de suite. Qu'est-ce qui manque pour vous à ma réponse ?

La décision juste

LA MÊME FEMME : La difficulté la plus grande est de ne pas être certaine que ce soit la décision juste.

ARNAUD : D'accord, si c'est votre vérité d'aujourd'hui. Je vais vous donner une très bonne nouvelle : en progressant d'une manière générale sur la voie, avec tous les aspects de cette voie telle que Swâmi Prajnânpad nous l'a proposée – vigilance, accomplissement conscient de certains désirs, travail au niveau des émotions, etc. – peu à peu, mais de plus en plus, la décision va s'imposer et vous vous souviendrez de l'horrible époque où vous ne saviez pas quoi décider, où la décision ne s'imposait pas. Vous aurez de moins en moins souvent des doutes. Les doutes peuvent revenir malgré vos progrès, mais ils se feront de plus en plus rares. Vous verrez que la décision dans le relatif s'impose de plus en plus, et vous pourrez la tenir. Il y aura encore des hésitations où la moitié du mental plaide une cause et l'autre moitié plaide l'inverse. Vous serez d'accord pour que, ici et maintenant, la décision ne s'impose pas encore. Vous acceptez complètement, vous ne vous divisez pas par rapport au fait d'être hésitante. Vous essayez honnêtement de voir dans quelle mesure le mental, l'émotion et les peurs interfèrent pour brouiller votre clarté de vision. À mesure qu'on connaît mieux son propre mental, on arrive à le reconnaître : c'est telle empreinte qui fait que je déteste tel aspect de la réalité et qui fausse ma perception. On progresse pas à pas.

La décision mal prise vient de ce que notre perception de la situation est brouillée. Je vais vous donner un exemple concret : un traumatisme d'enfant avait gravé en moi un malaise par rapport aux gares et aux chemins de fer. Je me suis rendu compte que chaque fois qu'il y avait un choix entre faire un trajet en voiture ou en train, je choisissais toujours la voiture, même si c'était plus long et plus coûteux. À l'arrière-plan, il y avait « Non, non, pas le train ! ». À mesure que nous nous connaissons mieux, nous pouvons reconnaître ces spécificités personnelles, ce qui nous attire, ce qui nous met mal à l'aise. C'est un premier point. Essayez d'abord de voir dans quelle mesure c'est le mental qui étudie la situation et qui essaie de prendre la décision. Sinon, des marques inconscientes interfèrent sans que vous vous en rendiez compte.

Peu à peu vous allez apprendre à reconnaître en quoi votre vision est faussée et essayer d'être objective en face des éléments de la situation *avec leur vrai coefficient d'importance*.

Si vous essayez de prendre une décision, mais que la réponse ne s'impose toujours pas, vous pouvez dès aujourd'hui tenter d'entrer en relation avec une sagesse plus profonde, que les hindous appellent *prajnâ*, une sagesse qui existe en nous, qui sent, qui sait, mais dont nous aliènent les agitations de la surface. Exprimé en termes religieux, ce serait : dans mon doute, je prie pour que Dieu m'éclaire, pour que Dieu me fasse connaître Sa volonté. Si la volonté de Dieu est que je fasse ceci, je le fais, si c'est autre chose, je le fais. On ne peut écouter Dieu si on ne fait que Lui parler. Notre prière doit être silencieuse. Beaucoup d'êtres engagés sur une voie religieuse – même si le Dieu en question est considérablement fabriqué par le mental humain – ont été inspirés, guidés de l'intérieur. Il y a en vous une sagesse qui voit, qui sait, sans division, mais avec laquelle vous êtes encore trop rarement en contact. Cette sagesse correspond au « centre émotionnel supérieur » et au « centre intellectuel supérieur » du livre *Fragments d'un enseignement inconnu*.

Vous pouvez essayer, quand vous aurez préparé le terrain, que vous aurez dépisté où le mental qui brouille tout peut être à l'œuvre, de faire appel à elle. Essayez de voir autant que vous le pouvez si vous avez censuré un élément. C'est vite fait d'oublier ce qui nous gêne. Comme vous le dites vous-même : « Je m'aperçois que je ne peux pas appliquer une décision parce qu'il y a des aspects dont je n'avais pas tenu compte. » Que de fois dans les fascinations amoureuses extraconjugales, les pères et les mères oublient même les enfants ! Une fois, une femme que je connaissais peu m'a demandé si elle devrait se séparer de son mari ou non… ? Je l'ai écoutée pendant vingt-cinq minutes, puis je lui ai demandé : « Avez-vous des enfants ? » « Ah ? Tiens, oui, c'est vrai. » Je rencontre Arnaud avec l'idée qu'en une demi-heure il va peut-être m'aider à prendre ou non la décision d'un divorce – mais le fait qu'il y avait des enfants dans le couple change complètement les données de la situation ! Cela ne veut pas dire que la réponse juste, compte tenu de l'ensemble de la situation, ne soit pas le divorce – cela peut parfois être moins cruel pour des enfants que les parents se séparent que de grandir entre des parents qui se déchirent dans un climat de négativité quasi permanent. Tenez compte autant que vous le pouvez de tous les éléments et ensuite, lâchez prise. Laissez monter la réponse – et vous verrez. La seule réflexion ne nous amène pas toujours à la décision.

Faites intérieurement silence pour écouter cette voix en vous, plus profonde, qui sait, et vous ne regretterez jamais la décision, quelles que soient les conséquences. Intellectuellement, la décision ne s'impose pas. Elle s'impose de l'intérieur même si elle ne correspond pas à votre mentalité habituelle. La *Bhagavad-gita* nous dit : « Déposant ton cœur aux pieds du Seigneur, lance-toi dans la bataille ! »

Il y a en vous trois niveaux : la sottise inimaginable du mental d'où viennent tous les drames intimes, conjugaux et familiaux, toutes nos souffrances et tous les drames politiques, les gens qui se haïssent et s'entretuent. Il y a ensuite la lucidité de la *buddhi*, le quatrième *kosha* du Vedanta : voir au lieu de penser. Le troisième niveau est cette sagesse profonde à laquelle il faut donner sa chance. Tentez-le, vous verrez. Soyez unifiée – et d'abord unifiée avec le fait que vous n'êtes pas unifiée. Et lâchez prise. Les événements se déroulent et l'inévitable *karma* se produit. Il n'y a pas de garantie que le monde se pliera à vos souhaits même si notre décision est juste, mais vous êtes en paix. C'est vrai pour vous ! *Prajnâ*, votre propre sagesse, vous attend inlassablement, à un niveau plus profond que la réflexion logique.

LA MÊME FEMME : J'ai l'impression que je n'ai pas accès à cela.

ARNAUD : Si ! Réécoutez ma réponse si vous êtes encore dans le doute ! Essayez de comprendre et ensuite, tentez. Comment pouvez-vous savoir que vous n'avez pas accès à cela ? Nous avons vous et moi une œuvre à accomplir en commun : j'essaie d'être l'instrument qui vous transmet certaines vérités – qui ne sont pas des idées d'Arnaud Desjardins, heureusement. Et vous, vous essayez de comprendre – prendre en vous – jusqu'à ce que vous puissiez considérer que vous avez vérifié vous-même mes propos. C'est une réponse que j'entends souvent : « Oh ! Mais non ! Je ne peux pas ! » Est-ce que vous avez vraiment essayé ? Essayez ! Faites silence et essayez de sentir sans impatience la réponse monter de la profondeur. Mettez en pratique, c'est l'essentiel ! Tentez, sinon vous serez dans la situation de cette boutade avec laquelle on fait sourire les enfants : je ne me baignerai que lorsque je saurai bien nager ! Je ne mettrai en pratique que quand je serai déjà au bout du chemin : non ! C'est pour vous, soyez-en certaine, qu'Arnaud a parlé, pour vous, pas pour un auditoire, pas pour les plus anciens, pour vous.

Le mental, l'intelligence et l'intuition

UN HOMME : Pourriez-vous donner la différence entre le mental, l'intellect, l'intelligence ou la buddhi, *l'intuition et la révélation.*

ARNAUD : C'est, en effet, une question de terminologie. Par exemple, si vous lisez des ouvrages en anglais ou traduits de l'anglais, il va falloir essayer de comprendre quel sens a dans ce contexte le mot *mind* traduit parfois par *mental* et parfois par *esprit* comme le font les bouddhistes. Vous commencez à savoir un peu ce qu'est le mental : je ne parle que de cela dans tous mes livres. Le mental est un menteur, il réfère ce qui est à ce qui devrait être, il dédouble la réalité, il crée un second : ce qui est plus ce qui, selon moi, devrait être. Et il y aurait encore beaucoup à dire sur le mental ! Il y a aussi l'intelligence ou l'intellect – je ne parle pas ici de l'intellectualisme d'un universitaire brillant mais perdu dans ses problèmes personnels. L'intelligence dont il est question ici, c'est la *buddhi*, l'intellect qui voit ce qui est tel que c'est. Nous appelons voir le fait de penser lucidement et utilement : seconde après seconde, je considère les différents éléments de la réalité et la réponse appropriée surgit. Et il existe un troisième niveau que vous pouvez éventuellement appeler intuition. Évidemment il y a aussi « mon intuition me dit que » et je me suis complètement trompé. Étymologiquement, le mot intuition ne signifie pas une espèce de flair, c'est plutôt une vue pénétrante de la réalité, plus fine même que l'intellect. L'intuition, qui devient en ce sens un aspect de la sagesse, implique la participation du sentiment et non de l'émotion. La compréhension par le cœur vient avec le « oui, c'est ainsi, que cela me plaise ou non ». Nous pourrions donc très bien utiliser le mot intuition pour cette sagesse profonde, libre de l'ego, à laquelle nous tentons de donner sa chance.

Vous avez parlé de révélation : comment va-t-on entendre ce terme ? Les chrétiens disent que la Bible est une écriture révélée, que Dieu a parlé aux hommes dans la Bible par les prophètes puis par le Verbe incarné. Pour les hindous, les Védas sont révélés et sont d'origine supra-humaine. Mais Dieu n'apparaît pas comme ça, pour annoncer « Je suis Brahman », *aham brahma asmi* ! La révélation passe toujours par des témoins humains. Les Védas ont été parlés par des sages qui les ont « entendus » – c'est le mot sanscrit. Le Coran est révélé : c'est l'ange Gabriel qui l'a dicté au prophète Mohammed de la part de Dieu au fil des années. Nous prononçons parfois ces mots : « J'ai eu une révélation. » Cela ne veut pas dire que les paroles que nous allons prononcer doivent être considérées comme aussi infaillibles que le Coran l'est pour les musulmans. La révélation est une connaissance, une certitude qui dépasse les capacités humaines habituelles : je vois, je sais. Les Upanishads disent « Ce que les yeux n'ont pas vu, ce que les oreilles n'ont pas entendu » : c'est d'un autre ordre. Nos moyens habituels, même poussés à leur plus haut degré d'objectivité et d'efficacité, ont une limite. La révélation est ce contact possible avec cet autre niveau transcendant, métaphysique, au-delà du monde des phénomènes, du changement et de la multiplicité. Non seulement l'absurdité du mental est un voile mais la logique de l'intellect et de la raison, *vijnana-maya kosha* – l'intelligence lucide – est encore un revêtement du Soi. Plus profond, se trouve en nous *anandamaya kosha*, le niveau où il n'y a que paix et qui implique une certitude. Si j'hésite, je ne suis pas dans la paix. C'est à ce niveau le plus profond en vous que vous pouvez avoir des certitudes, que vous pouvez savoir avec d'autres possibilités que celles de votre intelligence elle-même. La révélation se situe au-delà de l'intelligence. La révélation est celle de la réalité ultime, du monde plus profond que les apparences, la révélation de l'éternité, de l'éternel maintenant non impliqué dans le temps. La réalité ultime nous submerge. La révélation n'est pas réservée à Moïse ou aux *rishis*, aux grands sages à l'origine de l'hindouisme : elle peut nous être accessible à un autre niveau de perception de la réalité. Nos comportements auront alors une autre source que la source habituelle.

LE MÊME HOMME : La révélation, est-ce le synonyme de vérité ?

ARNAUD : Contrairement au français et à l'anglais, l'arabe et le sanscrit n'utilisent pas de majuscules dans l'alphabet. Nous parlons du soi avec un petit s ou un grand S. Nous pouvons éventuellement parler de la Vérité ultime avec un grand V. Aussi bien l'hindouisme que le bouddhisme distinguent clairement la Vérité ultime de la vérité relative. La vérité relative – avec un v minuscule – c'est qu'en ce moment vous êtes là et que je suis assis en face de vous. La Vérité ultime est immuable, au-delà du temps et du changement. La révélation est la révélation plus ou moins complète de la Vérité ultime. Quand les sages essaient d'exprimer cette réalité, leurs propos sont, pour nous, plus ou moins compréhensibles : « L'ego est une illusion, il n'y a ni naissance ni mort, il n'y a personne qui naît, personne qui meurt. » « Il n'y a jamais eu d'être soumis à l'aveuglement et aucun bouddha n'a proposé une voie d'éveil. » Au premier abord, nous ne comprenons pas ce que cela signifie. Beaucoup de ces paroles révélées sont difficiles à exprimer en langage habituel, fondé sur notre expérience relative. Pour essayer de sentir la signification de ces paroles, n'essayez pas uniquement de comprendre en lisant et en relisant des livres. Vous comprendrez par ce que nous pouvons appeler la contemplation. La vie contemplative est plus profonde que l'intellect. Si nous sommes en contemplation même simplement devant un paysage, devant la mer, la pensée s'arrête un moment, l'ego fait silence quelques instants. Il devient alors juste d'employer le mot contemplation.

LE MÊME HOMME : Le matin, lorsque vous dites que vous ne savez pas ce que vous allez dire lors de la méditation guidée...

ARNAUD : Ne voyez là rien d'extraordinaire. Ce qui s'exprime n'est en effet pas prévu. Ce n'est pas comme un enseignement méthodique, semaine après semaine. Pour cela, il faudrait que nous soyons ensemble pour au moins un an. Au cours de nos rencontres, il y a des portes qui s'ouvrent et des éclairages qui se font. Le groupe aussi attire ce qui est dit, ou seulement une personne. Telle méditation dirigée s'est peut-être imposée pour telle personne qui avait besoin de comprendre quelque chose et qui était mûre pour l'entendre. C'est une sagesse qui parle, dont je ne peux être que le serviteur et qui ne m'appartient en aucune manière. Il ne s'agit en aucun cas des idées de Swâmi Prajnânpad ou des idées d'Arnaud comme on parle des idées de Jean-Paul Sartre ou des idées de tel ou tel grand philosophe contredit par un autre philosophe. « *Be instrumental* », soyez un instrument, un canal, un serviteur.

LE MÊME HOMME : Au niveau de l'intelligence, il y a encore l'ego. Au niveau de la contemplation, il y a encore le cœur. C'est seulement au niveau de la prajna *qu'il n'y a plus rien...*

ARNAUD : Il y a toujours le cœur – mais cela dépend du sens que nous donnons au mot cœur. Ramana Maharshi disait indifféremment : *heart, God* ou *self*. Il employait beaucoup le mot *heart* – éventuellement avec une majuscule – pour la réalité ultime. Le plus important qui puisse déjà être dit est « non impliqué dans le temps », donc qui ne vieillit pas. C'est un témoignage humain, très simple que je peux porter. L'expérience nous montre que le corps vieillit et que des changements se produisent – ce qui nous aurait tellement motivés autrefois ne nous motive plus et une certaine fougue diminue avec l'âge. La voie nous montre ce qui en nous ne vieillit pas. Il y a quelque chose d'identique dans ce que je touchais à vingt-quatre ans lors de mes premiers exercices de présence à soi-même ou de « rappel de soi » des groupes Gurdjieff et dans la conscience-témoin, la non-identification actuelles. Les premiers exercices que j'ai faits il y a cinquante ans pour tourner l'attention vers le dedans, c'est hier. Swâmi Prajnânpad, mort en 1974, c'est hier. Arnaud Desjardins, réalisateur de télévision, c'est loin, très loin. Vous allez découvrir en vous le non-né, non inséré dans le temps et qui ne peut pas mourir. Fût-ce pendant une seconde, vous êtes en contact avec la part de vous qui n'est pas impliquée dans le temps, donc pas impliquée dans le vieillissement. L'éternité ne veut pas dire mille milliards d'années mais « non impliqué dans le temps ». Et cette éternité ne peut se révéler que dans l'infinie petitesse de l'instant. Si nous sommes vraiment dans l'instant, nous ne sommes plus dans le temps. Il n'y a plus ni passé ni futur. La petitesse du centième ou du millième de seconde nous met en relation avec cette conscience qui n'est pas impliquée dans le devenir, qui n'est pas du tout concernée par le vieillissement.

La question que je me pose est : comment vieillissent ceux qui n'ont jamais pratiqué la méditation, la vigilance et éveillé la Conscience ? Vous ne mourrez jamais parce que vous n'êtes jamais né. Si vous êtes rigoureusement dans l'instant, *the power of now*, ici et maintenant, vous êtes en contact avec la vraie nature de la conscience et la conscience ne vieillit pas. Les perceptions et les formes vieillissent : ce n'est plus le même type de pensées qu'autrefois, ce n'est plus la même ardeur à changer le monde. Je comprends maintenant que Swâmi Ramdas, avec son merveilleux sourire, n'avait pas d'âge, même à quatre-vingt-deux ans. Il marchait tranquillement appuyé sur une canne, mais… quelle jeunesse ! Il émerveillait les enfants de cinq ans et les jeunes filles de seize ou dix-huit ans et les hommes de cinquante. Il n'avait pas d'âge.

Je vais conclure avec une petite histoire de Ramdas – il enseignait toujours avec des histoires drôles. En Inde il y a beaucoup de calendriers avec des photos de sages. Des gens voulaient mettre sa photo sur un calendrier. Et Ramdas nous a dit « *These friends, they wanted to print Ramdas' face on a calendar ! Ramdas' business being to take people beyond time, Ramdas does not feel it's such a good idea to put his face on a calendar…* » « Ces amis voulaient mettre le portrait de Ramdas sur un calendrier ! Le business de Ramdas étant de conduire les gens au-delà du temps, Ramdas trouve que ce n'est pas une très bonne idée de mettre sa photo sur un calendrier ! » Voilà, c'est Ramdas qui conclut.

Réunion du soir

DÉPENDRE DE L'AUTRE, DÉPENDRE DE SOI-MÊME

UN HOMME : Je sentais monter en moi – ce n'est pas nouveau – une grande demande que je projette sur vous, du style : « Papa, maman, sauve-moi ! » J'ai ressenti ça tout au long de ma vie : chaque fois que je suis dans un groupe et qu'il y a un animateur – même quand c'est Véronique – je sens que je projette, que j'ai une grande attente. Si c'était seulement une attente, il me semble que je m'en libérerais assez vite, mais quand je fouille un peu derrière, je vois qu'il y a beaucoup d'autres émotions : j'ai envie de recevoir de l'attention, et ça me rappelle cette attention que j'avais le sentiment de ne pas avoir de papa et de maman. J'étais frustré, en colère, je faisais des crises. Il m'arrive d'entendre justement : « Arrête de te plaindre ! Tu n'es jamais satisfait ! » Je me demande s'il n'y a pas, derrière tout ça, la croyance que je ne pourrai jamais être assez écouté. Est-ce possible, à cinquante-huit ans, de retrouver une situation où je me sente vraiment reçu ?

ARNAUD : Je comprends très bien. Vous pouvez changer. Parfois le changement se prépare longuement et puis, le moment venu, nos efforts cristallisent. Tout le monde dépend plus ou moins de l'extérieur. Cette dépendance commence avec l'enfance, c'est évident, très simple et très connu, mais il faut voir que cela s'applique à nous. L'enfant, petit, est complètement, absolument, dépendant, *other dependant* : dépendant de l'autre, de maman, de papa. Un bébé ne peut rien faire tout seul. S'il a faim, il ne peut pas se nourrir lui-même. Mais il existe aussi une dépendance affective que les psychologues et les pédiatres ont fort bien étudiée. Les anciennes civilisations en étaient très conscientes. Si nous n'avons pas appris peu à peu à trouver en nous notre confiance, notre point d'appui, nous demeurons dépendants. Et nous cherchons celui ou celle dont nous allons dépendre. Nous ne cherchons pas vraiment la non-dépendance, mais plutôt une dépendance réussie qui, elle, ne va pas nous décevoir. Cette demande est là, très grande, il faut la reconnaître et oser voir : « À cinquante-huit ans, je fonctionne dans ce domaine avec le psychisme d'un enfant qui supplie : "ne me laissez pas tout seul, écoutez-moi...". » Cette demande de dépendance nous met à la merci de l'autre mais on ne peut pas être libre de ce qu'on n'a pas entièrement vu. Une part de vous aspire à la non-dépendance et à trouver en vous votre point d'appui, mais une part encore plus importante continue à vouloir la dépendance : je cherche une grande main d'adulte dans laquelle je puisse mettre ma petite main d'enfant. C'est très précieux que vous ayez vu et reconnu que cette demande est la même vis-à-vis de Véronique qui est plus jeune que vous, et dans tous les groupes, c'est-à-dire partout où il y a quelqu'un qui représente plus ou moins l'adulte, le meneur. Si nous le voyons et que nous comprenons bien qu'il s'agit d'un mécanisme encore très puissant qui remonte à l'enfance, nous allons nous exercer à trouver – pas seulement à chercher – une dépendance provisoire, normale : nous demandons à quelqu'un de nous enseigner, de nous aider à devenir émotionnellement adulte. Il est juste de demander une aide sur la voie de votre propre maturation. Mais vous avez à prendre la décision de chercher et trouver peu à peu en vous votre solidité, votre point d'appui stable. Cette démarche commence par la présence à soi-même : ressentir que vous existez, que vous avez le droit d'exister, que c'est l'existence en général, la vie, qui vous porte, que vous êtes une expression de la vie. L'ego s'affirme parce que nous n'osons pas faire confiance et laisser la vie s'affirmer à travers nous.

Swâmi Prajnânpad utilisait trois termes : *other dependence (paratantra* en sanscrit), *self dependence (svatantra)* et enfin, *independence* – dépendre de l'autre, dépendre de soi-même, être indépendant, c'est-à-dire au-delà de l'ego, au-delà de « moi et l'autre ». Nous avons longtemps cherché la confirmation rassurante de notre existence dans le regard des autres, parce qu'on s'intéressait à nous. Elle est remplacée par un autre sentiment qui émane du dedans, intrinsèque : je suis. J'existe. Je n'ai pas besoin de qui que ce soit pour être. À partir de là – *self dependence* – vous pouvez vous tourner vers l'autre et l'accueillir. Le plus important, vous l'avez fait : c'est d'oser reconnaître ce qui demeure en vous d'infantilisme même si, à certains égards, vous pouvez donner l'impression que vous êtes devenu pleinement adulte parce que vous vous conduisez dignement dans le contexte familial ou professionnel et avez prouvé vos capacités. Oui, j'insiste, c'est déjà précieux de parler comme vous l'avez fait, simplement, lucidement, clairement. Si vous pensez que vous fonctionnez émotionnellement comme un homme de cinquante-huit ans, vous ne comprendrez rien à vous-même. Nous sommes, ou avons été, tous concernés. Notre fonctionnement est celui de l'enfant que nous avons été qui perdure à l'âge adulte parce que nous n'avons pas reçu tout ce que nous avions besoin de recevoir pour développer notre confiance en nous-même : je me suis senti divisé entre ce que j'étais et ce que mes parents auraient voulu que je sois. Entreprenez cette démarche – je cherche en moi-même ce qui est déjà là : je suis, j'existe par moi-même, la vie m'anime, je suis là. Bien sûr, l'autre aussi est là, mais vous vous sentez exister – vous découvrez un commencement d'autonomie, de force intime. Installez-vous dans un fauteuil et ressentez : j'existe, je suis, cette porte existe, cette photo sur le mur existe, cette lampe existe. C'est encore l'ego, la dualité – moi et l'autre – mais vous quittez le niveau de la dépendance et de la mendicité.

Vous avez parlé, c'est très juste, de l'attention, de l'intérêt que vous n'avez pas reçu. Si nous osons aller jusqu'au bout de ce ressenti, nous réalisons que ce que nous cherchons, c'est toujours à nous sentir aimés. Je me souviens encore d'une phrase que Swâmiji m'a dite, une phrase que, ce jour-là, j'ai vraiment entendue. Pour comprendre la portée de cette phrase, il faut se situer dans le contexte de l'Inde où les mendiants – *beggars* en anglais – ne se contentent pas de tendre la main : ils vous poursuivent, se prosternent devant vous, vous tirent par le vêtement, marchent vingt minutes à côté de vous sans cesser de réclamer. Or Swâmiji, un jour, me dit tranquillement : « *You are a beggar, Arnaud : you are begging for love* », « Vous êtes un mendiant Arnaud, vous mendiez l'amour ! »

La plupart des adultes ne sont pas vraiment adultes. Ils peuvent être affirmés, éminents dans leur profession. Un chirurgien qui réussit parfaitement ses interventions, respecté, même aimé par les infirmières et le personnel hospitalier peut être émotionnellement infantile et mendier lui aussi : aimez-moi, aimez-moi, aimez-moi ! Cette demande est plus ou moins reconnue ou niée, mais elle demeure. Reconnaissons-la et soyons bienveillants envers nous-mêmes : ce petit enfant que j'ai été continue à souffrir en moi, à avoir peur en moi, à demander en moi, d'accord, mais je n'en reste pas là. L'autre existe, moi aussi j'existe : oui, c'est encore l'ego, la dualité, mais je vous promets que vous allez peu à peu trouver en vous une confiance nouvelle. Vous allez vous rendre compte que Dieu vous aime. Au-delà de l'amour d'Arnaud, d'Éric, de Daniel ou des personnes que vous respectez, c'est une grande expérience que de se sentir porté, aimé, soutenu, mais pas par un être humain particulier. Quel que soit le vocabulaire que vous utilisez, vous découvrirez cette réalité : la Vie me porte ici et maintenant, l'Existence me soutient. Seulement, nous avions toujours cherché au-dehors.

Un jour précis, à l'ashram de Swâmiji, à une époque où je pouvais pourtant donner le change – j'étais sorti des difficultés professionnelles et je manifestais une certaine audace – j'ai senti : je cherche une grande main d'adulte où je puisse mettre ma petite main d'enfant. Quand je l'ai vu, j'ai été enfin mûr pour chercher non plus au-dehors, comme je l'avais fait jusque-là, mais au-dedans. C'est le rôle de tous les maîtres – s'ils sont qualifiés, s'ils ont été disciples eux-mêmes et s'ils sont des serviteurs de la Vérité – de vous convaincre de chercher au-dedans, dans votre propre réalité. Si vous cherchez, vous allez trouver en vous une force qui va vous libérer de plus en plus de cette dépendance. Alors, vous pourrez librement rencontrer l'autre qui est là, lui aussi, avec ses demandes. Il faut s'exercer. Pour être gai, il faut être, pour être triste, il faut être. Je suis : c'est évident. Et pourtant – j'ose employer l'expression – sur la voie nous nous *exerçons* à être…

Pour commencer, vous acceptez pleinement la dualité. L'autre – ça peut être un objet – proclame : je suis ce que je suis. Une chaise proclame : « Je suis. Je suis une chaise. Je le suis pour l'instant. » Il y a la chaise et moi. Je donne la liberté à la chaise d'être ce qu'elle est. Du coup, vous vous sentez exister de façon beaucoup plus autonome. Je donne à l'autre être humain – c'est un peu plus délicat qu'une chaise comme type de relation – le droit d'être ce qu'il est : blond s'il est blond, chauve s'il est chauve. Même si vous n'aimez pas son style, vous lui donnez le droit d'être ce qu'il est aujourd'hui, maintenant, sinon vous restez dépendant et cette mendicité demeure à l'arrière-plan. Vous donnez sa liberté à l'autre, celle de vous aimer, de ne pas vous aimer, de ne pas vous sourire. Plus vous donnez à l'autre sa liberté, plus vous reconnaissez son *je suis* à lui – car en effet il est –, plus vous trouvez cette force intérieure à la fois intime et impersonnelle. Mais en tant que petit enfant, nous ne pouvions pas entendre prêcher le *dharma* – comme disent les bouddhistes. Un bébé ne peut pas comprendre les Évangiles ou les Upanishads, il est tout naturellement dépendant. S'il ne trouve plus sa maman pendant trois minutes, il s'affole, c'est normal. Mais nous, nous pouvons chercher au-dedans de nous-même et non plus au-dehors la sécurité et la plénitude.

Nous approchons d'abord le maître avec cette demande de dépendance, avec tous nos infantilismes : il me sourit, il ne me sourit pas, il s'intéresse à moi, il ne s'intéresse pas à moi. Quelle souffrance de croire qu'il s'intéresse plus à quelqu'un d'autre ! Les circonstances font parfois que le maître, demandant la collaboration d'un disciple pour une activité, est amené à une certaine complicité avec ce disciple pour surveiller un chantier en cours par exemple et cela suffit pour que vous retombiez dans des abîmes de souffrance : je me sens tout seul dans mon coin… Des souffrances d'enfant. Cherchez au-dedans, là où se trouve la radicale différence. Si le maître nous laissait toujours projeter sur lui, attendre de lui et nous maintenait dépendants parce qu'il nous a regardés, parce qu'il nous a dit des paroles qui nous ont flattés, parce qu'il nous a laissé espérer quelque chose de plus riche et de plus intéressant pour l'ego, ce serait tragique. Mais nous commençons par cette dépendance libératrice – j'avais tellement besoin de Swâmi Prajnânpad, j'étais encore tellement vulnérable !

Comme le maître est là pour nous aider à devenir adultes et non pour nous bercer tendrement dans notre infantilisme, par moments il nous fait mal : c'est ce qui nous aide à progresser. Un maître – un serviteur de la vérité – ne nous fera jamais du mal mais il peut nous faire mal. Il est toujours bon mais il n'est pas toujours gentil. Le langage chrétien, aujourd'hui insupportable à beaucoup d'entre vous, affirmait : Dieu permet que nous ayons des épreuves. Dieu est fondamentalement bon. Il est à la fois transcendant – complètement transcendant par rapport à toute notre expérience – et immanent. C'est l'Être de notre être, la Vie de notre vie : « en Lui, nous avons l'être, le mouvement et la vie ». Cherchez au-dedans. Votre vrai point d'appui, ce n'est ni Arnaud, ni Daniel, ni Éric, ni Édith, ni d'autres pour qui vous avez un respect tout à fait justifié. Votre point d'appui, c'est vous. Mais vous allez découvrir en vous infiniment plus que ce que vous connaissez – un être fragile, susceptible d'être malheureux, désemparé. Vous allez découvrir une grandeur que vous ne pouvez pas vous approprier : elle vous est donnée. Elle rayonne au-delà de « moi », avec mes défauts, avec mes qualités, peut-être avec mon courage. Saint Paul l'a exprimé dans une de ses paroles les plus célèbres : « Je vis, mais non plus moi, c'est le Christ qui vit en moi. » Ce n'est pas un état de possession par un nommé Jésus de Nazareth… c'est une vie divine, supra individuelle. Tout est une question de vocabulaire. « Oh ! Divine, je n'aime pas trop ce vocabulaire » : d'accord, mais l'expérience ne relève pas des mots. Cherchez au-dedans, en vous : « Je suis. Je suis créé, porté par une force, animé par une intensité d'existence qui me dépasse complètement. » Si on emploie l'image bien connue de la vague et de l'océan, nous sommes comme des vagues limitées – je m'arrête ici, Ghislain commence là – d'un unique océan qui est la Vie, la Réalité. Nous n'avons l'être que par Dieu. Dieu seul a l'aséité – l'être par soi-même –, tout le reste de la création n'a que l'aballiété – l'être par un autre. Cela implique en même temps que le fondement de votre existence, c'est Dieu lui-même : « Dieu n'est jamais éloigné de vous. En Lui vous avez l'être, le mouvement et la vie. » Cherchez au-dedans, approfondissez ce que le Vedanta exprime si simplement par : je suis. Je peux douter de tout – et par moments, on ne sait plus où on en est – *sauf de celui qui doute :* la réponse est là.

Ce que vous lisez dans les Écritures, c'est vrai. Puis, on se rend compte de certaines vérités : à trop chercher une relation très précieuse avec un être humain qui m'attire, finalement, mon « amour » devient de l'idolâtrie. Il y a un passage superbe aussi dans l'Évangile. Quelqu'un s'adresse à Jésus : « Bon maître… » et Jésus l'interrompt : « Pourquoi m'appelles-tu "bon" ? Dieu seul est bon. » Même des saints célèbres, Ramdas, Mâ

Anandamayî, sont des formes humaines. Mais si le maître est vraiment un serviteur, il est ce que les Indiens appellent : *the mouthpiece of truth*, le porte-parole de la vérité. Mais nous, nous nous attachons à la forme, alors, à chacun son maître : le mien est plus grand que celui du voisin – et nous pataugeons dans l'infantilisme. La grande réalité, c'est en vous que vous la trouverez. Peut-être la trouverez-vous plus facilement si vous méditez dans une église, mais c'est en vous que vous la trouverez. Or cette vie intérieure est bien oubliée aujourd'hui. En Occident, dans le monde moderne, on cherche toujours au-dehors, donc – pour revenir aux termes que nous avons déjà utilisés et qui sont si importants – dans le monde de l'avoir. En vérité, le maître n'est qu'un relais – un témoin. *Khalifa*, disent les soufis, ce qui veut dire : le Représentant de Dieu. Cherchez en vous-même, en approfondissant ce que vous pouvez ressentir si vous êtes un moment silencieux et en même temps attentif. La méditation est une prière, mais pas une prière du genre : « Oh Dieu ! Faites que mon fils qui n'a jamais travaillé réussisse à son examen. » Ces prières de demande, qu'on appelle prières de pétition, ne sont pas, bien loin de là, une forme supérieure de la prière. La forme supérieure de la prière n'est plus de donner vos ordres à Dieu mais de vous livrer à Lui. La « sensation de Dieu » : c'est un vécu que nous ne trouverons qu'au-dedans, en nous. « J'ai couru les routes du monde assoiffé, tandis qu'une cruche d'eau m'attendait dans ma propre maison. » Nous cherchons partout, au-dehors. Ce peut être une recherche de qualité – pas seulement la recherche de l'admiration des autres –, une recherche de rencontres avec des témoins de la voie, mais ce n'est qu'un passage. Cela ne veut pas dire qu'on se détourne ensuite du maître et qu'on n'a plus d'amour pour lui mais on n'a plus besoin de lui parce qu'il nous a montré le chemin de notre propre force. Mais commençons avec le premier pas : moi, j'existe. Ensuite, nous découvrons que nous ne pouvons pas nous attribuer cette force. Alors, le fondement de mon existence me dépasse complètement ; ce n'est plus *self dependence*, c'est *independence*.

Il y a un passage superbe dans une des Upanishads – je le cite approximativement : « Les hommes ont démérité, donc, disent les dieux, ils ne méritent plus de connaître la vérité ultime. Nous allons la cacher au fond de l'océan… Non, car un jour, les hommes seront capables de naviguer jusqu'au fond de l'océan… Nous allons la cacher très haut dans les cieux… Non, car un jour, les hommes seront capables d'aller très haut dans les cieux… et un des dieux dit : je sais où on va la cacher et là où ils n'auront jamais l'idée de la chercher : dans leur propre cœur ! » Mâ Anandamayî racontait l'histoire de l'escroc qui se joint aux pèlerinages. En Inde, on fait encore de longs pèlerinages à pied vers les sources du Gange et on couche dans des auberges sommaires. Un pseudo-pèlerin, déguisé en moine, repère un pèlerin qui semble avoir un peu plus d'argent que les autres. Il essaie de se lier d'amitié avec lui, de coucher sur le sol dans la même salle que lui et, la nuit, pendant que l'autre dort, de lui voler toutes ses roupies et de disparaître. Il cherche et ne trouve rien. Le deuxième soir, pendant que l'autre dort, il cherche encore et ne trouve rien. Au bout de quelques jours, il craque, avoue tout et demande à l'autre pèlerin où il cache son argent. Celui-ci lui répond : « Là où vous n'auriez jamais eu l'idée de le chercher, sous votre propre oreiller… » L'Évangile nous dit : cherchez et vous trouverez, frappez et l'on vous ouvrira. L'Évangile ne dit pas : ouvrez la porte et entrez. C'est un peu plus subtil. Demandez et l'on vous donnera. Certes, bien des chrétiens ont été déçus, ce qui est parfois tragique : « J'ai demandé la guérison de mon enfant et mon enfant est mort. Je ne crois plus en Dieu, je ne mettrai plus les pieds dans une église – ou dans un temple protestant. » Se tourner vers Dieu, c'est permettre une rencontre, une révélation intime de cette grandeur qui se révèle en nous et qui, au niveau de moi Arnaud, moi France, moi Marcel, nous dépasse complètement. C'est l'unique secret de la vie spirituelle : le Royaume des Cieux est au-dedans de vous. Où est alors la dépendance affective par rapport à l'autre, le besoin qu'on vous aime, qu'on vous écoute, qu'on s'intéresse à vous avec, à l'arrière-plan, une souffrance d'enfant : maman préfère mon petit frère, maman préfère ma grande sœur… Cette souffrance est généralisée. Pendant notre rencontre, deux personnes lèvent la main, Arnaud répond à l'un, et l'autre, ça lui fait mal ! Oui cette souffrance est là au début du chemin : *Arnaud, you are a beggar, you are begging for love*. Est-ce que Swâmiji va s'intéresser à moi ? Est-ce qu'il va être déçu par moi ? Est-ce qu'il va me trahir d'une manière ou d'une autre ? À la fois nous mendions et nous nous méfions, nous avons peur d'être déçu.

Bien entendu, cette dépendance joue dans la relation amoureuse : aime-moi ! Ce n'est pas toujours, loin de là, une relation d'adulte à adulte. C'est une relation d'enfant à enfant, chacun demandant à l'autre de jouer le rôle de l'adulte : je veux retrouver ce que j'ai connu quand je me sentais encore complètement soutenu par l'autre – si un enfant a eu une très belle relation dans les premiers mois avec sa maman, jusqu'à l'horreur de la naissance de la petite sœur qui lui a volé l'amour de sa maman… Ou alors, les choses ont mal tourné parce que maman a été très fatiguée, malade, et avait beaucoup moins de disponibilité pour s'occuper de l'enfant. L'inconscient se souvient d'une dépendance réussie. On peut alors observer un mécanisme tout à fait intéressant : un homme est très attiré par une femme – ça pourrait faire une belle relation – et il se conduit d'une manière à peu près adulte jusqu'au jour où il ose dire à cette femme qu'il l'aime et qu'il est prêt à l'épouser. La femme émerveillée répond : « Moi aussi, je t'aime. » Et, à partir de ce moment, l'homme devient infantile ! Il est immédiatement connecté intérieurement avec l'enfant de deux ans qui a retrouvé sa maman et il demande tout à cette femme, sa femme. L'homme fait bonne figure tant qu'il n'a pas retrouvé maman, tant que la femme ne lui a pas dit : moi aussi, je t'aime. J'ai rencontré des femmes sidérées : « J'ai dit oui parce qu'il avait une certaine allure, mais maintenant c'est un gamin, un bébé ! » (Pour être tout à fait honnête, cela m'est arrivé à moi aussi dans ma jeunesse. Après, je l'ai observé chez beaucoup d'autres.) Ce niveau de désarroi relève de la psychothérapie. Et à ce niveau, j'ai été très aidé par Swâmi Prajnânpad, qui ne m'a pas parlé seulement d'éveil et de métaphysique : il m'a montré ces réalités dont on ne peut pas faire l'économie.

L'EGO : LA DIVISION ENTRE LE MOI ET LE NON-MOI

UNE FEMME : Est-ce que je peux vous poser une question ?

ARNAUD : Bien sûr, oui. Dites…

LA MÊME FEMME : C'est une question qui a été soulevée par un membre de l'association chez Édith, dans une réunion questions/réponses. J'aimerais la reprendre pour approfondir la compréhension de l'ego…

ARNAUD *(l'interrompant) :* Admettez au départ que comprendre vraiment ce mot « ego », qui est tellement utilisé, prendra inévitablement du temps. Mais peu à peu, on progresse. Alors, allons-y…

LA MÊME FEMME : Il est dit – vous le dites sûrement aussi – que l'ego est une illusion. En même temps, il est dit que l'ego est rusé et intelligent. Il me semble qu'il y a là un paradoxe. J'aimerais comprendre…

ARNAUD : Attendez ! Soyons prudents dans la manière de nous exprimer. Qui dit : l'ego ? Parce que quand on dit « mon ego » – ce que j'entends souvent – c'est un non-sens. Si tout le but de la voie est de se débarrasser de l'ego, alors « mon ego », vous pouvez le prendre gentiment, le jeter par la fenêtre, et on n'en parle plus !

Il est dit : l'ego est une illusion, ce qui est vrai, mais pour l'instant, vous n'en avez aucune preuve. Il est aussi dit : l'ego est retors et rusé. En fait, dans le vocabulaire qu'utilisait Swâmi Prajnânpad, et que je reprends à mon compte, ce n'est pas toujours l'*ego* qui est le terme clé, c'est *mind*, le mental. *« Mind is so tricky to cheat you »*, « le mental est si retors pour vous rouler », *« rather to cheat itself »*, « plutôt pour se rouler lui-même ». Cela se produit à l'intérieur de nous. Le véritable *je suis* profond est au-delà de toute confusion. Il peut être voilé, recouvert, mais pas roulé. Si nous employons le mot ego pour désigner un être humain, avec son identité (je suis madame Untel, je suis célibataire, mère de famille, divorcée, infirmière, professeur, enseignante) considérons que c'est le mental qui est retors, pervers. L'ego, lui, est parfois intelligent, parfois moins. Continuons. Allez-y. Dites…

LA MÊME FEMME : C'est vraiment ça : une illusion qui peut être intelligente…

ARNAUD : Qu'est-ce que c'est l'ego, à votre avis ?

LA MÊME FEMME : Je vois une forme, mais en même temps, c'est vrai que c'est une illusion…

ARNAUD : Ne dites pas : « c'est une illusion » tant que vous n'avez pas l'expérience que c'est une illusion. Je vais reprendre l'inépuisable image de la corde et du serpent. Une grosse corde est tombée d'un char à bœufs dans la campagne indienne. Au crépuscule, dans la pénombre, à une certaine distance, je vois un serpent. Le serpent est une illusion : il ne se transforme pas en corde, comme la chenille se transforme en papillon. Si je m'approche du serpent – je ne dis pas « si je m'approche de la corde » – tout à coup le serpent disparaît et je vois la corde. *The snake and the rope*, c'est une image célèbre. On peut la situer au niveau métaphysique : toute notre perception de l'existence est une illusion. On peut s'éveiller et on a alors le droit de dire : l'ego est une illusion. Mais tant que je vois le serpent, je ne vois pas la corde, je vois le serpent. Il est exact que les maîtres, surtout dans la tradition orientale, répètent « l'ego est une illusion ». Mais vous, vous n'avez pas l'expérience que c'est une illusion. Vous êtes d'accord ?

LA MÊME FEMME : Oui.

ARNAUD : Allons-y pas à pas. Rassurez-vous, je ne vous fais pas passer un examen, je suis là pour vous aider à mieux comprendre. Si vous deviez donner une définition de l'ego pour un dictionnaire – pas dans une encyclopédie où il y en aurait pour douze pages – quel serait, d'après vous, le sens de ce mot ?

LA MÊME FEMME : La sensation du moi.

ARNAUD : Oui. Cela dépend à quel niveau, mais effectivement, ego veut dire « moi ». Soyez toujours très vigilante quant aux mots, et spécialement avec ce mot *ego*. Ego est synonyme de dualité : moi *et* l'autre, l'autre n'étant pas forcément un être humain. Moi et ma montre qui n'indique plus l'heure – il faut que je l'emmène chez l'horloger. Moi et ma voiture qui ne démarre pas. Moi et ma fatigue : il y a deux. Moi et mon angoisse : il y a deux. Moi et mon mal au ventre, moi et ma constipation, ce que vous voulez. Souvenez-vous que l'ego veut dire « moi ». Pourquoi alors le mettre en cause ? Mais vous voulez comprendre le mot *ego* dans le sens de « l'effacement de l'ego », souvenez-vous : l'ego c'est la dualité On ne devrait pas traduire le mot ego par « moi » mais par « moi *et* ». Les termes consacrés sont « dualité » ou « la séparation du moi et du non-moi ». C'est notre expérience et nous ne connaissons pas autre chose. Et ce moi n'arrête pas de réagir, il n'a aucune stabilité. Cet « autre », ce non-moi, est toujours qualifié : j'aime, je n'aime pas ; favorable, défavorable ; rassurant, menaçant ; frustrant, gratifiant… C'est le deuxième aspect dont nous pouvons tout de suite prendre conscience. Nous constatons combien nous sommes à la merci de l'autre. Si ma voiture démarre et fonctionne bien, elle est amicale. Si elle ne démarre pas, l'autre devient inamical, c'est-à-dire : ennemi. La voiture qui ne démarre pas devient mon ennemie. Pouvez-vous être d'accord jusqu'ici ?

LA MÊME FEMME : Oui.

ARNAUD : L'ego est donc associé à cette dépendance. Je commence par diviser nettement la réalité totale en deux : moi et tout le reste – alors que toute la réalité multiple est l'expression d'une vie unique. Toutes les vagues ont leur être dans le même unique océan. Mais nous, nous ne voyons pas du tout une unique réalité, nous ne voyons que la séparation. L'ego implique donc la séparation, la limitation : je m'arrête là, mon pouvoir s'arrête là. L'autre est amical ou inamical, rassurant ou menaçant, plaisant ou déplaisant, agréable ou désagréable – et ainsi de suite…

Il y a donc une première division entre « moi » et « tout le reste ». Je m'attribue une existence séparée, comme une vague qui croirait : moi, j'existe par moi-même. C'est faux ! Nous ressentons constamment la séparation et la limitation – limitation de votre culture car vous ne savez pas tout, limitation des études que vous avez faites car vous n'avez pas forcément les plus hauts diplômes, limitation de vos moyens financiers.

Tout cela alors que nous portons en nous une demande de croissance, d'expansion, d'illimité. Au niveau ordinaire, tout ce qui est rétraction, diminution, est ressenti comme souffrance. Tout ce qui est croissance, expansion, est ressenti comme heureux.

Pour l'instant, je ne vois pas où est l'illusion…

LA MÊME FEMME : Moi non plus.

ARNAUD : Vous ne pouvez pas voir l'illusion tout de suite. Si vous répétez « l'ego est une illusion », vous allez vous faire du tort, parce que vous utilisez une phrase qui n'a pas un sens réel pour vous aujour-d'hui. Ce qui est réel pour vous c'est que l'autre est tantôt amical, tantôt inamical. Vous ne pouvez donc jamais être complètement en paix. « Je ne sais pas ce qui m'attend, peut-être une mauvaise nouvelle, un événement fâcheux » : c'est une séparation, une limitation, une dépendance. Vous serez beaucoup plus aidée en n'employant plus le mot « ego » mais plutôt « égocentrisme », qui signifie « voir toute la réalité par rapport à moi ». Ce qui fait le bonheur de l'un fait le malheur de l'autre : la même nouvelle dans le journal est accueillie avec joie par l'un et avec désespoir par l'autre. Si toutes vos sympathies vont aux Israéliens, tout ce qui apparaît comme favorable aux Palestiniens vous rebute et, si vos sympathies vont aux Palestiniens, tout ce qui apparaît comme succès pour les Israéliens devient négatif pour vous. En vérité, il n'est plus question des Palestiniens ou des Israéliens mais de « moi », moi, ça m'affecte. Dans chaque circonstance de l'existence, publique ou privée, capitale ou minime, chacun est affecté à sa façon, voilà l'égocentrisme. Si vous voyez que vous percevez la réalité d'une manière réellement très égoïste, vous commencez déjà à mieux cerner le fameux ego. Cet égocentrisme, c'est votre dépendance.

Même celui qui paraît généreux, idéaliste et altruiste, est lui aussi prisonnier de l'égocentrisme dans ce sens qu'il est prisonnier de ce « moi » et « l'autre ».

Peu à peu, vous allez de mieux en mieux comprendre de quoi il est question, mais soyez très prudente en prononçant des paroles qui concernent ce vers quoi vous allez mais ne correspondent pas à votre expérience actuelle : c'est un risque d'erreur. Cherchez plutôt à mieux voir ce que vous êtes aujourd'hui. La qualification mécanique – ça j'aime, ça je n'aime pas – est une fonction de l'ego que nous appelons techniquement « le mental ». Le mental est le décalage par rapport à ce qui est, une tentative de nier ce qui est parce que ça ne me convient pas. C'est l'erreur capitale : se mettre en porte-à-faux avec la réalité qui est ce qu'elle est. La vérité est implacable, elle est. Et nous, nous avons pris l'habitude de tenter de la nier. Il y a une expression qui est révélatrice, c'est quand, devant une évidente vérité, il nous échappe : « Oh ! C'est pas vrai ! » Pendant longtemps, vous vous surprendrez à employer cette expression. « Quoi ? C'est pas vrai ! »… Si, c'est vrai. Vous voyez le mensonge ? Ce simple constat est révélateur d'un fonctionnement à observer de plus en plus lucidement.

Nous avons divisé le monde en ce que nous appelons « le bon » et « le mauvais ». Un pas de plus, et cette qualification personnelle devient « le Bien » et « le Mal ». C'est facile à observer. Pour un médecin profondément catholique, l'avortement, même sous le vocable d'interruption de grossesse, c'est le mal alors que pour un médecin socialiste, progressiste, c'est le bien. Les points de vue sont irréconciliables. Constatons au moins que des convictions sincères peuvent s'opposer radicalement avant de décider si nous allons opter pour une approche ou une autre d'une réalité, quelle qu'elle soit, selon notre sensibilité. Cet « autre », tout ce qui n'est pas moi, nous l'avons divisé entre ce que nous trouvons bon et ce que nous trouvons mauvais. C'est le phénomène de l'attraction et de la répulsion : vouloir prendre et conserver et vouloir rejeter – et si je ne peux pas rejeter, fuir. Mais la réalité est ce qu'elle est. Elle correspond tantôt à votre attente, tantôt elle trahit votre attente. Vous téléphonez, ça sonne occupé ou alors la personne est sur une autre ligne, on vous met en attente, vous être pressé, vous devez partir : « l'autre » vous trahit. L'émotion est une illusion. « Oh non ! C'est pas vrai ! »... Si, c'est vrai. L'émotion est la pure création par nous-même d'autre chose que ce qui est, en fonction de ce qui, selon nous, devrait être : c'est illusoire. Ce qui est, est, un point c'est tout ! « Mais »... Il n'y a pas de « mais ». Il y a une action possible ou il n'y en a pas. Si quelqu'un est vraiment mort, aucun médecin ne peut le ressusciter. C'est l'ego qui crie : non ! C'est une terrible servitude : la vie m'ordonne de souffrir, je souffre. La vie m'ordonne d'être heureux, je suis momentanément emporté par une émotion heureuse.

Voyez d'abord si vous pouvez être d'accord avec ce que je dis là. Vous découvrirez alors que vous aspirez à être heureuse, vraiment heureuse, en paix, en sécurité, sans peur de l'avenir. Mais, dans ce monde tel qu'il est, cela vous paraît impossible. Vous êtes momentanément heureuse, mais ensuite survient un coup dur ou une difficulté, et tout s'effondre. Si vous découvrez que l'ego est une illusion – mais ce n'est pas pour tout de suite – l'existence n'aura plus le pouvoir de vous frustrer de votre paix, de votre sérénité, de tout ce à quoi nous aspirons tous. Mais l'ego a la conviction que ce à quoi il aspire tout le temps – être vraiment heureux, en paix, en sécurité intime – n'est possible que dans la dépendance aux objets. « Si cet homme m'aime, je suis heureuse, s'il me rejette, je souffre. Si, si, si... » L'ego a choisi cette dépendance. Il aspire à être heureux et il met son espoir de bonheur dans les objets sur lesquels il ne peut pas vraiment compter. Quand ça marche, quand j'obtiens ce que je veux, je suis heureux, et quand l'existence ne répond pas à mon attente, je souffre. Mais tout cela peut changer et vous pouvez devenir de plus en plus libre.

Je vous en prie, ne croyez pas qu'être un bon disciple consiste à adopter, à adhérer, presque comme un credo, à certaines paroles qui ne correspondent à aucune réalité pour vous, des paroles comme : l'ego est une illusion. Vous ne pouvez pas comprendre encore ce que cela implique. Ne vous sentez pas bousculée par moi comme si je disais : « Vous avez dit une sottise » ! Vous avez prononcé une parole très intéressante, révélatrice et très courante. « On me dit que l'ego est une illusion, on me dit aussi que l'ego est très rusé... » : on m'a dit ou j'ai lu que... mais en fait je ne l'ai pas vérifié. Partez de là où vous êtes. « Est-ce que je suis complètement satisfaite ? Non. » Cette joie, la joie qui demeure, la joie parfaite, c'est pourtant ce à quoi j'aspire. Vous y aspirerez toujours : ça ne peut pas être autrement. L'ego, c'est : moi *et*, c'est la dépendance, c'est la division de la réalité entre ce que moi j'aime et que je qualifie de bon, et ce que moi je n'aime pas et que je qualifie de mauvais. C'est cette dépendance qui peut être dépassée. Soyez un peu patiente. Deux ou trois jours après une réponse, dans le courant de l'existence, vous verrez : « Ah ! C'est de ça qu'il s'agit. Je le reconnais dans ma propre existence. Je viens de laisser échapper : Oh ! C'est pas vrai ! » Tout chrétien admet un credo : vous devez croire que le Christ est né de la Vierge Marie, qu'Il a été crucifié sous Ponce Pilate, qu'Il est ressuscité le troisième jour. Ici, on ne vous demande pas d'adopter un credo affirmant que l'ego est une illusion. Sans ironiser sur le credo, il n'en reste pas moins que tout doit être regardé de plus près : où sont les erreurs ? Qu'est-ce que je veux ? Être heureuse. Telle que je fonctionne, je ne peux pas l'être. Je peux momentanément être folle de joie mais, ensuite, cette joie est gâchée par une mauvaise nouvelle. Est-ce qu'il y a une possibilité d'être définitivement heureuse *dans ce monde tel qu'il est* et en vous sentant pourtant solidaire de toute la souffrance qui déchire l'humanité ? Heureuse quand tout va bien, et heureuse quand tout va mal ? Nous avons, nous, êtres humains, la preuve que des êtres ont été rayonnants de joie, même à Auschwitz. J'ai lu le témoignage d'une femme – pas seulement celui d'Etty Hillesum dans son superbe livre *Une vie bouleversée*[1] – qui avait tout pour elle : un mari riche, une vie aisée, et qui a osé dire : « Je ne suis vraiment heureuse que depuis que je suis déportée. » Des milliers de déportés – des millions peut-être – sont morts dans la révolte, le

1. Éditions du Seuil.

désespoir mais il suffirait qu'il y ait eu un cas pour que nous sachions que c'est possible – et il y en a eu beaucoup. Il y en a eu beaucoup dans l'histoire du christianisme. Les saints qu'on a canonisés – comme saint Jean de la Croix, sainte Thérèse d'Avila ou saint François d'Assise – ont eu la vie dure pendant leur existence. Ils ont connu la joie qui demeure. Le monde tel que nous le percevons ne peut pas nous donner cette joie parfaite. Pourtant, les enseignements spirituels nous la promettent. Partez de là.

Quatrième jour

23 octobre

Réunion du matin

LE RÔLE DE GRAND-MÈRE

UNE FEMME : Mes enfants sont maintenant parents à leur tour, et je ressens un fort désir de partager avec eux mon expérience de mère. Je reconnais qu'une partie de ce désir est une réaction au fait que je commence à prendre de plus en plus conscience des erreurs que j'ai pu faire avec mes enfants. Je ne veux pas être en réaction, et j'aimerais que vous m'éclairiez à la fois dans mon rôle de mère et dans mon rôle de grand-mère.

ARNAUD : Qu'est-ce qui est possible, qu'est-ce qui ne l'est pas ? Intervenir dans l'éducation d'un enfant qui n'est pas le nôtre peut être très mal ressenti par les parents. « De quoi se mêle-t-elle ? » Cela suppose de sentir à la fois ce qui concerne l'enfant et ce qui concerne ses parents et, une fois encore de ne jamais surimposer ce qui devrait être sur ce qui est. Quand nous sommes jeunes et que nous devenons père ou mère, nous n'avons pas toute la maturité et toute l'habileté qui seraient nécessaires pour être de très bons éducateurs. Par moments, vous aurez l'impression que le père ou la mère fait une erreur : la meilleure manière de vous situer n'est pas forcément d'intervenir parce que les parents sont toujours certains qu'ils savent ce qu'ils ont à faire. Il peut y avoir des exceptions, mais les parents n'acceptent pas facilement que vous leur expliquiez comment ils devraient faire, parce qu'ils ne sont pas convaincus que vous ayez si bien fait pour eux autrefois ! Ils sont convaincus au contraire qu'ils vont éviter vos erreurs. J'ai tellement voulu éviter les erreurs de mon père – j'ai eu plusieurs entretiens avec Swâmiji à ce sujet – que j'ai fait les erreurs contraires. Aurez-vous l'occasion de voir beaucoup votre petit-fils ou votre petite-fille ?

LA MÊME FEMME : Comme je n'habite pas la même ville, je ne pourrai pas le voir tous les jours.

ARNAUD : Un enfant peut aimer que ses parents le confient fréquemment à ses grands-parents. Un grand-père ou une grand-mère peut jouer un rôle très précieux, capital parfois, pour certains enfants, simplement en les écoutant. Notamment, quand un deuxième enfant naît et que l'aîné se sent désemparé, il peut trouver un point d'appui très heureux pour lui chez le grand-père ou la grand-mère. Pendant les neuf années du Bost[1] où je faisais faire moi-même des *lyings*, j'ai vu certaines personnes revivre de très nombreux souve-

1. Le premier ashram d'Arnaud Desjardins en France (1974-1983).

nirs heureux de papi ou de mamie. Il est évident que, comme grands-parents, nous avons un rôle très différent à jouer. Vous n'avez pas à reprendre le même rôle de mère une génération plus tard : ce n'est pas votre fils ou votre fille, c'est votre petit-fils ou votre petite-fille.

Le rôle de grands-parents est un *dharma*. Il ne s'agit pas simplement de raconter une histoire à l'enfant avant qu'il s'endorme ou de l'amener à la pâtisserie manger quelques gâteaux. Vous pouvez jouer un rôle précieux pour sa structuration et sa confiance en lui. Vos petits-enfants peuvent bénéficier de l'expérience que vous a donnée votre propre existence d'enfant et de mère. N'ayez pas d'idées préconçues qui ne s'adapteraient pas à la spécificité de l'enfant. Il n'y a pas de règles.

J'ai eu la preuve que, si on ne fait pas dire à l'astrologie plus qu'elle ne peut dire, l'étude du thème natal donne des informations valables. L'astrologie peut ouvrir les yeux des parents sur ce qui est la spécificité de l'enfant et les aider à éviter de projeter sur celui-là l'idée qu'ils se font de lui. C'est vrai pour les parents et c'est vrai pour les grands-parents. À l'époque où j'accomplissais moi-même avec Swâmiji le travail nécessaire concernant l'aspect psychologique de la voie, un astrologue français très respecté, André Barbault, venait de contribuer à la programmation du thème astrologique par ordinateur. L'ordinateur (qui a l'avantage de ne pas avoir de mental et de ne pas projeter son inconscient !) proposait notamment un thème qui donnait aux parents des indications sur leur enfant. On me l'a offert environ quarante-cinq ans après ma naissance ! J'ai lu ce qu'il disait du petit enfant que j'avais été et dont mes parents auraient dû tenir compte : c'était saisissant et assez touchant parce que c'était l'époque où j'essayais de comprendre, de cicatriser et de dépasser ce que je découvrais auprès de Swâmiji de ce qu'avait été mon enfance, de ce qui m'avait fait mal, les domaines où je ne m'étais pas du tout senti compris et où on m'avait imposé un cadre qui n'était pas celui qui me convenait. Pourquoi est-ce que je partage cela avec vous ? Parce que chaque enfant peut être aidé, mais il ne peut être aidé à s'épanouir que dans sa ligne, en tenant compte de ce qu'il apporte en naissant, c'est-à-dire sa nature, son tempérament et son caractère. Vous avez la possibilité d'être meilleure psychologue que le papa ou la maman. Chaque génération de parents fait ses erreurs. Si vous avez l'impression que le père ou la mère en font, vous pouvez en compenser certaines, mais ça demande beaucoup de finesse. Vous êtes la mère du père ou de la mère ?

LA MÊME FEMME : Du père.

ARNAUD : Alors, votre belle-fille peut dire qu'elle ne vous a rien demandé ! Elle peut accuser son mari de ne pas avoir coupé le cordon ombilical... c'est connu ! Une fois encore, il n'y a pas d'autre secret que : pas ce qui devrait être mais ce qui est. Cela vous permettra de sentir avec finesse ce qui peut être tenté. Vous avez peut-être la possibilité d'une intervention précieuse. S'il y a plusieurs enfants, le grand-père ou la grand-mère pourra jouer un rôle capital pour un des enfants et un rôle sympathique pour les autres. En *lying* avec Swâmiji, j'ai bien vu le rôle immensément bénéfique, absolument positif qu'avait joué pour moi un grand-père que je ne voyais pourtant pas très souvent quand j'étais enfant, et qui est mort quand j'avais onze ans. Si le grand-père et la grand-mère sont retraités, ils sont évidemment plus disponibles pour s'occuper de leurs petits-enfants que s'ils ont encore une activité professionnelle. En ce qui me concerne, Font d'Isière et Hauteville ne m'ont pas donné la possibilité de consacrer quantitativement beaucoup de temps aux enfants de ma fille.

C'est toujours le même secret : ici et maintenant je prends appui sur ce qui est, je ne pense pas que ça pourrait ou devrait être autrement. Je tente d'améliorer ce que je peux améliorer dans le futur. J'insiste sur le fait que le *dharma* de grand-mère est un grand *dharma*. Il se peut que vous soyez plus importante et plus précieuse pour le petit-fils ou la petite-fille que vous ne l'imaginez, au moins dans certains cas. Mais évitez de placer l'enfant dans une situation conflictuelle : « Si j'ai trop d'amour pour mamie, ça prouve que je n'ai pas assez d'amour pour papa ou pour maman » parce que papa a dit un jour devant l'enfant, en parlant de vous : « Qu'elle se mêle de ce qui la regarde ! » S'il sent votre influence, même bénéfique, comme n'étant pas en harmonie avec ses propres parents, il est divisé. L'enfant a besoin de grandir dans un monde cohérent où règne un certain consensus. Ensuite, il peut gagner en liberté et remettre en cause ce qui lui a été montré et enseigné : est-ce que je suis sûr que ma tradition hindoue, chrétienne, musulmane ou laïque est parfaite en tous points ? Mais pour grandir en confiance, l'enfant a besoin d'un consensus. Dans une société traditionnelle hindoue, tout le monde partage les mêmes conceptions de l'existence : le père, la mère, les tantes, les oncles, tout le monde respecte le *dharma* hindou. Dans une société traditionnelle musulmane, tout le monde est d'accord quant à la valeur de l'Islam. Bien sûr, cette unanimité peut créer un conditionnement absurde. En Inde, sur les quais de gare, on vous propose de l'eau musulmane *(muslim pani)* et de l'eau hindoue *(hindu pani)* alors que c'est exactement la même ! Je ne dis pas que ces traditions n'ont pas des limites ou des inconvénients mais elles ont d'immenses avantages. Aujourd'hui l'enfant s'aperçoit que son père et sa mère ne sont souvent pas d'accord, qu'ils lui disent certaines choses mais que les parents de ses petits camarades de classe leur disent le contraire, que, dans la famille, le père a certaines opinions sur les grandes questions politiques alors que l'oncle a des opinions opposées : même si ces désaccords ne tournent pas à la dispute, il ne comprend plus. Qu'est-ce qui est vrai ? Qu'est-ce qui n'est pas vrai ? Sur quoi peut-il prendre appui ? C'est le cadre général actuel et nous n'allons pas restructurer toute la société occidentale moderne. Mais le consensus est très sécurisant pour l'enfant. Il grandit dans un monde où il y a des repères et il en a besoin avant de pouvoir dépasser les notions imposées de bien et de mal. Aujourd'hui, les enfants grandissent entre les points de vue les plus contradictoire sur tous les thèmes. Vous ne pouvez pas grand-chose pour modifier le contexte actuel, mais vous pouvez éviter au moins que l'enfant sente un manque d'unité entre ses parents et vous. Si, avec votre maturité et votre expérience d'aujourd'hui, vous constatez que son père ou sa mère fait une erreur, souvenez-vous que l'enfant a avant tout besoin de grandir dans un climat cohérent et faites preuve de beaucoup de finesse.

Oser ressentir ses émotions

UNE FEMME : Ce matin, je me suis réveillée très tôt. J'avais l'intention de me rendormir quand le réveille-matin de ma copine de chambre a sonné. La sonnerie a tout de suite déclenché chez moi une tristesse : comme j'ai vraiment l'intention de ressentir, j'ai été attentive à ce que je vivais. Je me disais que je n'étais pas respectée et pas aimée. J'ai tenté de couper les pensées pour vraiment ressentir parce que, à la suite de la réunion avec Véronique, j'ai l'intention de ressentir au lieu de rester dans ma tête.

ARNAUD : Oui, ressentez sans crainte ! N'ayez pas peur, vous verrez que vous pouvez ressentir sans danger ! Si vous ressentez une tristesse, ne la qualifiez pas tout de suite. Dans l'expérience courante, il y a projection sur le futur à cause de l'expérience du passé : je « sais » qu'être triste est horrible parce que j'ai vécu ma tristesse autrefois sur fond de refus, aussi dès qu'une tristesse apparaît, je projette que cette tristesse va continuer dans les minutes ou les heures qui suivent et c'est terrible. Naturellement vous vous rendez compte qu'il ne s'agit pas d'une émotion heureuse, mais ne commentez pas : c'est triste d'être triste, la tristesse est triste… Non ! La tristesse est une forme. Accueillez-la. Entrez en communion avec elle. La tristesse est tristesse mais ce n'est pas triste d'être triste. Ressentir, c'est la sensation par le corps physique. Il y a un mépris du corps qui n'est pas juste, il y a une idolâtrie du corps qui n'est pas juste non plus. Ressentir, *feeling* en anglais, désigne tantôt la sensation et tantôt le niveau affectif, pas la pensée.

Je ressens une tristesse : oui. C'est le premier pas. Ensuite vous pouvez reconnaître, mais ce n'est même pas indispensable : « Le réveil, c'est terrible ! Quand j'étais enfant et que j'aurais tellement eu envie de dormir et que ça sonnait… je dormais si bien, et en plus, il faut aller à l'école… » Cela peut vous influencer toute votre vie et, chaque fois que le réveille-matin sonne, vous ressentez la tristesse. Le premier pas consiste à accueillir cette tristesse avant de comprendre de quelles vieilles empreintes elle relève. Oui, pour penser moins, ressentez. Et puis… ?

LA MÊME FEMME : Ça a été un moment fort parce que j'ai réalisé que je n'ai plus le choix de ne pas ressentir, mais en même temps, j'ai l'impression de partir sur une nouvelle base, de m'accueillir vraiment, et c'est nouveau…

ARNAUD : Et il y aura encore du nouveau. Quand vous avez enlevé un revêtement, il y en a un autre à enlever. Vous irez ainsi de nouveauté en nouveauté. Vous avez dit quelque chose de capital : « Je n'ai plus le choix. » Naturellement, à un niveau, on a le choix mais si vous avez soif et qu'une bouteille contienne du liquide pour déboucher les baignoires et une autre du jus de fruits, vous n'avez pas le choix. Bien sûr si vous voulez vous suicider, vous pouvez boire le liquide à déboucher les baignoires. Mais si vous avez compris ce qui est sensé et ce qui est stupide, vous n'avez pas le choix ! C'est évident ! Vous n'allez pas choisir la sottise et l'esclavage quand vous avez vu clair. La force d'inertie des habitudes vous fera encore tomber dans l'erreur, mais, dès que vous le voyez, vous êtes capable de fermeté : je ne continue pas dans cette ligne. Un jour, en effet, vous n'aurez plus le choix : vous obéirez à la certitude. Et pourquoi commencer par refuser pendant une demi-heure pour finalement tenter d'accepter. Il y a une tristesse ici et maintenant : n'ayez pas peur ! Posez un regard tranquille sur votre non-tranquillité. Posez un regard parfaitement serein sur cette tristesse. C'est tout à fait possible. Vous pouvez le tenter et réussir de plus en plus souvent à vous situer dans cette communion ou cette non-dualité par rapport au ressenti. On accomplirait beaucoup plus de choses sur la voie si on en croyait moins d'impossibles. Ne décidez pas que vous ne pouvez pas. C'est nouveau, mais je vais tout de suite essayer. Qu'est-ce que vous souhaitez dire encore ?

LA MÊME FEMME : J'ai vu à quel point j'avais peur de ressentir et que même certains blocages se sont développés dans mon corps.

ARNAUD : Si nous voulons dépasser les fonctionnements mécaniques qui nous asservissent, il faut d'abord les voir et les reconnaître. Vous découvrez peu à peu comment le corps participe à un refus de ressentir la réalité qui me fait trop mal ou qui m'a fait trop mal. Un jour parce qu'elle était fatiguée, maman a éclaté de fureur contre l'enfant qui était tout confiant ; maman, parce qu'elle est à bout de nerfs, se change momentanément en ennemie, en monstre. De tels mécanismes sont tout à fait simples mais ce n'est pas parce qu'ils sont simples qu'ils n'ont pas de pouvoir. On se ferme, on ne peut plus ressentir parce que ça fait trop mal. On ne peut même plus ressentir les choses heureuses parce qu'elles peuvent tourner mal.

Tout cela est très connu de la psychologie moderne, celle qui a commencé à la fin du dix-neuvième siècle. En quoi êtes-vous concernée ? Si vous osez accueillir complètement ce qui se présente, vous oserez être de plus en plus ouverte, détendue. Vous aurez une vie de plus en plus riche. Vous n'êtes plus sur la défensive, vous accueillez la totalité de l'existence, le soleil et la pluie, le sourire de quelqu'un, les reproches d'un autre, les moments heureux, les moments non heureux, vous accueillez sans prendre. Que les moments soient heureux ou malheureux passera alors au second plan et la liberté intérieure, la paix et la sérénité passeront au premier plan.

Vous me donnez l'occasion d'insister une fois encore sur un point capital. Nous comprenons vite que le jeu des émotions est très puissant dans nos existences. Comme dit la fable de La Fontaine, « le corbeau ne se sent plus de joie ». Nous nous identifions aux émotions heureuses comme aux émotions douloureuses. C'est le décalage par rapport à la réalité qui crée l'émotion. Le mental réfère ce qui est à ce qui devrait être, à ce qui pourrait être ou à ce qui aurait pu ne pas être ! Il fait beau ce matin – sous-entendu : il aurait pu faire gris et pleuvoir : que vient faire dans le tableau cette pluie parfaitement irréelle ? Elle crée par comparaison une émotion heureuse artificielle. Mais si nous comprenons ce mécanisme, nous comprenons l'absurdité de l'émotion.

Je vais vous citer une parole de Swâmiji qui est essentielle mais en même temps dangereuse par l'incompréhension grave qu'elle peut créer : *« emotion is never justified* », « l'émotion n'est jamais justifiée ». Si l'émotion est justifiée une fois, elle l'est deux fois, elle l'est dix fois. Mais l'erreur serait de penser, chaque fois que vous ressentez une émotion, que vous êtes en tort et que vous êtes une mauvaise disciple. Ce n'est pas ça du tout. Je ne justifie pas mon émotion, mais je reconnais qu'elle est là. Vous n'êtes pas complice : « C'est bien normal, vous ne voudriez quand même pas que je sois calme quand on m'a fait un coup pareil, et alors, on n'a plus le droit de réagir ? » Vous n'avez plus le droit de ne rien tenter. Si vous êtes disciple vous n'avez plus le droit de râler, de ressasser, de vous identifier aux pensées négatives. Mais vous avez tous les droits de ressentir ce que vous ressentez. Le jour où vous n'aurez plus d'autre choix que de vous incliner devant la réalité des faits, il faudra avoir l'audace d'accueillir l'émotion pleinement, mais vous ne la justifierez plus. Si les émotions étaient normales, les sages aussi vivraient dans les émotions. Or, nous, nous attendons du sage qu'il soit établi dans une équanimité et une sérénité stables. Si je vois le sage surexcité de bonheur parce qu'il y a eu un article favorable sur son ashram dans un journal hindou, quelle différence y a-t-il entre lui et moi ? Pour l'instant, vous ne pouvez pas éviter complètement l'émotion, et cette émotion ne disparaîtra pas par miracle si vous fermez les yeux sur la réalité. Mais quand vous osez ne plus vous débattre – *to flow with*, aller avec – le travail d'acceptation, de « non-dualité », ne s'accomplit plus seulement au niveau de la réalité de la situation. Celle-ci fait lever un trop grand refus : vous essayez bien d'accepter mais cela ne vous établit pas tout de suite dans la paix. Le cœur continue à gémir – et la pensée aussi. Le plus gros de votre travail ne sera donc pas d'accepter les situations, bien que vous le tentiez, ce sera d'accepter l'émotion parce que vous n'avez pas pu l'éviter. L'important n'est plus alors la réalité extérieure mais la manière dont cette réalité extérieure se réfléchit en vous sous forme d'émotions et de pensées. La partie ne se joue plus entre vous et cette réalité extérieure, elle se joue entre vous et vous, entre vous et le tourbillon des pensées totalement mécaniques mais qui se présentent comme rationnelles : « C'est terrible ! Pourquoi ? Non ! Comme si ça ne suffisait pas ! J'étais un peu heureuse et voilà que de nouveau… »

Vous pouvez transcender le conflit : je vois, j'accueille, je ne m'affole plus et cela ne me désespère plus de constater un désespoir. C'est le cœur de notre démarche. « Pas ce qui devrait être mais ce qui est » – je me suis assez expliqué là-dessus dans *À la recherche du Soi* et *Au-delà du moi*[1]. Tentez-le même dans des situations simples, mais ne croyez pas que vous allez à tout coup faire définitivement l'économie de l'émotion. Swâmiji disait *« emotion is an unnecessary luxury »*, « l'émotion est un luxe inutile ». *« If you can afford the luxury of emotions »*, « si vous pouvez vous offrir le luxe des émotions ». Si vous convertissez immédiatement la première réaction de refus en acceptation, vous faites l'économie du luxe inutile de l'émotion. Mais ça ne va pas « marcher » à tous les coups, loin de là ! Même quand vous aurez beaucoup progressé, il y aura encore des situations qui vont vous frapper au bon endroit et qui vont vous faire mal, très mal peut-être. Vous êtes très

1. Ces deux ouvrages sont parus aux Éditions de La Table Ronde.

amoureuse d'un homme : celui-ci vous annonce que c'est fini et qu'il s'en va. Même si vous tentez d'accueillir « ce qui est », cela va vous faire souffrir ! L'émotion sera bien là avec son double aspect : le ressenti affectif et la pensée. Peu à peu vous verrez clairement que l'émotion est une association de la pensée et de la sensation qui s'exprime sous forme de tristesse, de joie, de fureur, d'euphorie…

À mesure que les auditeurs se sont faits plus nombreux à Font d'Isière et à Hauteville, nous nous sommes aperçus que de très gros malentendus peuvent se présenter. J'ai entendu récemment mot pour mot cette parole aberrante : « Dans votre enseignement où on n'a pas le droit d'avoir des émotions… » L'enseignement nous propose de nous libérer peu à peu des émotions pour être établis dans l'équanimité, l'égalité d'âme et l'égalité d'humeur. Ressentez sans crainte, accueillez sans crainte. Cinquante pour cent de ma tâche consiste à vous transmettre la méthode et cinquante pour cent consiste à vous convaincre de la mettre en œuvre.

LA RESPIRATION : ACCUEILLIR ET RECUEILLIR

UN HOMME : Dans la méditation d'hier matin, vous avez parlé d'accueillir et de recueillir…

ARNAUD : La formule que j'ai utilisée pour les exercices de respiration consciente est simple : à l'inspiration j'accueille et, à l'expiration, je recueille. En effet, la conscience du souffle est une partie de notre démarche et, du point de vue du souffle, il y a de grandes possibilités de maîtrise. C'est par le souffle que se fait le lien entre le corps subtil, c'est-à-dire le psychisme, et le corps physique. Il s'agit du souffle accompagné de l'attention. Nous pouvons intérieurement diriger ce souffle, qui passe par des canaux dits subtils correspondant plus ou moins aux méridiens de l'acupuncture.

Les hindous parlent du *souffle subtil, sukshma*. Ne faites pas de mes propos sur la respiration consciente des paroles sublimes ou hautement ésotériques mais je dis bien qu'à l'expiration, je recueille, c'est-à-dire que je ne fais pas que laisser partir l'air vicié, sinon je ne me rechargerais pas en énergie. Avec la pratique, vous verrez combien vous pouvez être nourri par la respiration. Avec l'expiration, vous laissez partir tout ce qui est inutile et en trop – tous les déchets mentaux – et vous assimilez l'énergie, le *prana*. Par la respiration consciente, vous pouvez ressentir même ce qui est difficilement explicable du point de vue de notre expérience ordinaire ou de la science actuelle.

Un yogi qui fréquentait l'ashram de Mâ Anandamayî m'avait affirmé que cette respiration où on dirige délibérément le *prana* vers une partie précise du corps permet aux blessures de cicatriser beaucoup plus vite. Je n'ai pas eu souvent l'occasion de le vérifier mais j'ai toujours essayé chaque fois que j'en ai eu l'opportunité. Pourquoi le même mot signifie-t-il *esprit* – le Saint-Esprit, l'Esprit de Dieu – et *souffle*, tant dans les langues sémitiques, comme l'hébreu ou l'arabe, que dans les langues indo-européennes comme le sanscrit et le grec dans lequel s'est exprimé le christianisme des premiers siècles ? Dieu sculpta l'homme dans la terre glaise, il souffla sur lui et en fit une âme vivante.

LE MÊME HOMME : J'ai fait une expérience ce matin en rapport avec accueillir et recueillir. J'ai mis les pieds sur le ciment qui était froid. Ma première réaction a été d'aller sur le tapis. Tout à coup, j'ai fait le mouvement d'accueillir, donc de recueillir le froid avec les pieds, et petit à petit de diffuser ce froid dans les autres parties de mon corps, et d'envoyer le souffle... Finalement, j'ai ressenti le froid et je l'ai accepté.

ARNAUD : Vous abordez un thème un peu différent : vous ressentez le froid. Le premier mouvement est un refus, puis vous opérez une conversion. J'accueille – je peux m'offrir le luxe d'accueillir car il n'y a aucun danger que je sois gelé au point qu'on doive m'amputer comme des montagnards qui se gèlent à huit mille mètres d'altitude sur l'Everest. Vous avez aussi le choix de décider : c'est froid, je vais mettre des chaussettes. Pourquoi pas ? C'est à vous d'apprécier et de décider : je ne vais pas mettre de chaussettes, je vais faire l'expérience. À ce moment, le froid n'étant plus immédiatement qualifié de pénible, il est simplement qualifié de froid. Vous faites l'expérience du froid – *bhoga*, l'expérience consciente. Vous dites que vous avez laissé cette impression de froid se répandre dans tout votre organisme... Est-ce bien cela ?

LE MÊME HOMME : Oui.

ARNAUD : Comment pouvons-nous comprendre cette parole terrible : « *Everything is neutral, you qualify good and bad* », « Tout est neutre, c'est vous qui qualifiez de bon et de mauvais » ? Tentez là où cela vous paraît possible : je vois que je qualifie et j'essaie d'inverser ma première réaction. C'est important, même sur des petites choses comme cette expérience que vous avez faite avec le froid. La nourriture aussi est un bon terrain d'exercice pour nous rendre compte à quel point nous qualifions. Pour certains peuples, l'idée que les Français puissent manger des escargots est répugnante. L'idée que certaines populations d'Afrique font frire des chenilles nous répugne aussi. Quand j'étais au Bhoutan, on m'a offert de grosses bêtes qui ressemblaient à des frelons ou à des abeilles : j'en ai mangé. Je me suis dit que si les Bhoutanais en mangeaient et s'en régalaient, c'était que ma répulsion se situait dans le mental. Essayons de ne pas qualifier immédiatement.

Swâmiji avait entendu dire qu'en France, il y avait trois cents espèces de fromage différentes, « dont la moitié sentent à deux mètres de distance ». Quand il est venu en France, il nous a dit qu'il voulait goûter à ce type de fromage. Après bien des discussions, nous en avons choisi un parmi les plus odorants. Swâmiji en a pris un tout petit morceau et a dit : « *yes, it has got a taste of its own* », « oui, ça a un goût bien à soi ». C'était un enseignement. Il n'a pas dit que c'était bon ou mauvais. On ne peut donc pas demander au camembert très fait d'avoir un goût de framboise ! Je savais que Swâmiji avait une diététique assez rigoureuse et ne mangeait pas de certains plats qui ne lui convenaient pas. On ne lui a plus donné par la suite que du yaourt et du fromage blanc, ce qui ressemblait plus à ce qu'il mangeait en Inde. *It has got a taste of its own :* pourquoi qualifier d'immonde ou de délicieux ? Ce qui est délicieux pour les Bhoutanais – les frelons frits – est écœurant pour nous. Faites manger un tout petit peu de viande à un brahmane et il vomit. C'est gravé en lui : s'il mange de la viande, il est souillé à jamais. Tous les musulmans mangent de la viande et les sages taoïstes aussi. Nous fonctionnons à travers ces conditionnements. Accueillez et vous verrez la différence.

LE MÊME HOMME : En parlant de nourriture, il me vient une question sur la sensation du goût. Swâmiji dit : goûtez et jouissez, et vous vous dites : appréciez. À propos des œuvres d'art, je me souviens qu'on disait : laissez-vous imbiber, laissez-vous pénétrer. Là encore, il y a un mouvement de l'extérieur vers l'intérieur, mais il y a aussi un mouvement intérieur qui apprécie. Pour apprécier, il faut éviter de juger.

ARNAUD : Tout à fait. Swâmiji traduisait le mot sanscrit *bhoga* par *enjoyment* et son disciple Daniel Roumanoff a traduit *enjoyment* par *jouissance*. Pour ma part, je considère que le mot *jouissance* est trop associé à des idées de plaisir profane et futile ou à la sexualité. Le Français qui lit un livre sur l'enseignement de Swâmiji peut mal comprendre et voir un aspect morbide dans l'expression : ayez la jouissance de votre souffrance. J'ai préféré traduire le mot *enjoyment* par *appréciation*. Quand j'étais encore jeune, on m'avait invité à une dégustation de vin dans le Bordelais. J'ai été surpris : le dégustateur ne boit qu'une gorgée, il la garde longtemps en bouche avant de l'avaler, il ressent combien de temps le goût demeure – et il goûte un autre vin. On ne boit pas une bouteille de vin coûteuse comme un enfant assoiffé boirait un verre d'eau d'un trait. Appréciez, faites l'expérience complète. Appréciez la tristesse, goûtez-la, ressentez-la, ayez-en l'expérience consciente sans refus, sans la dualité « moi » et « ma tristesse ». Autrement, vous ne saurez jamais ce qu'est la tristesse parce que vous n'aurez vécu que des tristesses refusées. C'est exactement comme si toute ma vie, chaque fois qu'il y avait une fleur ou un parfum à sentir, je m'étais pincé le nez.

TIRER LE MEILLEUR PARTI DU PIRE

UNE FEMME : Vous avez parlé tout à l'heure de l'importance du consensus pour l'enfant. Ma fille est élevée dans deux foyers, ce qui est une source d'incohérence. Son père et moi nous discutons et nous parlons, mais il arrive que ma fille me dise que certaines choses sont différentes chez son père. Ce sont des détails de la vie quotidienne, mais la vie d'un enfant est faite de ces détails. Dans quelle mesure son père et moi devons-nous tenter de toujours rechercher le consensus ?

ARNAUD : Il y a deux choses. Autant que possible, que les parents aient l'air d'accord. Mais si un père a manifestement fait une erreur et que la mère justifie l'erreur du père aux yeux de l'enfant pour montrer que les parents sont d'accord, ce n'est pas intelligent. Ma propre mère a fait l'erreur de toujours justifier mon père. Si elle m'avait dit une seule fois que j'avais raison et que mon père avait tort, mon destin eût été changé – mais je n'aurais peut-être pas eu autant besoin de chercher à comprendre et d'apprendre à être ! Une fois encore, acceptez l'inévitable. Dans un contexte de séparation – je ne parle pas spécifiquement pour vous – si, par exemple, la mère continue à venir à Mangalam ou à Hauteville et que le père n'est que critique pour la « secte », c'est terrible pour l'enfant : il ne sait pas qui a raison. Il n'a pas de point d'appui et le monde est complètement insécurisant. C'est comme si un matin le soleil se levait à l'est et le lendemain à l'ouest. Voyez réalistement non pas ce qui devrait être mais ce qui est : papa et maman ne vivent plus quotidiennement ensemble, il y a la famille du côté de maman et la famille du côté de papa, ce qui va causer des divergences et perturber l'enfant. Si, lorsque je vous dis que ça va perturber l'enfant, votre cœur crie « Non, ne me dites pas ça ! », l'enfant sera à coup sûr très perturbé. Si vous reconnaissez la réalité, votre enfant sera beaucoup moins troublé parce que vous ne rajouterez pas du conflit au conflit et de la division à la division. C'est un secret au sens où si peu de personnes en sont convaincues : pas ce qui devrait être mais ce qui est – sans exception.

Swâmiji m'a dit un jour : *« How to make the best out of the worst ? »*, « Comment tirer le meilleur du pire ? ». Comment puis-je tirer le meilleur d'une situation qui n'apparaît pas immédiatement heureuse ? Si la mère dit à l'enfant de se coucher à neuf heures du soir et que le père l'autorise à se coucher à dix heures, qu'est-ce que l'enfant peut comprendre ? La mère permet à l'enfant de ne prendre qu'un gâteau alors que le père autorise l'enfant à en prendre deux ou trois. Dans de telles situations, c'est vite fait de penser que ça ne devrait pas être comme ça ! Mais ce jugement ne change rien aux faits. Si vous prenez appui sur la vérité, vous pouvez atténuer la perturbation beaucoup plus que vous ne le croyez, mais toujours en communion avec la réalité. Très souvent, la vérité n'est pas heureuse au premier abord – je dis bien au premier abord, car nous ne savons pas ce qui est fondamentalement heureux ou malheureux. Parmi tous ceux qui ont souffert dans leur enfance, certains deviennent suicidaires ou fuient la réalité dans l'alcool ou la drogue mais d'autres, cherchant à cesser d'être malheureux, s'engagent sur la voie du changement, deviennent positifs et découvrent le chemin de la sagesse. Au premier abord, cela peut ne pas vous paraître heureux mais vous ne connaissez pas toute la complexité du destin de cet enfant. Il y a une certaine incohérence ? Acceptez-la, ce qui en minimisera beaucoup les inconvénients. Si vous ne voulez pas prendre appui sur la vérité, vous allez aggraver la situation et perdre votre énergie en pensées inutiles.

Réunion du soir

GAGNER DE L'ARGENT : QUEL EST VOTRE DHARMA, VOTRE RÔLE

UNE FEMME : Lorsque je vous ai parlé d'une décision professionnelle que j'ai à prendre vous m'avez conseillé de faire le tour de la situation et, ensuite, de laisser aller. Je suis encore en train de faire le tour de la situation et je bute sur cette question : je m'aperçois que mon rapport avec l'argent est trouble. Je viens d'un milieu où il n'y avait pas tellement d'affection mais où l'argent tenait une grande place dans la famille. Mon père était parti de rien, il a monté un commerce et a toujours été très fier du fait qu'il a bien gagné sa vie. Quand je faisais des reproches à mes parents, on me répondait facilement : « Vous n'avez manqué de rien matériellement. » Mes parents ont toujours été très fiers de cet aspect. Mon rapport avec l'argent est donc trouble. Je pensais que je méprisais l'argent, mais je m'aperçois que c'est plus compliqué que ça. Et dans l'analyse de la décision que j'ai à prendre, je m'aperçois que j'avais esquivé cet aspect-là. Dans l'offre qui m'est faite, j'aurais une possibilité de faire de l'argent, parce qu'on me donnerait des actions de compagnie. J'ai pensé au début que ce n'était pas si important que ça, mais je m'aperçois que ce n'est pas vrai. Je ne suis pas du tout insensible à ça. Je réalise que je suis sensible à la possibilité de faire éventuellement de l'argent...

ARNAUD : Et alors ? Vous êtes sensible à la possibilité de faire éventuellement de l'argent.

LA MÊME FEMME : Oui.

ARNAUD : Et vous le présentez comme si cette sensibilité posait un problème.

LA MÊME FEMME : Je me méfie beaucoup de ce désir-là...

ARNAUD : Pourquoi ?

LA MÊME FEMME : Il me semble que je vous ai déjà entendu parler de l'argent en disant que...

ARNAUD : Que... ? Allez-y : qu'est-ce que je suis supposé avoir dit ? *(En riant.)* Je verrai si je reconnais...

LA MÊME FEMME : L'idée que j'en ai retenue, c'est que c'est un désir plus dangereux que les autres... (Rires de la salle...)

ARNAUD : Non, non. Je connais bien les passages de mes livres auxquels vous vous référez. Ce que j'ai dit, c'est qu'il y a quatre grands domaines dans l'existence où se manifestent notre liberté ou notre servitude : l'argent (la pauvreté, la richesse, la fortune des autres), le sexe sous toutes ses formes (la sexualité et l'attirance amoureuse ou la fascination), le pouvoir (il est évident que quelqu'un qui a un très gros poste dans l'administration, la politique, la finance a plus de pouvoir que celui qui n'a aucune relation, aucune autorité, aucune responsabilité importante) et le quatrième domaine : la vanité, l'amour-propre, l'admiration (« on me remarque, on ne me remarque pas, on me regarde, on ne me regarde même pas »). C'est dans un de ces domaines que peut se trouver notre plus grande faiblesse. Vous connaissez cette formule : « aucune chaîne n'est plus solide que le plus faible de ses maillons ». Aucun homme n'est plus fort que sa plus grande faiblesse. C'est dur à entendre mais c'est vrai : vous pouvez avoir une belle réussite professionnelle, tout en conservant vos déficiences émotionnelles. Donc, vous dites : « J'ai une relation trouble avec l'argent. » Mais ce serait un grand accomplissement que d'avoir une relation complètement détendue, unifiée, libre avec l'argent ! Aujourd'hui vous pouvez regarder où est votre malaise, en faire l'expérience consciente, le ressentir, le reconnaître.

L'idée que c'est mal de gagner de l'argent est assez répandue. Le Christ a témoigné pour la pauvreté. Et on a l'impression qu'on ne peut s'enrichir qu'aux dépens des autres.

Vous pouvez tenir de beaux discours sur le fait que l'argent n'est pas important, que l'essentiel ce sont les vraies valeurs spirituelles mais, en fait, ne pas du tout être libre dans ce domaine. Il n'y a qu'à voir comment certains apôtres de la pauvreté sont en fait fascinés par la richesse. Regardez sans trouble votre relation trouble avec l'argent. C'est très répandu ! Que vous sentiez « ça m'intéresse de gagner de l'argent », pourquoi pas ? Gagnez de l'argent ! Ne le faites pas par des moyens d'existence qui sont manifestement cause de souffrance pour d'autres, ne gagnez pas de l'argent en investissant dans les mines antipersonnel qui déchiquettent les êtres humains. Soyez stricte en ce qui concerne les moyens d'existence justes, mais gagnez de l'argent : ce n'est pas du tout immoral ! Vous verrez bien ensuite comment vous utiliserez cet argent. La question éthique ne se situe pas au niveau de « gagner de l'argent ». Depuis toujours, dans les sociétés traditionnelles, on a vu que des personnes ayant de gros moyens financent la construction d'un temple, la vie d'un ashram (je l'ai beaucoup observé en Inde) ou des œuvres sociales. Gagnez de l'argent ! Ce qui est intéressant, c'est de voir si vous allez ensuite utiliser cet argent d'une manière totalement égoïste ou faire preuve de générosité d'une manière ou d'une autre. L'aisance financière donne de grandes possibilités de servir la cause même de la sagesse et de la compassion.

Chacun a un *dharma* différent. L'un est appelé à témoigner dans la pauvreté tel un moine ou un ermite. L'autre est appelé – c'est son *dharma* – à gagner de l'argent, parce qu'il en a les capacités, parce que c'est dans son destin, dans son *karma*. Gagner de l'argent, ce n'est pas immoral, ce n'est pas matérialiste, ce n'est pas indigne d'un disciple : chacun a un destin différent. Celui ou celle qui n'est pas appelé à gagner de l'argent peut avoir une immense richesse intérieure – Swâmi Prajnânpad était en fait démuni financièrement et vivait pauvrement dans son petit *ashram*, sans électricité, sans rien. L'engagement sur la voie se manifeste dans la manière dont vous utilisez votre argent. Soit j'utilise cet argent égoïstement, uniquement pour moi – ou éventuellement pour ma famille – soit je fais de cet argent un instrument de service. Êtes-vous attachée à votre argent ? Vous avez plus ou moins de liberté. Mais ne partez pas du point de vue que vous ne devriez pas avoir envie de gagner de l'argent ou que ça ne devrait pas vous intéresser de voir qu'une profession qui vous est offerte va vous permettre de gagner de l'argent. Simplement ne trichez pas en ce qui concerne la liberté intime ou l'attachement.

Dans mon enfance, on m'a cité le cas d'un cousin de ma mère qui était banquier (à l'époque certaines banques appartenaient encore à des particuliers). Alors qu'il était mourant, ses dernières paroles ont été : « Où en sont les Pacific Railways ? » ou quelque chose comme ça. Il n'y avait que ça pour lui. Ce n'est certes pas un exemple de liberté. Mais en ce qui vous concerne, si vous avez l'opportunité de gagner un peu plus d'argent, faites-le ! Où est le problème ? Dites-moi ! Il y a peut-être quelque chose qui m'échappe.

LA MÊME FEMME : C'est ma non-liberté. J'admire plus Swâmi Prajnânpad qu'un homme d'affaires prospère…

ARNAUD : Alors, faites-vous ermite ! Faites-vous nonne, moniale, vous n'aurez pas d'argent, et toute votre vie sera consacrée à la prière et à la vie contemplative. Soyons cohérents ! Être libre, c'est surtout suivre son propre destin, son propre *dharma*. C'est le *dharma* d'un prunier de produire des prunes, c'est le *dharma* des oiseaux de voler, c'est le *dharma* des poissons de nager dans la mer. Il n'y a pas de comparaison à faire, tout est juste à sa place. S'il n'y avait que des moines et des ermites, la vie spirituelle s'arrêterait parce que la société serait trop déséquilibrée. Autrement vous allez vous faire une idée fausse de ce que vous entrevoyez comme un exemple d'accomplissement spirituel.

Le problème n'est pas de gagner de l'argent : le problème est de gagner de l'argent mais de n'avoir aucune pratique spirituelle. Là où il y aurait une perte par rapport à Swâmiji, c'est si vous ne pensiez qu'à gagner de l'argent, à l'amasser, à « faire carrière ». Mais vous pouvez avoir une vie spirituelle, une pratique, tout en vous enrichissant. J'ai connu en Inde des hommes riches qui méditaient tous les jours et qui étaient d'une très grande générosité pour des œuvres sociales. Certains étaient même d'une générosité étonnante, consacrant pratiquement la moitié de leurs revenus à faire construire un temple ici, à soutenir un ashram là… ce n'était pas simplement le dixième de ce qu'ils gagnaient, comme la dîme autrefois.

Dans la *Bhagavad-gita*, un verset célèbre dit : mieux vaut son propre *dharma*, même s'il est moins brillant, que celui d'un autre. « Oh ! C'est plus prestigieux d'être un grand sage établi dans la béatitude, vivant pauvrement dans son petit ashram... » : en pensant ainsi vous rêvez du *dharma* d'un autre. Quel est votre *dharma* à vous ? Votre rôle à jouer ? C'est peut-être de gagner de l'argent. Autrement, vous allez rêver de quelque chose mais vous n'allez pas vraiment le vivre et, finalement vous n'aurez été ni une femme qui réussit professionnellement, ni Swâmiji dans son ashram. L'incompatibilité entre le matériel et le spirituel est plus subtile : « Jusqu'où va mon obsession ? Jusqu'où va mon esclavage à l'argent ? Est-ce que je suis prêt à n'importe quoi pour gagner un peu plus d'argent ou est-ce que je suis fidèle à une éthique personnelle ? » Cela dit, presque tout le monde a une relation trouble avec l'argent et celle-ci évolue peu à peu. Très rares sont ceux qui sont complètement détendus, complètement à l'aise avec l'argent. Où se trouve notre plus grande faiblesse entre ces quatre domaines : l'argent, le sexe, le pouvoir et la vanité (ou la célébrité) ? Notre plus grande faiblesse correspond à notre plus grande frustration. C'est pour cela qu'on ne peut même pas porter un jugement moral. Certains se sont sentis tellement impuissants que le pouvoir ou la puissance devient une obsession.

Il y a un important symbolisme autour de l'argent et c'est un sujet sur lequel beaucoup d'ouvrages de psychanalyse disent des choses probantes et convaincantes. L'argent représente la sécurité. Swâmiji un jour m'avait dit : « *Bank is mother* », « la banque, c'est la mère ». Dès qu'un enfant a besoin de quelque chose, c'est à sa maman qu'il le demande. Plus tard, si j'ai besoin de quelque chose, il faut que je puisse le payer et je dois alors demander à ma banque. Et si mon compte en banque n'est pas assez garni pour que je puisse payer ce qui me semble nécessaire – je dois faire une dépense mais je n'ai pas d'argent pour ça – la banque devient la mauvaise mère. La relation trouble avec l'argent peut provenir de l'empreinte d'un traumatisme dans la relation ancienne avec la maman. Maman pourvoit, comme la Providence, et la banque pourvoit : j'ai besoin d'argent, mon compte me le donne. Si nous n'avons pas eu une relation sécurisante avec notre mère, il se peut que nous soyons plus fragiles, pas seulement par rapport au problème de gagner de l'argent, mais par rapport à la peur d'en manquer.

En vérité, au départ sur la voie, il est probable que vous ne fonctionnez pas bien dans les quatre domaines en question et vous vous engagez sur la voie pour le grand but ultime, transcendant, mais aussi pour fonctionner de mieux en mieux dans ces quatre domaines, pour être de plus en plus détendue, de plus en plus libre. J'ai de l'argent : c'est parfait. Je n'en ai pas : c'est parfait, je suis à l'aise. Aujourd'hui, vous essayez de mieux comprendre en quoi votre relation avec l'argent n'est pas complètement libre, pas complètement détendue, pas complètement aisée, et d'aller vers plus de liberté. Comment ressentez-vous ma réponse ?

LA MÊME FEMME : Elle est aidante. Je constate que je vais avoir à approfondir personnellement ce rapport avec l'argent : à moi de comprendre...

ARNAUD : Oui, et pour comprendre quelque chose, il faut l'observer, l'étudier sur le vif : qu'est-ce que je ressens, là, en ce moment ? La vérité, c'est que l'argent vous intéresse. Alors, soyez cohérente : essayez d'en gagner ! Cela vous fera beaucoup plus progresser spirituellement que de vous raconter que vous admirez plus Swâmiji qu'un président de société. Ce qui est triste chez certains présidents de sociétés, ou ce qui fait que nous les admirons moins que Swâmiji, ce n'est pas parce que Swâmiji était pauvre et qu'eux sont riches : c'est parce que Swâmiji avait une intense consécration à la vie spirituelle et qu'eux ne l'ont pas, cela ne fait pas partie de leur existence. Mais un homme riche peut avoir une vie spirituelle. Il pourra même peut-être un jour, comme ça se fait dans certaines sociétés, tout quitter – sa maison et ses domestiques – et aller vivre pauvrement dans un ashram : à chacun son *dharma*, son rôle à jouer dans le monde et à chaque âge ce qu'on a à accomplir en fidélité à soi-même aujourd'hui. Ne faites pas semblant, ne trichez pas, ne vous tenez pas à vous-même de beaux discours autour de la parole du Christ : « C'est plus difficile à un riche d'entrer au Royaume des Cieux qu'à un chameau de passer par le trou d'une aiguille. » On se rend compte assez vite que le plus souvent tout ce beau discours sonne faux et trahit le refoulement, le déni de l'intérêt pour l'argent.

LA MÊME FEMME : Que signifie cette parole du Christ, qui dit que c'est plus difficile pour un riche d'entrer dans le Royaume des Cieux que pour un chameau de passer par le trou d'une aiguille ?

ARNAUD : Une tradition prétend qu'il y avait dans les murailles de Jérusalem une porte, qu'on appelait « le trou de l'aiguille », où les chameaux ne pouvaient que très difficilement passer : il fallait réussir à les faire passer à genoux. Une autre explication insiste sur l'excès même de cette image impossible. Maintenant, de quelle richesse s'agit-il ? Il s'agit, pour reprendre une idée que nous avons déjà commencé à regarder ensemble, du monde de l'avoir par rapport au monde de l'être. Dans les textes spirituels, la richesse n'est pas uniquement la richesse financière : c'est tout ce que nous avons. « J'ai mes richesses intérieures, intellectuelles, tout ce que je connais, tout ce que je sais. » C'est le monde de l'avoir sous toutes ses formes. Quelqu'un qui n'a pas beaucoup d'argent peut donc être prisonnier de ses richesses, mais ce sont des richesses d'un autre ordre. L'avoir, c'est tout ce qui peut être perdu, détruit. On peut perdre sa fortune, être ruiné. On peut aussi perdre ses capacités intellectuelles brillantes – depuis les défaillances de mémoires jusqu'à la maladie d'Alzheimer. À part l'essence ultime de l'être, tout peut être perdu, donc relève de l'avoir, de tout ce que désigne le mot « richesse ». Comme nous dit la traduction de la première des Béatitudes : « Heureux, heureux les pauvres en esprit, heureux ceux qui ont l'esprit de pauvreté. » « Heureux ceux qui ne sont pas attachés à l'avoir, qui peuvent perdre sans que ça les affecte. » Ils sont libres. Celui qui a de l'argent mais qui serait tué s'il le perdait n'est pas libre. Est-ce plus clair maintenant ?

LA MÊME FEMME : Oui, oui.

UNE FEMME : Arnaud, je voulais vous parler du vécu concernant le fait d'être immigrée ici, et du fait que ça a accentué le sentiment de vivre dans deux mondes : ce qui est, et la référence par rapport au passé. Je suis donc sans arrêt dans un système de comparaisons. Je me suis rendu compte, par exemple, que j'aimais certains paysages du Québec parce qu'ils me rappelaient quelque chose que je connaissais, et que j'avais du mal à les apprécier s'ils n'avaient aucune résonance dans mon passé, dans ma mémoire. Mais au-delà des paysages, je me rends compte que dans tout, que ce soit lorsque j'ai affaire au système de santé ici, ou dans d'autres circonstances, c'est toujours : « Ici, ça se passe comme ça », ce qui sous-entend qu'ailleurs, ça se passe autrement. Quelquefois, le système me convient mieux ici qu'en France, et pour d'autres raisons c'est l'inverse. Mais je me rends compte qu'en fait pour tout – quand je fais les courses, quand je visite un endroit, quand j'ai affaire à l'administration – il y a toujours ce point de comparaison. Et maintenant, quand je suis en France, je compare par rapport au Québec...

ARNAUD *(En riant.)* : Moi aussi...

LA MÊME FEMME : Je pressens que c'est un dysfonctionnement. J'ai du mal à imaginer, à concevoir deux choses : d'une part, il y a le but ultime dans ce domaine, c'est-à-dire de vivre sans référence au passé, et d'autre part, je n'arrive pas à comprendre que, si on a une mémoire de quoi que ce soit, on ne puisse pas l'utiliser pour qualifier ce qu'on vit...

ARNAUD : Ne soyez pas impatiente. Certains rapprochements vous viendront en effet à l'esprit. La différence est peut-être moins grande entre la France et le Québec qu'entre la France et un tout petit village de la brousse africaine, mais il y a une différence. Il y a dès l'abord une différence de contexte naturel, de paysages, d'importance des mois d'hiver. Ne vous laissez pas duper par l'usage de la langue française : le Québec, ce n'est pas la France ! Il y a beaucoup de points communs, de possibilités de partager une culture – un Québécois peut aimer un livre français que les Français aimeront aussi. Mais vous savez qu'en France même, entre un bon Méridional et quelqu'un du Nord, il y a une réelle différence de tempérament. L'important, c'est d'arriver à vivre pleinement, sans conflit, l'instant, là où vous êtes, donc d'être toujours à l'aise. C'était un des termes familiers de Swâmiji, un terme si simple : « *At easeness.* » Je suis là, détendue, en paix, là où je suis.

La vérité, c'est que pour l'instant, une part importante de votre existence – très importante même – est au Québec. Que ce soit le Québec ou la France, tout endroit est un endroit pour être : *every place is a place to be.* « Du moment que j'y suis, j'y suis à l'aise. » C'est tout. À l'aise, détendue... Évidemment, ce « à l'aise » implique de ne pas surimposer : « Ce serait mieux si c'était comme en France. » Et en France : « Ce serait mieux si c'était comme au Québec. »

Il est normal et naturel que vous perceviez des différences – nous avons tous été conditionnés par le monde dans lequel nous avons vécu. Un hindou est conditionné autrement. Quand il vient en France pour la première fois, beaucoup de choses l'horrifient, qui ne nous choquent pas. Il faut tenir compte des différences et les accepter complètement. Vous apprenez peu à peu à être de plus en plus libres de vos conditionnements. Mais tous, nous sommes marqués par notre propre passé. Même ceux qui pensent qu'ils ne sont pas du tout racistes sont marqués par une culture, par une mentalité.

Je peux dire que j'ai vraiment aimé l'Inde. Le livre *Ashrams*, le premier que j'aie écrit, est un hymne d'amour à l'Inde. Mais, à certains moments, je ne supportais plus l'Inde, parce que c'était trop différent. Ne soyez pas surprise. Vous n'êtes pas née au Québec, vous n'avez pas grandi au Québec depuis votre enfance, vous n'avez pas fait vos études au Québec, vous n'avez pas connu ces longs hivers depuis que vous êtes née : ça n'est pas la peine de faire semblant ! Mais que, peu à peu, vous puissiez être de plus en plus en harmonie avec le Québec, perdre certains conditionnements français, ou en être libre, c'est possible.

LA MÊME FEMME : Ce que je ne vois pas, c'est la marge de manœuvre du fait que, constamment, une référence autre monte en moi. Est-ce que je ne peux pas faire autre chose que ça ?

ARNAUD : Non, vous ne pouvez pas faire autre chose que reconnaître : « Tiens, cette comparaison me vient à l'esprit, c'est très intéressant » et revenir à ce qui est. En France, c'est comme ça, mais je ne suis pas en France. En Inde, dans ce qui est en apparence équivalent avec la France, par exemple une banque, où j'allais pour encaisser un virement international, il y avait d'immenses piles de dossiers posés par terre et je me demande comment les employés avaient accès à ceux qui étaient en dessous sans que toute la pile s'effondre ! Il semblait régner un désordre sympathique et tout le monde buvait du thé. À l'époque, il fallait une heure pour une démarche qui aurait pris six minutes en France : « *Wait a minute, sir.* » Pour vous faire patienter, on vous apportait amicalement du thé. Pour ce qu'en France un employé vous eût donné, en Inde il fallait cinq signatures sur le même bordereau : le chef de service, le sous-chef de service, le directeur adjoint, etc. Certes, l'Inde ne cesse d'évoluer et de se moderniser mais je suppose que dans les villages les banques ressemblent encore à celles que j'ai connues. L'Inde est une totalité. Si j'aime le pays, je le prends tel qu'il est et dans sa totalité. En Italie, des Calabrais ou des Napolitains et des gens de Turin ou de Milan, ce n'est pas le même monde. Rien ne prouve que c'est mieux chez moi. Sur certains points, oui, sur d'autres, non. C'est simplement différent. Mais attention ! Il y a ce qui est différent et à quoi vous n'êtes pas du tout habituée. Et vous êtes déroutée et vous aimeriez mieux que la réalité corresponde à vos habitudes. Par exemple, moi-même je suis très habitué à la signalisation sur les routes de France où, à chaque carrefour, les panneaux annoncent telle ville, à telle distance en kilomètres… et je suis perdu entre la 325 nord et la 119 est, étonné que les destinations de la route ne soient pas spécifiées et rappelées à chaque occasion. Mais ce qui est extraordinaire, c'est que les Canadiens, partant d'un endroit en voiture, réussissent à arriver à un autre !… *(Rires de la salle.)*

Ce que vous vivez est très compréhensible. Ne soyez pas dupe du fait que nous sommes tous de race occidentale ni du fait que, physiquement, les Québécois et les Français se ressemblent : nous avons les mêmes ancêtres. Quand un Québécois se promène dans les rues de Paris, on ne dit pas de lui : « Oh ! C'est un Suédois ! »... « Oh ! C'est un Espagnol ! » Nous sommes marqués – ça ne peut pas être autrement – par notre petite enfance et nous nous transplantons dans un monde qui est différent. Vous ne pouvez donc pas avoir les mêmes perceptions, le même ressenti que si vous aviez grandi au Québec. Ce que vous pouvez, c'est d'abord maintenir vraiment une attitude d'ouverture à un monde différent.

Ce à quoi vous êtes habituée, c'est ce qui pour vous est juste. On a tendance à réagir : « Ça ne devrait pas être comme ça. » Les modes de vie orientaux ont leur justification et leur valeur. À bien des reprises, pendant mes années de voyages, j'ai radicalement remis en cause certaines des convictions que m'avait données mon éducation. Ces convictions étaient des conditionnements. Mais cette adaptation est parfois plus facile si vous êtes dans un contexte très déroutant et qu'en même temps vous avez un cœur vraiment ouvert et généreux. Certains Européens, par exemple, ont vraiment aimé l'Afrique et profondément apprécié sa culture. Mais là où les différences sont moins frappantes, on peut s'illusionner et se croire chez soi.

Vous allez peu à peu vous élargir, vous enrichir, ne plus être uniquement conditionnée par votre éducation et votre enfance françaises. Vous m'avez fait en privé une remarque qui m'a beaucoup intéressé. Vous m'avez dit : « J'ai remarqué que les Québécois ne marchent pas pour l'humour méchant, quand on rit au détriment des autres. Certains films qui ont du succès en France, qui font rire en méprisant quelqu'un, ne font pas rire les Québécois. » Je ne sais pas si les Québécois sont d'accord mais c'est à leur honneur. Vous m'avez même dit que *Le dîner de cons* qui a fait un triomphe en France – et que j'ai personnellement apprécié – n'a pas fait rire les Québécois, qui ont pitié de ce garçon naïf. Comme c'est intéressant de s'élargir, de devenir un ego vaste, le contraire d'un ego hypertrophié, qui peut comprendre, dans tous les sens du mot comprendre (en anglais *« to understand »* et *« to comprehend ») :* prendre en soi, inclure. Appréciez les petites différences, car beaucoup de réactions ne se produiraient pas de la même manière si le dépaysement était total.

LA MÊME FEMME : Ce que vous venez de dire, je le ressens particulièrement. J'ai voyagé au Maroc et je suis allée en Inde – ce sont encore des sociétés assez traditionnelles – et quelquefois j'ai l'impression que j'y aurais moins de mal, ce qui est sûrement très faux parce que j'y vais en voyage et non pas pour y vivre. Je trouve difficile le fait que le Québec soit, selon ce que je vois, une société encore plus éloignée que la France de ce qu'il y a de traditionnel – par exemple, le fait qu'il n'y ait pas de marchés en plein air où l'on voit des producteurs locaux vendre leurs produits, ou que ces marchés soient très difficiles à trouver – il faut aller à Montréal. Il y a toutes ces petites choses dans la vie qui font que c'est une société très moderne. Même en

France, je suis plus attachée au mode de vie traditionnel qu'au mode de vie moderne.

ARNAUD : Oui, je vous comprends très bien, d'autant mieux que je connais assez bien la France et les marchés de Provence sous les platanes.

Je suis d'accord avec vous. De ce que je connais du Canada et des États-Unis, en effet, on ne trouve pas les marchés hebdomadaires, avec tous leurs étals et leurs vendeurs – l'un vend ses olives, l'autre descend de la montagne pour vendre ses fromages, l'autre arrive de sa ferme pour vendre ses saucissons – c'est vrai et je vous comprends très bien ! Vous ne pouvez pas faire semblant d'être, depuis que vous êtes née, imprégnée de ce qui fait la culture, la mentalité et le mode de vie américains. Par moments, vous allez ressentir une nostalgie. Cela peut se produire dans différents domaines. Je sais que parfois, en Inde, j'aurais donné ma libération pour du pain grillé avec du beurre et une tranche de saucisson ! Manger du riz et des légumes au petit déjeuner, mais qu'est-ce que c'est que ça ? De grâce, des tartines ou des croissants ! J'étais submergé par des fantasmes atroces de choucroute et de bouillabaisse.

Oui, par moments, vous allez être envahie par une nostalgie, et c'est normal. Soyez un avec cette nostalgie, ne la nourrissez pas, ne l'entretenez pas. Soyez pleine de bienveillance pour vous-même, accueillez cet aspect de vous. Il vous arrivera de penser : « Qu'est-ce que je fais dans ce pays ? Je suis complètement “dépaysée”, rendez-moi ma France ! Rendez-moi mes marchés, rendez-moi mes petites ruelles de villages, rendez-moi les vieilles maisons d'autrefois, je ne supporte plus ces villages tous semblables et qui n'ont pas de passé… » Je vois que vous êtes touchée et, si je voulais, je vous ferais éclater en sanglots. Mais je prendrais le risque d'éclater en sanglots en même temps que vous !

Soyez vaste. Soyez vraiment disponible. Vous sentirez : « Ça ne correspond pas à mes habitudes, ça me déroute un peu », mais vous sentirez aussi : « Il y a des aspects du Québec avec lesquels je me sens beaucoup plus en affinité qu'avec des aspects de la France. » Et, comme vous dites : « En France, je vais commencer à regretter le Québec. » C'est la vérité : vous ne pouvez pas faire semblant ! Je me suis vraiment senti accueilli, accepté, en Asie. Mais je ne faisais pas semblant d'être un Afghan, un Indien ou un Tibétain. La rencontre dans la différence est un enrichissement : j'ai eu de grandes amitiés en Inde, de grands moments de communion avec des Afghans, avec des hindous, mais dans la différence – qui était encore beaucoup plus marquée qu'entre une Française et une Québécoise.

Il se trouve qu'aujourd'hui, dans le monde moderne, certaines personnes ont été mêlées dès leur enfance à des cultures très différentes. Certains Marocains connaissent mieux la culture française que les Français et parlent mieux français que bien des Français ! Ils sont complètement Marocains mais, quand ils sont en France, ils sont à cheval sur deux cultures. Mais vous, vous n'avez pas grandi à cheval sur deux cultures. Moi non plus. J'étais purement conditionné Français. Votre enfant va être scolarisé au Québec, et non en France… Vous allez voir grandir en lui certaines réactions, certains intérêts et vous n'allez pas reconnaître votre propre enfance dans la campagne française. Accueillez ces moments de dépaysement, d'exil, le fait d'être dans un autre monde. Cela peut faire lever une nostalgie et vous ne pouvez pas l'éviter. Ne trichez pas. Accueillez complètement cette nostalgie. Quand vous l'aurez bien accueillie, de nouveau, vous serez disponible, ouverte, pour être complètement à l'aise. Ne cherchez pas à jouer à la Québécoise et les Québécois « pure laine » vous considéreront comme quelqu'un qui les comprend, qui les aime, et qui est, d'un certain point de vue, une des leurs, malgré la différence.

LA SEXUALITÉ SUR LA VOIE

UN HOMME : J'aimerais entendre votre enseignement concernant le deuxième secteur problématique que vous avez mentionné après l'argent, la sexualité. Dans beaucoup de traditions spirituelles, la sexualité est l'objet d'interdits stricts, qui sont d'ailleurs la source des plus grands scandales. Comment situez-vous l'intégration de la sexualité dans le cheminement ?

ARNAUD : Il y a différentes voies. Dans certaines traditions, la transmutation de l'énergie sexuelle a une grande importance. Elle fait partie de la culture, par exemple en Inde. C'est vrai aussi pour les moines et les moniales. Mais cette même tradition hindoue, qui a beaucoup prôné la vie de moine ou d'ascète, a produit un énorme ouvrage écrit par un très grand sage : le *Kama Sutra* de Vatsyayana. Le *Kama Sutra*, que Swâmiji considérait comme remarquable, contient un chapitre sur l'érotisme proprement dit. La tradition hindoue a donc fait sa place à la sexualité. Parmi les innombrables sculptures que l'on peut voir sur la façade extérieure des temples qui représentent tous les aspects de l'existence, celles des célèbres temples de Khajuraho offrent des représentations fort réalistes qu'on aurait autrefois qualifiées de pornographiques. On ne montre qu'elles dans les livres de photos mais, si vous visitiez le temple, vous les trouveriez parmi beaucoup d'autres. Dans certaines traditions, la tradition juive par exemple, un rabbin doit être marié et le célibat n'est nullement admiré. Chez les musulmans et les soufis non plus, même si la société intègre quelques fous de Dieu – les *majdhûbs* – complètement marginaux, en état d'ébriété divine, et qui, en France, ne seraient pas en liberté, mais en clinique ! À chaque société ses valeurs.

Il est très rare et difficile de pouvoir complètement et définitivement transmuter l'énergie sexuelle. Sous l'influence de certains livres ou de certains témoignages, on arrive fréquemment à une espèce de malaise quand on est engagé sur la voie : « Ce serait plus efficace si je n'avais pas de vie sexuelle, mais j'en ai une. » Puis, comme vous l'avez signalé en parlant de scandales, il y a eu des moines bouddhistes, des lamas célibataires qui, transplantés dans le contexte occidental loin du contexte de leur monastère, se sont impliqués dans toutes sortes d'intrigues amoureuses. Dans les données de base du bouddhisme, il n'est pas proposé l'absence de vie sexuelle, exigence réservée aux moines, mais une intégrité, une dignité dans ce domaine, une vie sexuelle juste. C'est à nous d'apprécier : « Est-ce que je fais du tort à d'autres ? Est-ce que je suis cause de souffrance pour d'autres ? » Il est évident que nous pouvons être esclaves de la sexualité, que celle-ci peut comporter des aspects non reconnus, refoulés et conduire à des tragédies. Le plus véridique, c'est de constater : « Je ressens la pulsion sexuelle, éventuellement homosexuelle, comment est-ce que je vais la vivre avec maturité, générosité, dignité, et non pas en esclave ? »

Dignity est un mot cher aux hindous. Peu à peu nous voyons dans quelle mesure nous devenons très naturellement plus libre, mais sans sacrifice, ce qui ferait lever des réactions. Ayons donc une vie sexuelle normale, aussi simple que possible. Il est vrai que les Occidentaux, malgré les grands mots d'émancipation et de libération, l'ont considérablement perdue. Dans le Japon que j'ai connu – et je n'ai pas connu que les monastères zen – on en parle facilement. La sexualité, c'est comme la musique, l'art, le sport : un aspect de l'existence. Un missionnaire catholique au Japon a reconnu : « Nous sommes supposés leur apporter l'Évangile, mais pourvu que nous ne leur apportions pas tout simplement la névrose sexuelle occidentale ! » En Occident, nous manquons facilement de simplicité. À part la sexualité infantile, qui précède ce que les analystes appellent la période de latence, et avec la sexualité qui se réveille à la puberté, il nous apparaît que la sexualité est une activité d'adultes. Pourtant, s'il y a un domaine où ce serait heureux de redevenir « pareils à de petits enfants », simples et spontanés, c'est bien celui-là. La sexualité est compliquée – et souvent inextricablement – par le jeu du mental.

Sur la voie, nous allons donc tenir compte de la sexualité. Aujourd'hui, règne, sous le nom de *tantrisme* ou *tantra*, une grande mode, qui crée beaucoup de confusion et qui n'a rien à voir avec les véritables enseignements tantriques. Sur la couverture des magazines féminins français, on peut lire des titres chocs : « Comment intensifier vos orgasmes par le *tantra* »...

Finalement, c'est la sexualité la plus banale mais qui prend – plutôt que de se reconnaître telle qu'elle est – un visage ésotérique, mystique. Si je dis le *lingam*, au lieu de dire le pénis, si je dis le *yoni*, au lieu de dire la vulve, le sexe féminin, alors « Shiva contemple le *yoni* de Shakti ». Ne vous abaissez pas à ces caricatures. Je me souviens d'un grand congrès de yoga, il y a environ vingt-cinq ans, où il avait été abondamment question de sexe et de *tantra*. À la fin, Robert Faure, alors professeur de yoga, a annoncé qu'il allait faire une conférence. Tout y était : la table, le verre d'eau, le professeur sérieux comme un pape : « Je vais parler du tantrisme. On appelle tantrisme l'accouplement d'un professeur de yoga avec les plus jolies de ses élèves, si possible par un jour de pluie, un temps triste (tantriste). » Il continue : « Le professeur tentera (tantra) de donner un orgasme à sa compagne. Il tentera, mais ce n'est pas du tout sûr qu'il y arrivera... » *(En riant...)* C'était superbement remettre à leur place l'emphase et le jargon sanscrit érotico-mystique qui régnaient dans les colloques et les séminaires.

Je suis informé – de source sérieuse – de ce que peut être le tantrisme authentique en Inde. Il implique austérité, jeûne, méditation, maîtrise exceptionnelle pour une union sexuelle complètement ritualisée, et dont seuls sont capables des disciples avancés. Si cette vogue occidentale du *tantra* a permis plus d'épanouissement sexuel, tant mieux. Mais c'est un abus d'employer le mot *tantra* au sens qu'on lui donne communément aujourd'hui. Essayons de devenir simples, mais ce n'est pas facile dans ce domaine car il est par excellence celui où nous pouvons être menés par des mécanismes inconscients. Le sexe devient alors la compensation de frustrations qui n'ont rien à voir avec la sexualité : « Je me suis senti rejeté dans mon enfance et, en conséquence, plus j'accumule de conquêtes féminines, moins je me sens rejeté » : le donjuanisme devient une addiction. Ça peut être la même chose pour une femme, obsédée par son pouvoir de séduction.

Comment allons-nous apporter la lucidité, la clarté, la compréhension et, peu à peu, la spontanéité dans ce domaine ? Cela dépend des voies. Votre voie n'est pas la meilleure, c'est celle qui, je l'espère, vous convient. La grande question est : qu'est-ce qui me rend de moins en moins égocentrique et égoïste ? Qu'est-ce qui me permet d'être de plus en plus ouvert et en communion ?

On m'a souvent posé la question, à Hauteville ou ailleurs : « Les traditions spirituelles ont généralement condamné l'homosexualité, qu'en est-il ? » L'obstacle n'est pas là. Je prends position : un homosexuel généreux et digne – et j'en connais – est beaucoup plus avancé spirituellement qu'un hétérosexuel égoïste et mesquin. Je ne sais si la hiérarchie catholique pourrait être d'accord avec moi mais c'est mon expérience. Je ne dis pas non plus que l'homosexualité est la forme supérieure de la sexualité, celle de l'élite, mais je maintiens que le vrai critère qui va nous aider est : « Qu'est-ce qui me rend de plus en plus généreux ? » C'est le grand critère : pas seulement moi, mais l'autre, avoir un intérêt réel pour le bien de l'autre. Cette diminution de l'égoïsme, c'est le fondement de la voie, qui prépare et accompagne l'effacement de l'ego, de l'égocentrisme. Bien entendu, c'est le critère que nous pouvons appliquer dans tous les domaines.

Pour commencer, l'égoïsme est inévitable. Est-ce que vous êtes moins égocentré et moins égocentrique ? Si vous êtes honnête et sincère vous pouvez voir à quel point, dans ce domaine de la sexualité, vous êtes prisonnier de cet égocentrisme, ou si vous l'êtes moins. Il se peut que nous arrivions à de plus en plus de liberté – ou plutôt à de moins en moins d'asservissement à des réactions mécaniques – et, un jour, à une liberté parfaite. Mais cette liberté parfaite, elle peut être vécue par un soufi marié ayant encore des relations sexuelles et elle peut être vécue par un ermite. C'est un immense sujet, bien sûr, et je n'ai pu vous donner que quelques éléments à approfondir.

Cinquième jour

24 octobre

Réunion du matin

L'ABSENCE D'ÉMOTION EN MÉDITATION

UN HOMME : Pendant la méditation, je ressens peu d'émotions. J'ai des pensées relatives au fait que j'ai des douleurs aux jambes, mais les émotions, c'est très rare. Et quand il y a une émotion, ça me demande une attention très fine pour en ressentir le goût.

ARNAUD : Ce que vous dites permet de clarifier un point : dans la méditation ou ce que j'appelle souvent la pratique guidée, nous nous exerçons avec ce que nous avons à notre disposition. Ici ou à Hauteville, il vous arrivera d'être négatif, troublé, mal à l'aise en commençant la méditation. Mais vous êtes conscient que vous entrez dans le *dojo – le lieu de la voie –*, vous entrez aussi dans une posture particulière et vous accueillez ce mécontentement, cette émotion négative. Cela dit, à l'heure où la méditation est prévue dans le cadre de l'ashram, nous n'éprouvons pas forcément une émotion qui servirait de point d'appui à notre pratique. Nous ressentons simplement : « Je ne suis pas spécialement malheureux, je ne suis pas spécialement heureux... » Quand je dis : « Regardez tranquillement votre non-tranquillité », cela implique aussi que, certains jours, vous êtes relativement tranquille et vous ne voyez pas trop ce qu'il y a à accueillir.

Ce qui vous est proposé dans cette transmission, c'est une pratique dont vous serez convaincu et que vous mettrez en œuvre même en dehors de la posture, dans le courant de la journée. Je comprends très bien ce que vous exprimez : Arnaud dit : « Accueillez l'émotion... » « Oui, mais je n'ai pas d'émotion à accueillir. » Parfait : accueillez votre absence d'émotion, accueillez ce qui est là. Si c'est une vague tristesse – je ne suis pas tellement en forme aujourd'hui – ne pensez pas : « C'est dommage que je n'aie pas une vraie émotion parce que ce serait mieux pour la pratique... » C'est encore une manière de ne plus être dans l'instant ! L'absence d'émotion nous demande une attention très fine : « Qu'est-ce qui se passe ? » Mais on ne peut aller vers la profondeur – la profondeur du cœur – qu'en partant de la surface telle qu'elle est ici et maintenant. Il arrive que dans les voies où la méditation immobile tient une très grande place – ne serait-ce qu'en nombre d'heures par jour – nous commencions la méditation avec une petite tristesse, que cette tristesse augmente, et qu'elle devienne plus importante que nous ne l'aurions cru. La méditation du moine zen dans son monastère est vraiment un accueil grâce auquel ce qui est d'abord à peine perceptible grandit peu à peu. Mais la différence avec le *lying*, c'est qu'il n'y a pas d'expression extérieure – *no acting out*. Que des moines vivent des désespoirs ou des fureurs pendant le zazen, c'est bien connu. Le garant de la vigilance dans le zen, c'est la position des pouces : « ni montagne, ni vallée », comme le montrait Sensei Deshimaru. Vu du dehors, rien ne transparaît, bien qu'exceptionnellement un moine puisse pleurer pendant le zazen, ou même éclater, se lever, hurler. Mais c'est très rare.

Nous, nous suivons une voie différente. Si certains pratiquent six heures de zazen par jour et que vous méditez une demi-heure, cela ne veut pas dire qu'ils vont progresser douze fois plus vite que vous. Non ! Ce que nous pouvons appeler « méditation », au sens de synonyme de « vigilance », nous pouvons le pratiquer toute la journée. Attention à un détail : dans les traductions de textes bouddhistes par exemple, très souvent le mot qui est traduit par « méditation » ne signifie pas uniquement ce que nous appelons, nous, « méditation », c'est-à-dire le fait de s'asseoir et de ne plus bouger pendant une demi-heure. Il faudrait traduire par « la pratique » ou « la vigilance ». Ce qu'on appelle « un maître de méditation » n'enseigne pas uniquement à tourner l'attention vers le dedans, il enseigne la voie.

Le fait que vous ne ressentiez pas d'émotion particulière va vous demander une attention plus fine. Car il est possible de ressentir au niveau du cœur une qualité de sentiment qui peut être faite à la fois de sérénité, de paix, d'absence complète de peur, de perfection dans l'instant, de compassion : c'est la vérité profonde du cœur. Même si vous ne sentez pas grand-chose, soyez attentif à votre présence totale, avec tous les niveaux, tous les *koshas*, les revêtements du Soi, physique, physiologique, psychologique, logique. Il est précieux de tourner l'attention vers ce cœur où se révéleront la joie, la béatitude et la compassion. La démarche ne peut pas être uniquement intellectuelle. Certes, il y a une joie intellectuelle à lire un livre qui vous passionne, donc une émotion heureuse assez fine. Mais si Dieu était une révélation intellectuelle, tous les théologiens seraient de grands mystiques. Le corps peut et doit aussi participer. Une sentence soufie dit : « Vous entrerez au ciel entier, ou vous n'y entrerez pas. » Dans le christianisme orthodoxe, l'expression consacrée est « le lieu du cœur » : nous devinons bien que celui-ci n'est pas dans le *hara*, aussi important que soit ce centre de gravité. Ramana Maharshi disait que le cœur spirituel se découvre là où tout naturellement on se touche quand on veut désigner : « qui, moi ? » Ce lieu du cœur, les Upanishads le dénomment la « caverne du cœur », décrite comme un minuscule emplacement dans lequel se révèle l'*atman*.

Ce qui vous est proposé dans les pratiques guidées n'est pas seulement intéressant ou important juste maintenant. C'est aussi : « Je suis en train de découvrir, d'apprendre comment je vais me comporter quand se lèvera vraiment une émotion. » Quand il y a une émotion intense, la pensée s'affole : « Non ! Non ! Qu'est-ce que je vais devenir ? C'est trop terrible ! Je n'en peux plus ! C'est trop dur… » Il faut que nous soyons préparés pour avoir une certaine habileté, sinon nous serons débordés, emportés, submergés par l'émotion. On ne peut pas simplement se contenter de dire : « J'ai encore des émotions, donc je n'ai pas fait assez de *lyings*, de stages, de séminaires. » À ce compte-là, vous ferez des *lyings* toute votre vie ! « Oui, je suis secoué, c'est la vérité de l'instant, comment est-ce que je le vis ? » Accueillez toujours ce que vous ressentez, n'ayez pas peur. Si vous accueillez l'émotion, elle ne peut rien contre vous. Vous découvrirez la vérité de cette parole : « Pour l'ego, l'idéal serait moi sans ma souffrance, mais la voie c'est : la souffrance sans moi. » Je vous promets que cette étonnante parole a un sens. Est-ce que cela répond à votre question ?

LE MÊME HOMME : C'est que j'avais tendance à penser qu'en méditation je me coupais des émotions, étant donné qu'il n'y en avait pas ou qu'il y en avait très peu, qu'elles étaient très faibles...

ARNAUD : D'accord. Il se peut qu'en méditation, vous vous coupiez des émotions. C'est possible, mais ce n'est pas définitif, ce n'est pas effrayant... Il arrive aussi que quelqu'un qui veut faire des *lyings* parce qu'il a tellement d'émotions dans l'existence ne ressente rien quand il s'allonge sur le matelas[1] : rien ! Puis une heure ou deux après le *lying*, cette même personne éprouve à nouveau une angoisse ou un désespoir. Des mécanismes assez complexes sont à l'œuvre. Je m'allonge, je veux ressentir, je veux exprimer, et rien ne monte. Qu'est-ce qui se passe ? L'émotion n'a pas disparu, elle va se re-manifester une heure après, ou le lendemain. Pourtant, certains arrivent à faire des *lyings* précieux, il n'y a pas que des échecs. On

1. Les *lyings* se font dans la position couchée pour permettre au corps une détente complète qui favorise l'expression des émotions refoulées. Ce travail doit toujours être accompagné par un guide qualifié.

s'allonge, il ne se produit rien, on se détend dans ce rien, et un tout petit quelque chose monte de la profondeur : « Oh ! Je n'aime pas quand il pleut. » « Oui. Allez-y ! Dites, laissez-vous aller… » « Je n'aime pas quand il pleut… la pluie… Oh !… Je suis au collège, il pleut… » : il n'y a rien au début du *lying*, et cinq minutes plus tard, ce sont des sanglots.

En méditation aussi le mental se permet ce genre d'imposture. Vous n'êtes pas en contact avec tout le contenu latent de votre inconscient, des propensions, ou des dynamismes latents, en sanscrit *vasana*, que les stimulations de l'existence – *the exciting causes* – vont déclencher. Une simple petite critique me fait tellement mal ! La méditation nous demande de ne vraiment pas avoir peur : s'il y a des tristesses latentes, je suis prêt à les accueillir. Et quand il y a une émotion et que la pensée s'affole, souvenez-vous : pas ce qui devrait être mais ce qui est. Lancez-vous, tâtonnez, essayez, n'attendez pas de savoir superbement nager pour faire quelques brasses dans l'eau là où vous avez pied.

« Je ne sens rien au niveau du cœur. Je ne sens pas du tout la présence de Dieu en moi, je ne sens pas que je suis aimé par Dieu, je ne sens pas que Dieu me porte dans ses bras. » D'accord : c'est le premier pas. Si vous pensez : « Oh ! Je devrais sentir quelque chose », l'erreur est faite ! Par contre, il se peut aussi que, même s'il y a encore bien des possibilités d'émotions dans votre existence, des émotions latentes prêtes à se réveiller, en vous tournant vers le cœur, au lieu de sentir une tristesse, vous sentiez un germe de paix, qui va grandir. C'est l'aube de la grande paix, l'aube du sentiment fondamental de sérénité et de compassion : il n'y a aucun problème, quel qu'il soit, tout est parfait, je ne risque rien, même si je meurs. Il faut une certaine habileté pour ne pas s'emparer de ce sentiment, se l'approprier. « Ça y est, ça y est… il se passe quelque chose » et cette appropriation a déjà faussé la vérité. Là aussi, la vérité serait « la béatitude sans moi ». S'il vient un moment où l'ego fait un peu silence, il faudra vous souvenir de cette vérité, être déterminé, porter une attention très fine, ne pas vous en emparer, vous effacer, laisser ce sentiment grandir. Mais il ne faut jamais dire : « C'est une méditation ratée. » Une méditation ratée, c'est une méditation dans laquelle vous ne tenteriez rien. Je m'assieds et je pense mécaniquement à mille et une choses pendant une demi-heure. Mais une méditation où vous constatez sans division que vous êtes énervé, ce n'est pas une méditation ratée, c'est une méditation où vous avez tenté de ne pas entrer en conflit avec votre énervement, de l'accueillir. Tentez quelque chose, même malhabile. Tout plutôt que de ne rien tenter. Vous pouvez au moins essayer de mettre votre attention dans l'expiration. Bravo ! Vous aurez tenté quelque chose. Puis le lendemain, les circonstances vous permettront une pratique un peu plus subtile. Qu'est-ce qui manque à ma réponse ?

LE MÊME HOMME : Ça va.

La recherche de l'amour

UNE FEMME : Pour aller un peu dans le même sens, c'est qu'en méditation chez moi j'ai ressenti un jour quelque chose que je ne pourrais pas tellement décrire mais que j'ai qualifié d'amour d'Arnaud.

C'était quand même fort, à un point tel que j'ai réalisé que j'ai toujours cherché l'amour à l'extérieur...
ARNAUD : Bien sûr.

LA MÊME FEMME : J'ai vu très clairement ce matin-là que mon père m'a repoussée plusieurs fois dans ma vie. Il a eu une résistance, des gestes qui m'ont beaucoup fait souffrir et que je projette sur mon conjoint, sur Éric, sur Édith, et même sur ma compagne de chambre. Des petits détails font que j'ai l'impression qu'elle me repousse...
ARNAUD : Nous avons tous été repoussés dans notre enfance à un moment ou à un autre : « Ah ! Maintenant, ça suffit ! Tu me fatigues. Tu vas jouer dans ta chambre et tu me laisses tranquille ! » Papa ou maman me repousse... Certains n'ont pas été aimés, ou mal, ou peu, d'autres ont été aimés. Quand il est d'habitude aimé, l'enfant ressent le rejet comme terrible. Il n'arrive pas à intégrer les premiers rejets, il ne comprend plus rien : qu'est-ce qui se passe ? Ma mère, mon amie absolue, se change en ennemie au lieu de me prendre dans ses bras et de me cajoler. Il n'y a pas que les monstres, les bourreaux, et les tortionnaires qui font mal à leurs enfants. Vous vous êtes sentie rejetée, c'est vrai. Ensuite, nous cherchons, comme vous le dites, à l'extérieur : est-ce qu'on va m'aimer ou non ? Amical ou inamical ? Et à l'extérieur nous trouvons ou nous ne trouvons pas, nous trouvons et puis nous perdons. Alors ?

LA MÊME FEMME : Alors je réalise que je ne peux trouver cet amour à l'extérieur. Avec cette expé-

rience en méditation, je me demandais si c'est vraiment de l'intérieur que je pourrais sentir cet amour ?

ARNAUD : Oui. Mais Attention ! Ne formulez pas trop vite comme une vérité sans nuances ce qui a été votre expérience. Ce que vous dites implique la certitude que vous ne trouverez pas cet amour à l'extérieur, que vous ne le trouverez qu'en Dieu, donc que vous ne perdez plus votre temps à le chercher à l'extérieur. En fait, vous allez continuer à le chercher à l'extérieur : « J'ai l'impression qu'il m'a souri » ou « elle a été si gentille avec moi... ». Deuxièmement, vous ne savez pas encore ce que vous allez découvrir, comment vous allez évoluer. N'en faites pas non plus une espèce de désastre irrémédiable en affirmant qu'il n'y a aucun amour même relatif qui puisse venir de l'extérieur. Il n'y a pas que des êtres qui nous rejettent ! Je vous demande simplement de ne pas formuler une expérience d'une manière qui pourrait engager l'avenir. Demeurez disponible, présente. Mais essentiellement, ce que vous dites est vrai. Le vocabulaire religieux peut être très efficace pour le disciple en chemin : le seul amour parfait, c'est l'amour de Dieu. Certains philosophes affirment que cet amour est une illusion, une névrose collective, la projection au « ciel » du père et de la mère parfaits. Ce qu'on ressent quand on est vraiment aimé – même provisoirement aimé – est extrêmement précieux. Lors d'un amour réel qui ne soit pas uniquement une fascination, tel l'amour de Marius et Cosette dans *Les Misérables*, la peur disparaît pratiquement. La peur disparaît pour l'enfant qui se sent complètement aimé par maman ou éventuellement papa, et la peur disparaît dans l'amour adulte. Cet amour ne résistera peut-être pas aux vicissitudes de l'existence mais, momentanément, le ciel est descendu sur la terre et la peur disparaît, toutes les peurs. Ce sentiment d'être aimé est associé à un sentiment de non-peur. Êtes-vous d'accord avec ce que je dis ? Vous ne l'avez pas expérimenté ?

LA MÊME FEMME : Non.

ARNAUD : Je ne peux pas vous promettre que, même si vous changez en profondeur, l'existence va changer du tout au tout. Des événements heureux vont se produire qui ne se seraient pas produits si vous n'aviez pas changé mais je ne peux faire aucune promesse à ce niveau. Il se peut que, même engagée sur la voie, vous appreniez au bout de deux ans que vous avez un cancer. Mais il y a une promesse que je peux vous faire, c'est la promesse fondamentale : si vous cherchez, vous trouverez un sentiment nouveau, celui de vous sentir aimée. Si vous ne souhaitez pas prononcer le mot *Dieu*, vous pouvez sentir que la Vie ou l'Existence vous aime. On se sent aimé, même au moment où quelqu'un envers qui nous ressentons encore un certain attachement nous rejette. Souvent, nous mendions l'amour d'un homme ou d'une femme et nous continuons à mendier l'amour de l'autre au lieu de nous tourner vers l'intérieur. Mais vous pourrez faire cette découverte : il y a une minute j'étais si mal et, maintenant, je suis complètement heureuse. Dieu vous aime.

Toute la littérature sur l'incroyable amour de Dieu est l'interprétation d'expériences vécues. L'amour de Dieu passe à travers celui qui est vraiment capable de vous aimer, un sage, un swâmi, un maître spirituel. C'est parce qu'il est établi dans l'amour de Dieu qu'il déborde. Il y a plus encore que l'amour d'un être humain chaleureux, généreux et qui a dépassé ses propres émotions. Dieu vous aime, tout le temps. Quand nous sommes si mal, nous sommes pourtant à trente secondes d'être complètement heureux ! Il faut cesser de frapper à une porte qui ne s'ouvre pas pour frapper à une porte qui, elle, s'ouvre. « D'accord. Il me rejette, je me sens rejetée. » Pourquoi continuer à mendier et à souffrir ? « D'accord. Il me rejette : je frappe à l'autre porte qui, elle, ne me rejettera jamais. » Cette porte est dans votre cœur, à l'intérieur de vous, celle de la paix qui dépasse toute compréhension, de l'amour qui dépasse tout entendement. C'est arrivé même dans des conditions que vous ne vivrez probablement jamais, guerres civiles, régimes policiers : le monde nous devient terriblement hostile et nous baignons dans l'amour. Et, si on prend la peine de s'informer sans parti pris, les témoignages sont nombreux et convaincants.

Je comprends très bien ce que vous avez exprimé mais, après les petites réserves que j'ai faites dans ma réponse, laissez l'avenir libre. Vous verrez bien ce que vous espérez encore et que vous pourrez trouver à l'extérieur. Mais, fondamentalement, je suis bien entendu d'accord avec vous. Tous, nous cherchons, nous mendions l'amour sous toutes sortes de formes. Un artiste mendie l'amour de son public, un homme politique de ses partisans. Nous mendions l'amour et pas seulement l'amour de notre amant ou de notre compagnon. Cherchez-le dans cette profondeur. Cherchez, cherchez ! N'attendez pas que ce que je dis soit cent pour cent clair. À partir de vos tâtonnements, les questions peuvent devenir plus précises.

UN HOMME : C'est une question par rapport à la relation au maître. Les premières années où j'ai commencé à pratiquer c'était très clair qu'Arnaud était mon guide spirituel. Je le voyais partout, je l'entendais partout. Depuis quelques années, j'entends de plus en plus Daniel Morin[1]*, ce qui me rend un peu confus. Par contre, ce qui reste très clair, c'est l'enseignement qui, pour moi, est solide. Il n'y a aucun doute dans mon esprit que je suis sur la bonne voie mais, du côté du maître, je suis confus…*

ARNAUD : Je vous propose un petit tour de passe-passe ! Vous décidez : Mon gourou, c'est Swâmi Prajnânpad, qui tantôt m'apparaît sous l'aspect d'un de ses disciples qui est Arnaud, tantôt d'un autre de ses disciples, qui est Daniel. Ça y est ! Vous n'avez plus qu'un seul maître, c'est Swâmi Prajnânpad.

Un jour, Lee Lozowick[2] a fait une remarque superbe : nous étions tous les deux, Lee et Arnaud, côte à côte à Hauteville. Quelqu'un a commencé : « Quand je vous vois tous les deux côte à côte… » et Lee a répliqué : « … Parce que vous voyez deux ? » En surface Daniel et Arnaud sont (et ont été depuis l'enfance) totalement différents à tous égards. Et je peux vous dire – Daniel vous le dirait aussi – qu'il y a une complicité parfaite

1. Collaborateur d'Arnaud Desjardins à Hauteville.

2. Lee Lozowick est un maître américain qu'Arnaud Desjardins accueille chaque année à Hauteville pour une semaine de séminaire ; Lee Lozowick a également animé des sessions de questions/réponses à Mangalam.

entre nous deux. Par moments, je pense presque qu'il lit mes pensées !

N'en faites pas un problème. « Le style Daniel me touche plus que le style Arnaud » : d'accord ! C'est si vous fabriquez un problème, que ça va vraiment devenir un problème : « Oh ! là, là ! Je sens que mon vrai gourou ce n'est pas Arnaud, c'est Daniel... » Ouvrez-vous à la forme « Arnaud », à la forme « Daniel » et je pourrais même rajouter à la forme « Lee », parce que, avec les disciples d'Arnaud, Lee devient disciple de Swâmi Prajnânpad. Il réserve son style et sa méthode à ceux qui s'engagent auprès de lui ou font des séjours en Arizona. Mais que ce soit à Hauteville ou à Mangalam, Lee devient un des grands disciples de Swâmi Prajnânpad. D'habitude un maître a sa voie, son enseignement, ses convictions et, si vous l'invitez, il vous explique sa voie à lui, mais, tout en conservant sa spécificité, Lee répond en vous aidant sur votre voie à vous. À propos de Daniel, des personnes m'ont parfois écrit : « Arnaud, j'ai un grave problème, c'est de Daniel que je me souviens dans les moments difficiles, c'est une phrase de Daniel qui m'inspire dans ma mise en pratique. » Et Daniel, de son côté, vous dira : « Je dois tout à Arnaud. » Et moi-même, bien entendu, je retransmets cette gratitude à Swâmiji. Et Swâmiji a eu pour gourou Niralamba Swâmi. Le fait qu'Arnaud et Daniel soient si différents est en soi un témoignage. Quel amour il y a entre Daniel et moi ! Quelle complicité, quelle communion ! Alors que vous me disiez : « Daniel nous a fait une forte impression » ou : « Je me suis senti beaucoup plus en affinité avec Daniel qu'avec Arnaud, tout en respectant Arnaud », c'est parfait ! Par contre, il y a aussi des personnes qui ont mal supporté Daniel. J'ai reçu des lettres du genre : « Quel est ce fou que vous avez introduit à Hauteville, qui rit hystériquement sans qu'on sache pourquoi ? En plus, on ne comprend rien à ce qu'il dit. » Lee a donc dit : « ... Parce que vous voyez deux ? » Et si Daniel était assis à mes côtés je vous dirais, et Daniel vous dirait : « Parce que vous voyez deux ? »

« *No problem.* » C'est une parole de Daniel qui vous revient à l'esprit ? C'est une parole de Daniel. C'est le regard ou le sourire de Daniel qui vous inspire ? C'est le sourire ou le regard de Daniel. Ne laissez pas le mental commencer à fabriquer des problèmes et se livrer à la médiocrité des comparaisons. Et qu'en est-il d'André Rochette, que certains d'entre vous ont connu et apprécié ? Quand Arnaud était à l'hôpital, deux anciens sont revenus pour nous aider à Hauteville : André et Olivier Humbert, qui a écrit un des chapitres dans le livre sur les *lyings* auquel a collaboré Éric. Ils sont venus tout de suite et continuent de nous apporter leur collaboration à Hauteville de façon régulière. Pour l'instant, Hauteville – et j'inclus Mangalam, non par impérialisme mais pour témoigner que nous sommes une immense famille – grandit sans que la diffusion amène une dégradation. Voyez, mais ne laissez pas le mental s'emporter – quand on voit un tout petit feu, il faut l'éteindre tout de suite. Arnaud, Daniel, Éric, André, Édith, Lee sont des visages différents du même gourou. Nous sommes tous disciples et serviteurs de la même vérité.

UN HOMME : Nous avons un fils, mon épouse et moi, qui a vingt-quatre ans et qui vit encore à la maison. Il étudie à mi-temps. Nous avons constaté depuis un moment qu'il prend de la drogue, du « hasch ». Je ne me suis jamais inquiété outre mesure avec ça, j'ai toujours cru que ça allait passer. Mais au cours des derniers mois, nous nous sommes rendu compte que, à la suite de sa séparation d'avec son amie, il en a pris beaucoup plus. Nous sentons qu'il y a une dépendance. Il faut qu'il en prenne tous les jours.

Mon épouse m'a souvent reproché de ne pas voir le problème. Il y avait peut-être du déni de ma part, mais, en même temps, je ne voulais pas faire d'histoire avec ça. Je me dis que c'est comme quelqu'un qui se soûle. C'est devenu de plus en plus important parce que ça l'affecte dans son travail. Il travaille pour moi à mi-temps, et il arrive avec les yeux rouges, sa concentration est moins bonne. À cause de cela, mon épouse est devenue de plus en plus nerveuse. Un matin, il y a environ trois semaines, mon épouse était dans tous ses états parce que ça sentait le « pot » dans le sous-sol. « Il a encore fumé ! Si tu ne le mets pas à la porte de la maison d'ici vendredi, je m'en vais ! » Ce n'est pas la première fois que la situation se présente. Alors je ne sais pas quoi faire. Mon épouse a eu un père alcoolique et, ce que je vois, c'est qu'elle revit toute son histoire familiale dans cette situation. Nous avons décidé d'aller ensemble à une fin de semaine avec la Fondation Jean-Lapointe qui aide les enfants d'alcooliques. Je voulais simplement voir plus clairement quelle attitude prendre avec notre fils et avec mon épouse. Cette fin de semaine a été pour moi une révélation assez extraordinaire. Mon épouse a véritablement trouvé un appui formidable qui l'a beaucoup aidée. En même temps, j'ai vu la grande souffrance de tous les enfants qui ont eu un parent alcoolique.

ARNAUD : La réunion à laquelle vous avez assisté, c'est pour les familles ? Elle réunissait les familles, les parents de ceux qui ont une addiction ?

LE MÊME HOMME : Exact.

ARNAUD : C'est un peu comme les AlAnon aux Alcooliques Anonymes ?

LE MÊME HOMME : C'est ça : AlAnon.

ARNAUD : Là, je suis relativement informé.

LE MÊME HOMME : Même si mon épouse m'avait toujours dit que son passé était réglé, tout ça est réapparu avec une très grande force. J'ai vu que cela a beaucoup affecté toute la relation qu'elle a avec notre fils et avec moi. Depuis un certain temps, elle est extrêmement agressive avec moi : je sens qu'elle transfère sur moi toutes les frustrations qu'elle avait : « Tu aurais dû faire d'autres démarches, tu n'as pas agi, tu es responsable. » À d'autres moments, c'est : « Notre famille est un échec complet. » Je sens que tout est amplifié, surajouté à la situation. Il est vrai que notre fils a un problème, mais depuis ce séjour avec AlAnon, j'ai l'impression que le problème le plus important, ce n'est pas mon fils, c'est mon épouse. Je me dis qu'il y a telle-

ment de chaînes de causes et d'effets dans tout ça – ma propre réaction, la réaction de notre fils, la réaction de mon épouse, la réaction des deux autres enfants aussi – que finalement, tout ce que je peux faire, c'est acquiescer à ce qui est. Mais l'action à faire n'est pas évidente.

ARNAUD : Non, ce n'est pas évident. Une fois de plus, je redis : « Acquiescez. C'est. » Il n'y a pas de *mais*. D'abord la folie du oui : c'est. Quand ça devient trop difficile, que je suis complètement dépassé et que je ne peux rien – je me retrouve en plein océan, avec un petit bateau qui prend l'eau de partout – j'ose le grand lâcher-prise. Si je dois mourir, que je meure, c'est tout, je confie tout à Dieu. Il se passe alors quelque chose d'extraordinaire – je comprends qu'on ait dit : Dieu est venu à mon secours, Dieu a résolu le problème, mais n'en faisons pas un Dieu qui s'occupe de tout à la fois. Le lâcher-prise est une expérience. Si nous avons l'audace de lâcher prise, des solutions apparaissent qu'on n'avait jamais prévues, la situation se dénoue, ou un facteur nouveau intervient – le fils fait une rencontre qui, pour lui, est très importante et le motive à réorienter son existence. Oui à ce qui est, ici et maintenant.

Bien que je n'aie pas eu de problèmes d'alcool ni d'alcoolique dans mes proches, j'ai été près du mouvement des AA et des AlAnon, j'y conserve de très bons amis, alcooliques sobres, j'ai pris la peine de lire le programme des « Douze étapes » et « Vingt-quatre heures par jour » et j'ai une haute idée de la générosité des AA et des AlAnon.

Maintenant, encore un point : peut-être ne pouvez-vous rien pour votre fils. Je ne dis pas que vous ne pouvez rien, je dis : peut-être. Mais s'il y a une chance que vous puissiez quelque chose, c'est vraiment en le rejoignant là où il est. Une mère m'a dit un jour : « Mon fils fume du hasch, dois-je m'inquiéter ? » Je lui ai conseillé comme à vous de demeurer en communion avec lui. Elle lui a demandé : « Ça fait quoi, le hasch ? » Le fils a répondu : « Tu n'as qu'à essayer ! », et elle a fumé du hasch avec son fils. Ce fils aujourd'hui a bien évolué et est bien dans sa peau. Rejoignez votre enfant dans sa réalité actuelle. S'il y a coupure, il se sent jugé, il ne se sent plus compris, et vous ne pouvez plus rien. Même si un enfant tournait mal à l'adolescence, s'il devenait violent, hargneux, ne laissons pas se rompre le fil qui lui permet de se sentir aimé, et non jugé.

La plupart des parents se trompent. Ils considèrent que leur fils ou leur fille est dans l'erreur – ce qui peut être momentanément vrai, l'héroïne ne prépare pas une existence épanouie –, ils jugent, ils se fâchent et ils prennent des sanctions. Ça ne peut pas avoir d'efficacité. Je ne dis pas qu'être en communion avec l'enfant, l'adolescent ou le jeune de vingt-cinq ans qui nous pose problème va forcément faire un miracle, mais c'est bien souvent le cas. C'est mon expérience depuis trente ans que j'écoute les autres et que je suis associé à de nombreux destins divers. Ce n'est pas une complicité, c'est une communion. Si vous voulez que l'autre vous rejoigne peut-être dans votre monde de sagesse, de dignité, de générosité, commencez par le rejoindre, lui, là où il est.

J'ai fait moi-même à une époque mal à mon fils. C'est évident. Mais grâce à la conviction que je partage avec vous, deux ou trois fois, quand il avait environ vingt ans et qu'il se lançait dans des entreprises déraisonnables, il m'a senti complètement en communion avec lui (il en témoigne dans le numéro 111 de *Question de* d'Albin Michel consacré à Arnaud Desjardins). Je ne dis pas ça pour vanter mes mérites, mais pour vanter avec gratitude la lucidité de Swâmiji qui m'a aidé à réparer certaines de mes erreurs avec mes enfants. N'oubliez pas que si l'enfant ne se sent plus compris, il va se tourner vers les copains qui, eux, lui donneront l'impression de le comprendre. Il faut qu'il se sente avant tout compris, reconnu, accepté par nous. Je vous assure qu'il ne le sentira pas comme une complicité, une faiblesse, mais comme de l'amour. C'est notre seule possibilité. Si nous n'avons pas cette attitude, soyons sûrs que nos actions ne seront que des réactions et que c'est vraiment – comme le dit Gurdjieff – « la loi de l'accident » qui fera qu'il s'en sortira ou non. Je ne dis pas qu'en soi c'est heureux de prendre du hasch – encore que le hasch, ce ne soit pas l'héroïne. D'accord, mais c'est sa vérité d'aujourd'hui, un aspect particulier de sa vérité totale : sa souffrance, ses doutes, ses peurs, ses conflits intérieurs, ses rêves. Ce n'est donc pas une question de jugement éthique qui importe, même si je suis bien d'accord qu'il est préférable qu'un fils ou une fille ne deviennent pas alcoolique. Mais c'est préférable aussi qu'il ne devienne pas vaniteux, orgueilleux, vindicatif. Rejoignez-le. Quand ils sont adolescents, c'est capital. Swâmiji appelait cette attitude *the three L : liberty love and light*[1]. *Liberty*, c'est dire à l'adolescent : « Tu prendras ta

1. Les trois L : liberté, amour (love) et lumière.

décision et je te promets que je serai à tes côtés. Je tenterai que ta décision soit une réussite et tu pourras toujours compter sur moi. » *Love*, il le sent si cet amour est pur, et *light*, la lumière, c'est « Je vais te dire certaines choses à partir de mon expérience qui pourront peut-être t'éclairer. » Il vous écoutera s'il sait que vous serez à ses côtés et *si vous l'avez d'abord écouté, lui.* « Réfléchis à ceci, réfléchis à cela, est-ce que tu as tenu compte de… ? Je te donne tous les éléments qui m'apparaissent avec leurs conséquences certaines ou possibles. » Je ne dis pas qu'il vous faut répéter mes propres mots mais c'est l'idée : *light*, la lumière, l'éclairage. « Maintenant, prends ta décision. » S'il voit qu'il s'est trompé et qu'il se sent vraiment compris, il sera en mesure de revenir vers vous et il dira : « Tu as raison. »

Notre fils ou notre fille doit sentir que nous serons à ses côtés, que nous ferons tout pour que sa décision n'ait pas trop d'effets fâcheux et plus d'effets bénéfiques.

Si vous êtes convaincu – si vous ne pensez pas que ce que dit Arnaud, ou ce que disait Swâmiji, est aberrant – c'est relativement possible de s'en souvenir au bon moment. Quand il s'agit d'un cas ponctuel, exceptionnel, la force des habitudes joue moins. Il faut encore plus de détermination quand la situation s'étend dans la durée. On m'a un jour demandé ce que je ferais si ma fille était prostituée – ce qui est invraisemblable quand on connaît notre propre fille à Denise[1] et à moi !

1. Première épouse d'Arnaud Desjardins avec laquelle il a eu deux enfants.

Il y avait une certaine provocation dans la question. J'ai répondu que je lui dirais : « Montre-moi le trottoir où tu fais les cent pas pour attendre tes clients. Montre-moi la chambre où tu montes avec eux et, chaque semaine, je ferai envoyer un beau bouquet de fleurs pour la chambre en question. » C'était tout à fait irréaliste comme situation mais j'ai quand même donné cette réponse avec conviction. Ça ne veut surtout pas dire : « Arnaud a souhaité pour sa fille qu'elle se fasse prostituée » – j'entends parfois de telles aberrations sur ce que je suis supposé avoir dit que je suis maintenant enclin à mettre les points sur les i, même avec des gens très intelligents comme vous !

Nous avons une chance, mais si nous n'avons à offrir que le jugement et le reproche, nous n'avons aucune chance – les choses se feront, ne se feront pas, mais par d'autres interventions que la nôtre. Et si tout devient au-dessus de vos forces – je suis dans un bateau brisé par la tempête au milieu de l'océan – lâchez prise complètement, à Dieu de jouer. Très souvent, d'autres dynamismes interviennent alors, révélant l'étonnante efficacité de ce lâcher-prise. Ma propre expérience m'a aidé à comprendre certaines paroles du taoïsme comme : « Par le non-agir, il n'est rien qui ne puisse être accompli. » C'est le grand lâcher-prise : j'accepte tout, le désastre, la catastrophe. Je ne peux plus rien, je remets tout à Dieu. N'ayez pas peur d'utiliser le langage religieux, ne vous sentez pas hérétiques par rapport à la non-dualité stricte et ne vous laissez plus impressionner par le terrorisme intellectuel du « non-dualisme » – la grande expression à la mode.

J'abandonne tout entre les mains de Dieu. Qu'est-ce que vous pouvez faire d'autre ? Je ne peux plus rien, ça me dépasse tel que je suis aujourd'hui. Seul le saut dans le vide vous sauvera.

Enfin considérez une dernière information qui a une valeur statistique, qui n'est pas une promesse mais qui est une réalité : un grand nombre de jeunes garçons et filles qui, entre seize et vingt-deux ans, paraissaient vraiment mal situés – le hasch, la violence, insultant les parents, découchant pendant trois jours sans que les parents sachent où ils sont – ont très bien tourné. Il y en a même qui viennent d'eux-mêmes faire des séjours à Hauteville ! Ne désespérez pas trop vite, ne vous affolez pas trop vite. Essayez d'avoir un certain recul par rapport à ce qui vous paraît si difficile en vous souvenant que bien des retournements de situation sont possibles.

Réunion du soir

L'ACCOMPAGNEMENT DES PERSONNES EN FIN DE VIE

UNE FEMME : En ce moment, deux personnes de mon entourage sont assez malades…

ARNAUD : « Assez malades », est-ce que ce sont des maladies guérissables ou inguérissables ?

LA MÊME FEMME : Je crois qu'une de ces personnes est inguérissable – il s'agit d'une personne qui fréquente Mangalam. L'autre aussi est inguérissable, mais on essaie de la prolonger.

ARNAUD : Ce ne sont pas ce que nous appelons des personnes en fin de vie, qui relèvent de l'accompagnement des mourants et des soins palliatifs ?

LA MÊME FEMME : Ce ne sont pas des personnes âgées, en tout cas...

ARNAUD : Je parlais par rapport à la gravité. Je ne sais pas si vous employez l'expression « soins palliatifs » pour des gens qu'on ne peut plus guérir mais dont on peut atténuer les souffrances physiques, les suffocations, les douleurs. Ce n'est pas à ce niveau-là que vous parlez ?

LA MÊME FEMME : C'est de ça que je veux parler aussi...

ARNAUD : Alors ?

LA MÊME FEMME : Je vois aller ces deux personnes, une plus particulièrement : elles se battent beaucoup pour continuer à vivre, elles refusent la mort et acceptent des traitements finalement très douloureux...

ARNAUD : Comme la chimiothérapie pour le cancer, c'est ce que vous voulez dire ?

LA MÊME PERSONNE : L'une de ces personnes est mon frère. Il a plusieurs organes sérieusement atteints. Dès qu'il sent quelque chose, il va chez le médecin pour essayer de soigner cette partie, et ça désorganise l'autre partie. En fait, on retarde.

ARNAUD : Et cela relève aussi du cancer ?

LA MÊME FEMME : Non. C'est un homme qui a un diabète assez sérieux, qui a les poumons fort atteints. Ça fait deux fois que son cœur bloque. On le débloque, puis le problème se déplace vers les poumons… Je suis en train de lire votre livre Pour une mort sans peur *et dans ce livre, vous recommandez, s'il y a lieu, qu'on puisse parler à la personne du fait qu'elle va peut-être mourir. Je me demande quand est le bon moment ? Comment sentir ce moment-là ?*

L'autre partie de la question c'est : quand devrait-on accepter les traitements, et quand cela devient-il de l'acharnement pour éviter de mourir ? Tout ça n'est pas clair dans ma tête et j'aimerais me situer…

ARNAUD : Ce sont des questions graves. Je ne suis pas qualifié pour vous dire quand on doit considérer qu'il s'agit d'acharnement thérapeutique. Ce sont des thèmes auxquels je me suis bien sûr intéressé et c'est chaque fois un cas particulier. Il y a certaines réponses que je me permets de donner avec affirmation, avec autorité, et il y a les thèmes où je ne peux que dire : « Oui, c'est une réalité importante, regardons ensemble… » Mais n'attendez pas que je parle comme si je savais tout et pouvais donner une réponse infaillible à n'importe quelle question. Vous serez obligée – vous ne pouvez pas faire autrement – de trouver votre propre conviction en réfléchissant et en écoutant des témoignages.

Ce qu'on peut dire – tout en admettant qu'il y ait des nuances et qu'on doive le dire avec une certaine prudence – c'est que, par rapport à d'autres sociétés, d'autres époques, d'autres contextes socioculturels, il y a autour de nous un refus de l'inévitabilité de la mort et même du vieillissement. On n'en a que pour la jeunesse et même les publicités pour des crèmes antirides sont faites avec des photos de filles qui ont manifestement vingt ou vingt-deux ans, pas plus : qu'est-ce qu'elles ont comme problème pour mettre des crèmes antirides à cet âge-là ? L'idée de la vieillesse est très mal intégrée dans notre société. C'est un premier point. Chez les soufis parlant persan – donc en Iran, en Afghanistan et même au Pakistan – le titre le plus respectueux pour désigner un maître spirituel, un sage, c'est *pir*. Or *pir* signifie vieux. C'est tout ! Ce n'est pas un titre réservé aux soufis ! En France – et je suis persuadé que ce serait la même chose au Canada et aux États-Unis – ce n'est pas le terme le plus respectueux qui soit, loin de là. Il y a une telle négation de la mort ! Je vais vous raconter une histoire vraie qui s'est passée en Suisse – je n'ai rien contre la Suisse. Une personne avait été formée en France aux soins palliatifs – ces soins commencent à être relativement développés en France. Un médecin suisse lui dit : « En quoi consiste votre pratique, qu'est-ce que vous allez faire avec les malades ? » « Je les aide à se détendre dans le souffle et à expirer. » « Expirer, n'employez jamais ce mot ici ! » C'est authentique !

Réfléchissez : qu'est-ce que vous ressentez ? Quelle est votre expérience ? Vous avez tous parfois dans certains domaines une expérience qui pourrait compléter ou enrichir la mienne : nous ne sommes plus ici dans la rigueur de l'enseignement proprement dit. Qu'est-ce que cette société où on fait croire aux gens qu'ils ne vont pas mourir alors que les médecins sont unanimes dans ce qu'ils appellent « pronostic très sombre à brève échéance ». Trois semaines ? Un mois ? Une fable de La Fontaine, *Le Laboureur et ses enfants* – je suis sûr que je la cite dans le livre que vous mentionnez –, commence ainsi : « Un riche laboureur, sentant sa fin prochaine, fit venir ses enfants, leur parla sans détour… » Autrefois, on se préparait, on admettait, on intégrait complètement la mort. S'il y a une naissance, il y a une mort. La vie éternelle promise par le Christ ou par toutes les grandes traditions sous-tend le jeu des naissances et des morts.

Oui, j'ai écrit qu'il est de beaucoup préférable que quelqu'un meure en sachant que, maintenant, le moment est venu. On peut accompagner une personne jusqu'à un certain point et, ensuite, on ne peut pas l'accompagner plus loin. Nous tous, nous vieillirons et nous mourrons. On a toujours dit – tous les sages de toutes les traditions l'ont répété – qu'il y a deux certitudes : l'une c'est que nous mourrons et, la seconde, c'est qu'aujourd'hui nous ne savons pas quand et comment nous mourrons. On ne le sait que si on est en phase terminale d'un cancer. Je n'ai pas œuvré dans des unités de soins palliatifs. Mon expérience a ses limites. J'ai été associé plus ou moins intimement à des morts niées – on n'en parle pas, ça gêne tout le monde – et j'ai assisté à des morts complètement acceptées où on en parle ouvertement : « Ce serait bien si tu étais encore là à tel moment… » ou même : « Essaie d'être encore là pour le mariage des enfants. » Et puis deux jours après le mariage, la grand-mère meurt. C'est immensément important, mais c'est un thème dont on ne veut plus parler.

Il y a un livre qui, selon moi, mérite son immense succès de librairie : c'est le livre de Sogyal Rinpoché[1].

1. Sogyal Rinpoché, *Le livre tibétain de la vie et de la mort*, Éditions de La Table Ronde.

Il y passe sans aucun doute le souffle de l'approche bouddhiste et il contient de très beaux témoignages. Oui, je me suis permis d'écrire qu'il est préférable que la personne qui va mourir se prépare. Cela dit, il faut faire preuve de finesse et d'adaptation. Vous n'allez pas brusquement annoncer à quelqu'un : est-ce que tu es bien conscient que, dans trois mois, tu n'es plus parmi nous ? Qu'est-ce qu'on peut dire ? Qu'est-ce qu'on ne peut pas dire ? Mais en vérité, quand cette mort est pour les semaines ou les trois mois à venir, en fait l'être humain le sait. Sa physiologie, sa biologie savent que le processus est commencé. À la surface, c'est nié, mais beaucoup de personnes sont finalement soulagées si on leur dit la vérité.

Je comprends très bien les questions que vous vous posez, mais je n'ai pas la qualification pour vous dire : faites ceci, faites cela. C'est délicat et c'est un problème d'éthique très important pour le personnel hospitalier. Il y a un certain état d'esprit médical – mais je ne suis pas médecin, comment puis-je en parler ? – qui considère que la personne doit être maintenue en vie jusqu'au bout, que c'est le *dharma* du médecin de prolonger à tout prix l'existence. Je comprends qu'on le discute : pourquoi maintenir en vie des personnes qui, parfois, ne le souhaitent pas mais qui n'osent pas dire leur pensée : « Qu'on me laisse tranquille ! Pourquoi vous m'avez réanimé, pourquoi empêchez-vous artificiellement un processus naturel ? Le moment est venu. » La médecine répond : non, on va empêcher la mort. On va réussir à violer le processus de la nature. Bien sûr, essayer de guérir un malade, c'est lutter contre un certain processus mais la nature a en elle-même une force de guérison et nous l'aidons autant que possible. L'organisme lui-même lutte contre la maladie. Mais vient un moment où l'organisme cesse de lutter et où le malade sent : voilà, le moment est venu. Pourquoi nier la profondeur ? J'ai vu des personnes mourir d'une manière qui fait envie – si je les connaissais, c'est parce qu'elles avaient un certain engagement sur la voie, mais un engagement récent et on ne pouvait donc en aucun cas parler d'existence consacrée à la méditation. Je me souviens du cas d'une femme morte d'un cancer il y a de cela une vingtaine d'années. Elle m'a un jour téléphoné d'une cabine téléphonique où il fallait mettre des pièces de monnaie, et elle m'a dit : « Je n'ai pas beaucoup de pièces, mais je veux tout de suite vous dire que j'ai un cancer grave et qu'il n'y a aucune possibilité de guérison. C'est plus facile de l'entendre quand vous en parlez en réunion que de le vivre. Attendez, je n'ai plus de pièces… » Et quelques semaines plus tard, trois jours avant sa mort, elle en parlait ouvertement et sereinement. Les gens venaient parce qu'ils savaient qu'elle allait mourir – la famille, les amis – et ils étaient assez gênés. Ils entraient dans sa chambre et elle disait : « Vous avez fait un voyage qui a dû vous fatiguer. Allez à la cuisine et faites-vous du thé ou prenez un jus de fruits. » Et elle commentait : « Il fallait que je les aide à quitter la chambre, ils étaient là, si gênés, ils ne savaient pas comment se situer… » Elle était complètement détendue ! Elle a enregistré une cassette pour que ses enfants l'écoutent après son départ. C'était sobre et beau. Trois jours après, tranquillement, elle a dit : « Maintenant, c'est le moment. Vous m'excusez, je ne parlerai plus avec vous. » Elle a fermé les yeux et, une demi-heure après, elle était morte.

J'aurais souhaité que le livre *Pour une mort sans peur* s'intitule plutôt *Pour une mort réussie* – nous venions de publier *Pour une vie réussie*. L'éditeur m'a dit que ce n'était pas possible parce qu'un livre, *Comment réussir son suicide*, avait eu un certain succès et des personnes en France s'étaient suicidées avec ce livre sur leur table de nuit. Il craignait que le titre *Pour une mort réussie* soit interprété comme « Il ne faut pas se louper ». Nous avons choisi *Pour une mort sans peur*, mais on aurait pu choisir « pour une mort consciente », « pour une mort sereine » ou « pour une mort acceptée ».

C'est vraiment à vous, avec l'intelligence du cœur, non pas de réformer le monde médical actuel ni la société – sauf en apportant votre toute petite pierre à l'édifice – mais de voir ce qui est juste vis-à-vis de ces deux personnes amies. Plus vous serez en communion avec la réalité telle qu'elle est – la maladie, les deux personnes dans leur vérité, la manière dont elles acceptent, dont elles n'acceptent pas, le personnel médical –, plus vous prendrez appui sur ce qui est, même si vous pensez que ce serait peut-être mieux autrement, plus vous sentirez ce qui est juste. Autrement, vous projetez votre monde de pensées et d'opinions sur la réalité et votre attitude, même pleine de bienveillance, n'est plus juste. Je ne peux pas vous en dire plus.

UNE FEMME : Arnaud, moi je suis un « pronostic sombre à moyen terme ». Il y a quatre ans, une grave maladie a été diagnostiquée. Depuis, j'ai eu soixante-neuf transfusions sanguines et voilà, je suis ici parmi vous ce soir...

ARNAUD : Vous pouvez m'en dire un peu plus sur votre « pronostic sombre à moyenne échéance » ?

« J'AI UNE MALADIE GRAVE »

LA MÊME FEMME : J'ai une maladie très rare et très peu connue. C'est la rate qui ne fonctionne plus, qui jette des déchets dans le sang, ce qui provoque des micro-tromboses un peu partout dans le corps et quand les micro-tromboses se produisent au niveau du cerveau, on meurt par hémorragie cérébrale, ce qui est une fin très convenable. Depuis trois ou quatre ans, j'ai mis en pratique l'enseignement de façon très active, mais j'arrive à une impasse dans ma pratique, c'est la soumission à la vie.

ARNAUD : Qu'appelez-vous la soumission à la vie ?

LA MÊME FEMME : C'est d'être soumise à ce qui est présentement dans ma vie, dans l'acceptation de ce qui est là.

ARNAUD : Le refus que ce qui est au présent n'a aucun effet positif, il faut être bien clair là-dessus. D'un certain point de vue, tenter de guérir, c'est refuser la maladie. Essayons d'être très précis sur ce point : votre grange prend feu, vous appelez les pompiers. Que refusez-vous ? Vous refusez que le feu ravage entièrement la grange et, ensuite, que le vent fasse brûler la forêt et que votre maison soit détruite. J'agis, j'interviens dans la mesure où je le peux mais sur la base de : oui, la grange a pris feu. Il faut toujours revenir à cela ! Dans certains cas, nous en sommes à cent lieues. Nous nous mettons en conflit avec l'inévitable, au lieu d'agir là où peut-être nous pouvons intervenir. Qu'est-ce que je peux vous dire qui ne soit pas que des belles phrases ?

LA MÊME FEMME : C'est au niveau de la mise en pratique dans le quotidien...

ARNAUD : Si notre conviction est suffisante, nous mettons en pratique. Mais très souvent, nous avons été d'accord avec ce que nous avons lu ou entendu mais nous ne sommes pas complètement convaincus. Donc le vieux mécanisme, tellement compréhensible, reprend le dessus : « Oh non ! » L'affirmation des enseignements spirituels – dans des formulations, des images, ou des mythes un peu différents – c'est que la réalité changeante, qui commence et qui se termine, est l'expression d'une Vie qui elle, est. Tout commence et se termine : notre réunion a commencé, elle va se terminer, ce séjour d'Arnaud au Québec a commencé et va se terminer. Un jour, autrefois, j'ai réalisé que les Occidentaux ont l'habitude d'opposer la vie et la mort – comme on oppose le bonheur et le malheur, le bien et le mal – alors que les Orientaux opposent la *naissance* et la mort. Quand j'ai découvert cela, j'ai senti qu'il y avait quelque chose de capital derrière cette différence. J'ai fait alors un petit test, comme un mini-sondage. J'ai demandé à des Français : Vous répondez sans réfléchir : quel est le contraire de haut ? « Bas... » Le contraire de vieux ? « Jeune... » Le contraire de beau ? « Laid... » Le contraire de mort ? « Vie... » C'était toujours la même réponse. Puis j'ai fait le même test en Inde : *Death ? « Birth. »* Pas un n'a répondu *life*. C'est un thème qui mérite vraiment que nous y réfléchissions et dont, peu à peu, par la pratique de la méditation, vous découvrirez la vérité.

Essayez de ne pas employer le mot « vie » pour les péripéties de votre existence. La vie, c'est le fait d'être vivant maintenant : je suis. L'existence, c'est : j'ai eu une existence mouvementée, j'ai eu une existence monotone, j'ai eu beaucoup de malheurs, j'ai perdu un enfant… Le message spirituel n'a jamais été que vous seriez immortels dans le corps physique – même si beaucoup ont interprété le message de Sri Aurobindo et de la Mère à Pondichéry comme un espoir nouveau de l'immortalité dans le corps physique. Les enseignements spirituels nous affirment : il y a une vie qui n'est pas impliquée dans le jeu des morts et des naissances. La vie est là maintenant et elle n'est pas impliquée dans le temps. Il n'y a que la méditation qui puisse nous en donner l'expérience. Je vous en prie, cherchez dans cette direction : qu'est-ce que je suis ? Si on cherche, on finit par trouver. Quelque chose se découvre peu à peu. Qu'est-ce qui est, de toute façon, mortel ? Vous nous quitterez à quatre-vingt-dix ans ou dans deux mois mais, pour l'instant, vous êtes vivante.

La soumission à l'ordre des choses

LA MÊME FEMME : Ce n'est pas là que se situe ma question. Dans ma mise en pratique, je le sens très bien : je suis. Mais quand vous parlez de la soumission à Dieu ou d'une attitude de serviteur, il y a une rebelle en moi qui s'agite…

ARNAUD : Ne parlez pas de soumission à Dieu si cette expression n'a pas de sens pour vous ou vous révolte.

LA MÊME FEMME : Mais je sens que j'ai une attirance vers la liberté que vous décrivez dans les livres. J'ai une soif de cette liberté intérieure. En même temps, vous parlez d'être soumis à ce qui est : je ne saisis pas bien. Peut-être devrais-je utiliser un autre terme...

ARNAUD : Certains termes peuvent ne pas vous convenir alors qu'ils conviennent à d'autres. Quand je parle en réunion, j'emploie parfois un langage bouddhiste, parfois un langage chrétien. Que peu à peu chacun entende quelque chose qui lui convient. Mais si vous entendez autre chose que ce que je propose, vous allez peut-être entendre quelque chose que vous refusez et qu'il est tout à fait légitime de refuser. Il est légitime de refuser certaines formes de soumission. Pourtant c'est un terme important, mais il s'agit de la soumission à quoi ? L'Islam parle de la soumission à Dieu – le mot *islam* en arabe signifie *soumission.* Si la soumission à Dieu n'a aucun sens pour vous, de quelle soumission s'agit-il ? Il y a quand même des réalités auxquelles de toute façon nous sommes soumis. S'il fait chaud, je suis soumis à la chaleur, je ne peux pas l'éviter. Je peux essayer de mettre l'air conditionné, mais la chaleur s'impose. Le froid s'impose. Si j'ai 40° de fièvre, j'ai beaucoup de température. Je vais probablement guérir si c'est juste un refroidissement, mais de toute façon je suis soumis. Quelqu'un dont l'existence s'affaiblit et qui est en phase terminale est soumis. Intérieurement, nous nous révoltons et notre révolte ne change rien aux choses. Cette révolte nous coupe de la possibilité de découvrir plus profond en nous cette Vie éternelle, ce Royaume des Cieux, cette grande réalisation spirituelle qui est possible à l'être humain mais que tous les être humains n'atteignent pas.

Acceptez l'inévitable. Ne pensez pas trop à la quantité de temps qui vous reste. Ce n'est pas facile. De grandes forces en nous résistent. C'est cette folie d'acceptation qui ouvre la porte du royaume intérieur. Ce qui paraît humainement comme un désastre est tout à coup illuminé et un sentiment de perfection se révèle. On ne peut évidemment pas le montrer comme un professeur de physique ferait la démonstration d'une expérience à ses élèves, mais vous pouvez faire cette découverte. Pour cela, il faut capituler au niveau relatif.

Je vais raconter à nouveau un fait que je trouve très beau, très touchant et riche d'enseignements. Ramana Maharshi, un sage indiscuté – il a bien sûr été discuté par une minorité parce que personne ne fait l'unanimité –, est mort d'un cancer appelé « sarcome extensif de la gaine d'un nerf de l'épaule ». C'est, paraît-il, un cancer très douloureux. En Inde à cette époque, on ne donnait pas de morphine à un *jivan mukta*. Les médecins ayurvédiques lui ont donné des traitements ayurvédiques, les médecins homéopathes des traitements homéopathiques, et lui les laissait faire. Un jour quelqu'un lui a demandé : « *Bhagavan*, puisque beaucoup de gens se sont trouvés guéris un peu miraculeusement après vous avoir rencontré, pourquoi ne guérissez-vous pas ? » Et il a répondu : « C'est la loi de la cellule cancéreuse de proliférer. » Le Maharshi avait un cancer douloureux, et comme il était bienveillant pour son corps, quand il était seul, ou quand tout le monde dormait, il laissait le corps gémir

– très peu de gens l'ont entendu parce qu'il ne voulait pas attirer de sympathie. Il souffrait donc physiquement, et un jour il a dit : « J'ai mal à la tête, donnez-moi un cachet d'aspirine. » Je trouve cette simplicité superbe ! Là où il ne peut rien, il laisse faire, et là où il peut quelque chose, il le fait. Les deux en même temps. S'il y a un traitement, je vais le tenter, j'irai voir le médecin et, en même temps, j'accepte. Ça n'est pas la peine de refuser intérieurement, ça ne changera rien aux choses et ça ne fera que vous fermer la porte de la révélation intérieure, du royaume intérieur. Ce que je vous dis est vrai.

Vous pouvez aussi découvrir ce royaume intérieur quand vous n'êtes pas malade et quand il n'y a pas de processus fatal qui soit en cours – bien que même en parfaite santé on puisse mourir d'un infarctus imprévu. De toute façon vous êtes soumise à la vie. Cette même vie animait l'ovule et le spermatozoïde dont vous êtes née. Elle a été capable, en neuf mois, avec une minuscule cellule, de fabriquer un être humain complet, avec la spécificité de tous les organes et toutes les potentialités de développement : une vie tellement intelligente ! Et la vie ne peut pas mourir. Elle n'est pas située dans le temps. L'existence se déroule dans le temps. Opposez la naissance et la mort, mais pas la vie et la mort. Essayez de chercher en vous, cherchez et vous trouverez ce tréfonds de votre être indestructible.

Pour trouver l'indestructible, il faut que nous acceptions complètement la destruction du destructible. Je suis obligé de vous parler au niveau ultime de l'enseignement, puisque vous envisagez la possibilité que ces troubles de santé que vous décrivez puissent devenir de plus en plus graves. Vous avez dit :

« Pronostic sombre à moyenne échéance » – je m'appuie sur la parole que vous avez prononcée car je ne suis pas médecin. Une fois encore, quelle qualification aurais-je pour parler comme si je connaissais quelque chose à la médecine ? Je m'adresse à tous : cherchez, même si vous êtes jeune, même si vous êtes en parfaite santé. N'attendez pas d'être tombé dans l'eau pour apprendre à nager. Préparons-nous. Cherchez dans la profondeur une vie qui est au-delà du changement donc du temps. À la surface, se succède tout ce qui se déroule dans le temps, donc le vieillissement. Le bébé que nous avons été a disparu, il est mort pour faire place au petit garçon ou à la petite fille ; le petit garçon ou la petite fille a disparu pour faire place à l'adolescente ; l'adolescente a disparu pour faire place à la jeune femme ; la jeune femme a disparu pour faire place à la femme mûre : changement, remplacement, naissance, mort, naissance, mort… La vie s'exprime à travers ces naissances et ces morts. Cherchez.

On peut comprendre l'expression « soumission à la vie » de différentes manières. Acceptez l'inévitable, mais intervenez là où vous pouvez intervenir. La soumission à la vie, c'est de sentir : cette vie m'anime. Qu'est-ce que cette vie ? Les êtres humains existent, vieillissent, réussissent, échouent et se battent dans une totale non-connaissance de soi. Ils découvrent le secret de la matière et de l'énergie grâce à des accélérateurs de particules qui font des centaines de mètres de long comme celui du CERN à Genève, mais le fait même d'être, d'être conscient et d'être vivant ne les intéresse pas. L'important est de savoir si une femme ou un homme est amoureux d'eux, s'ils vont gagner de l'argent ou en perdre, ils s'intéressent à des réalités bien légitimes, comme l'éducation et les études des enfants mais cette extraordinaire réalité « qu'est-ce que je suis vraiment ? » est beaucoup plus profonde que des pensées d'espoir ou de crainte. Si on cherche, on trouve peu à peu. N'opposez plus la vie et la mort. Opposez la naissance et la mort. Et cela va déjà vous aider.

La création artistique

UN HOMME : Arnaud, ma question touche ce qu'on appelle la création artistique. Je me demande quelle peut être l'attitude juste pour quelqu'un qui est engagé sur le chemin, et qui désire s'adonner à ce qu'on appelle « l'art profane »...

ARNAUD : Quand vous dites « une personne », c'est vous ?

LE MÊME HOMME : C'est moi...

ARNAUD : Quel art pratiquez-vous ?

LE MÊME HOMME : J'écris.

ARNAUD : Des nouvelles ? Des romans ?

LE MÊME HOMME : Des romans, des récits...

ARNAUD : D'accord.

LE MÊME HOMME : Alors justement, c'est une forme de création qui s'attache à décrire le monde changeant, mouvant, tout ce dans quoi nous sommes emberlificotés... Et je me demande quelle est l'attitude juste. Peut-être devrais-je plutôt dire l'attitude

habile parce que j'ai une vasana[1] *très forte qui me pousse à vouloir créer...*
ARNAUD : Créer en tant qu'écrivain ?

LE MÊME HOMME : Oui. Donc, je tente de faire en sorte que cette vasana *ne s'accomplisse pas à mes dépens comme Éric m'en avait mis en garde. Mais étant donné qu'elle est forte et qu'il y a une multitude de choses qui me poussent à écrire, je n'ai pas la possibilité d'une attitude simple et juste...*
ARNAUD : Où est votre question exactement ? « Je n'ai pas la possibilité d'une attitude simple et juste » : que voulez-vous dire ? Simple et juste par rapport à qui, à quoi, à quel moment ? Quelle est votre vérité d'aujourd'hui ? Vous êtes en mouvement, c'est cela qui est important : je suis en marche vers ma propre sagesse, mais je suis là où je suis aujourd'hui. Si vous voulez aller trop vite, ce sera un échec, et si vous ne voulez pas tenir compte de vos demandes, de votre vérité, au nom d'un idéal spirituel, ce sera un échec. D'accord, ces désirs sont là et je vais en tenir compte de manière qu'ils ne s'accomplissent pas à mes dépens et que je ne me mette pas moi-même dans des situations existentielles de plus en plus difficiles au détriment de ma progression sur la voie. Je vais vers cette liberté que je n'ai pas aujourd'hui, à laquelle j'aspire et dont – si je suis un peu lucide et honnête – je me sens encore très loin. On change peu à peu.

1. *Vasana :* mot sanscrit signifiant propension, tendance et, par extension, désir.

Il est très important d'accomplir ce que nous portons en nous d'accomplir et, en même temps, d'approfondir notre compréhension, notre pratique là où la pratique n'est pas discutable. Est-ce que j'écris ou je n'écris pas ce livre ? – c'est discutable. La pratique, elle, n'est pas discutable. Je peux vous dire que je portais en moi une vocation artistique. Je n'ai jamais pensé faire une carrière dans l'industrie, ni devenir *member of parliament* comme on dit en Inde, mais je voulais être artiste. Alors j'ai écrit. Ce que j'écrivais – des poèmes entre autres – n'était pas très bon. Finalement, j'ai pu accomplir quelque chose qui m'a satisfait dans le cinéma, pour la télévision, et notamment en étant mon propre caméraman. J'ai voulu aussi avoir mon nom en grosses lettres dans les hebdomadaires de télévision, être félicité, réussir : tout ça était là. Nous sommes différents ! Nous parlions des différences entre Arnaud et Daniel : Daniel n'avait pas ces ambitions. C'est comme s'il était né pratiquement sans désirs. Ce n'était pas le cas d'Arnaud, croyez-moi ! Si vous ressentez : j'ai envie d'être connu, j'ai envie qu'on m'admire, qu'on me dise : « Ah ! J'ai tant aimé votre livre », que tous les journaux parlent de mon livre… Sachez qu'ensuite ce sera : « Oui mais un tel a été traduit en anglais et moi je ne le suis pas. » Et que la frustration se manifestera à nouveau.

Nous ne pouvons pas ne pas tenir compte de toutes ces demandes ! Puisque c'est notre vérité, nous n'en serons pas libres en essayant de faire comme si nous l'étions déjà. Si vous ressentez une nostalgie mystique, osez l'assumer. Mais que votre engagement dans la recherche spirituelle ne fasse pas lever une panique dans ce monde des *vasanas* – le mot *vasana* a le sens vaste de « propensions » mais il inclut entre autres les désirs. Ne dites pas : il ne faut plus écrire de livres, il ne faut plus jamais boire du vin, il ne faut plus avoir de vie sexuelle, il faut mourir à soi-même… ces décisions feront lever en vous des réactions qui seront les plus fortes. Soyez habile. Ces désirs sont là : comment puis-je en être de plus en plus libre ? – c'est le premier point. Je vous promets que cette liberté peut venir. C'est une vraie liberté que, d'abord, nous n'avons pas, que je n'avais pas plus que les autres. Ne vous découragez pas en constatant : « il y a tous ces désirs à accomplir », mais dites plutôt : « comment vais-je m'y prendre ? » Vous comprenez bien que ce n'est pas la même chose de ressentir une pulsion sexuelle et de violer une jeune adolescente de treize ans que de reconnaître : « je suis très attiré par les femmes et j'en tiens compte » mais de mettre un peu de dignité et de respect du sexe féminin dans votre vie sexuelle. Comment pouvez-vous accomplir un *dharma* d'écrivain en tentant, si celle-ci vous attire, la réussite professionnelle – ah ! si votre livre pouvait se vendre comme *Autant en emporte le vent*, de Mme Margaret Mitchell ! Et puis ça rapporte ! Un *best-seller*, ça rapporte même beaucoup ! Il y a des auteurs qui, avec un livre, se sont acheté une superbe résidence secondaire. Reconnaissez vos rêves pour ce qu'ils sont mais vous n'avez pas à tenter de les vivre comme un gamin naïf ou comme un ambitieux qui piétinerait père et mère et oublierait complètement la vie spirituelle. Il y a les deux : les ambitions humaines et la recherche spirituelle. Il faut faire attention que cette recherche spirituelle ne soit pas ressentie par vos ambitions humaines comme un danger sinon, vous allez être conflictuel et « que peut un royaume divisé contre lui-même ? ».

Il y a encore un point concernant l'artiste. Si j'écris pour moi, uniquement pour moi, c'est une chose. Mais si j'écris pour le lecteur, mon œuvre devient une nourriture intellectuelle : qu'est-ce que je donne au lecteur ? Cela ne veut pas dire qu'il faut forcément écrire un livre de plus sur la méditation ou sur le relatif et l'absolu. Qu'est-ce que je donne si je réussis à faire éditer ce livre et que des gens le lisent ? La nourriture que je leur offre peut-elle être nocive ?

LE MÊME HOMME : C'est quelque chose qui me préoccupe beaucoup...

ARNAUD : Il y a aujourd'hui beaucoup d'irresponsabilité dans ce domaine. Des nourritures nocives sont diffusées pour des lecteurs, des spectateurs, des auditeurs, qui n'ont pas – comme on dit notamment dans les enseignements tantriques – la capacité de « digérer les poisons ». Or certaines « nourritures d'impressions » – comme disait Gurdjieff –, nourritures culturelles, intellectuelles, artistiques, sont des poisons. Ce ne sont pas des poisons mortels, mais ce sont quand même des poisons. Celui qui est capable de les digérer peut même en tirer un fruit positif. Mais ce n'est certes pas le cas du lecteur moyen. Où est votre difficulté à cet égard ?

LE MÊME HOMME : Quel est le critère pour déterminer ce qui ultimement peut constituer une bonne ou une mauvaise nourriture ?

ARNAUD : Avant de donner de bonnes nourritures, évitez déjà de donner des nourritures malsaines. Est-ce que j'aide le lecteur à aller vers plus de paix, plus d'espérance ? Ne confondez pas. Il y a l'espérance fondamentale : la vie a un sens, la vie n'est pas absurde, je marche vers un accomplissement – c'est l'Espérance au singulier, comme la Foi et l'Amour du christianisme. Et il y a tous les espoirs que ça va réussir, que ça va marcher, ou même que mon ennemi va mourir. Est-ce que je fais grandir chez l'autre une certaine espérance ? Ou est-ce que je nourris encore le découragement, la négativité générale, l'amertume ? C'est à vous de sentir. Soyez exigeant pour ne pas donner au public des livres dont il est évident qu'ils augmenteraient encore la confusion chez le lecteur, mais ne vous demandez pas de n'écrire que de grands chefs-d'œuvre de littérature spirituelle. Un cuisinier de restaurant ne peut pas servir des viandes avariées ou des nourritures toxiques. On voit croître une demande de plus en plus grande pour les nourritures biologiques, *organic food*. On peut souhaiter qu'il y ait un mouvement en faveur de nourritures intellectuelles, spirituelles, culturelles, beaucoup plus pures.

Une phrase m'avait beaucoup marqué quand j'étais jeune, et je ne la renie pas aujourd'hui. Je l'ai entendue à vingt ou vingt-deux ans, alors que j'étais à la fois très perdu et très idéaliste : « Si vous ne faites pas partie de la guérison du monde, vous faites partie de la maladie du monde. » Je peux bien sûr me rassurer : si je ne vends pas des mines antipersonnel pour déchiqueter les enfants, je ne fais pas partie de la maladie du monde même si je ne fais pas partie de la guérison du monde comme Mère Teresa ou le Dalaï-Lama. Que signifie « faire partie de la guérison du monde » ? C'est un engagement. Comme le vœu du *boddhisattva* dans le bouddhisme mahayana : « Je m'engage sur la voie pas seulement pour moi, pour dépasser la souffrance et découvrir en moi l'indestructible. Je m'engage en solidarité avec tous les êtres humains qui souffrent, qui se débattent, qui ne connaissent même pas l'existence d'une voie. » Est-ce que nous aidons tant soit peu les êtres humains à aller vers plus de sagesse, plus d'espérance, plus de compréhension, ou est-ce qu'au contraire, nous contribuons à nourrir l'identification aux émotions, le rejet de l'autre, l'amertume ? La voie proposée par le Bouddha – ce qu'on appelle le chemin en huit points – inclut le « moyen d'existence juste ». Un vrai bouddhiste ne peut pas être le moins du monde impliqué dans la fabrication et le commerce des armes. Mais une banque peut soutenir une aciérie. Un fondé de pouvoir de cette banque peut se demander : « Qu'est-ce qui me prouve que ces aciers ne sont pas achetés par des fabricants d'armes ? » La situation est plus complexe que celle d'un ébéniste qui fabrique les meubles qu'on lui demande ou d'un chirurgien dentiste qui soigne les dents. Mais si vous êtes personnellement impliqué dans le monde des transactions financières, vous pouvez vous demander si, pour enrichir une société, vous n'augmentez pas la famine en Afrique. Il s'agit de notre dignité et de notre solidarité avec toute la souffrance sur cette planète. Ce n'est pas seulement de l'altruisme – sur lequel je n'ironise certes pas – et c'est beaucoup plus profond, ésotérique, initiatique qu'on ne le croit. Nous ne pouvons pas faire notre salut sans ce sentiment de solidarité qui fait partie de l'effacement des limitations de l'ego.

Ce n'est plus Arnaud qui parle, c'est une vérité et une sagesse que j'ai simplement reconnues à mon tour après tant d'autres générations. Ce n'est pas vrai qu'on peut atteindre le Soi, la sagesse, l'éveil, l'au-delà du mental, l'au-delà de la souffrance, et en même temps ne pas se sentir solidaire de tous ceux qui souffrent et qui « se débattent dans les ténèbres de l'ignorance et de l'erreur ». Qu'est-ce que je leur donne personnellement comme nourriture ? Un pâtissier peut faire des gâteaux délicieux, c'est une très bonne nourriture et tant pis pour nous si nous en mangeons douze à la suite ! Le producteur de vin n'est pas responsable des tragédies de l'alcoolisme. Jésus buvait du vin, Il en a bu le jour de la Cène. Essayez de tout concilier et tenez compte aussi de vos ambitions pour ensuite pouvoir dire : j'ai fait ce que je portais en moi de faire, j'ai reçu ce que je portais en moi de recevoir, j'ai donné ce que je portais en moi de donner. Je peux mourir demain ou vivre encore trente ans, je suis au service des autres. Il n'y a plus de besoins, même pas le besoin d'aider les autres, il y a la disponibilité. Vous n'arriverez pas à cela si vous ne tenez pas compte d'abord de tous vos désirs, ce qui ne veut certes pas dire en être l'esclave.

Ne niez jamais un désir. Le fait de nier un désir ne le fait pas disparaître et il travaille insidieusement depuis la profondeur. N'ayez pas peur : je reconnais que ce désir est en moi, mais ce n'est pas vrai que je suis tenu de l'accomplir. Un homme courageux pourrait même reconnaître en lui : « Il n'y a pas de doute, je suis motivé sexuellement par les enfants. J'avais entendu parler des drames et des tragédies de la pédophilie et je constate que je suis troublé, ému sexuellement par cet enfant. J'ai envie de le toucher, de le caresser. » Il n'est bien entendu pas question de passer à l'acte mais je vais pouvoir entrer en communion avec les pédophiles, les malheureux qui se retrouvent en prison, esclaves de cette forme de sexualité. Quelle tragédie ! C'est une tragédie pour les enfants, mais c'est aussi une tragédie pour les esclaves de cette fascination. Ce que vous osez voir en vous vous rend plus généreux pour les pécheurs et les criminels. Et vous serez d'autant plus libre d'un désir que vous le reconnaîtrez. Le respect pour le prochain dictera votre conduite.

Il y a un risque sur la voie, celui de nier, de refouler, de censurer certains désirs qu'on ne peut pas considérer comme conformes au *dharma* – à l'ordre juste. Ou bien nous croyons que, si nous reconnaissons un désir, ce sera trop cruel de ne pas l'accomplir : c'est faux ! Situez ce désir dans l'ensemble de votre existence et de votre engagement sur la voie de la dignité, de l'intégrité, de la liberté, de la compassion. Vous verrez ! Et cela ne s'applique pas uniquement au désir d'écrire et de publier tel ou tel livre.

Sixième jour

25 octobre

Réunion du matin

« JE VOUDRAIS CHANGER PLUS VITE »

UNE FEMME : Dans une de vos causeries, vous dites que, quand on est convaincu, on change rapidement au point que notre entourage voit des changements spectaculaires. Je trouve que je ne change pas assez vite. Lors de son dernier séjour ici, Daniel m'a confrontée à ce sujet et j'ai senti que quelque chose d'important s'est passé en moi. J'ai commencé à changer vraiment, mais je trouve que ce n'est pas assez. J'ai l'intention de changer, j'en ai la volonté, mais pourquoi les changements sont-ils si lents ?

ARNAUD : Souhaiter que les changements soient plus rapides, c'est commencer à « penser ». Quand vous serez complètement convaincue, vous ne pourrez plus faire certaines erreurs qui vous ont été familières pendant tant d'années : vous ne vous entêterez plus, vous les rectifierez et il se produira en effet en vous des changements perceptibles. J'ai reçu récemment deux garçons qui m'ont demandé : « C'est vraiment grâce à vous que papa a tellement changé ? » Cela ne veut pas dire que le père en question n'a plus d'émotions et qu'il est établi dans une sérénité immuable mais que certaines réactions mécaniques bien précises, erronées et mal ressenties par les autres ne se produisent plus. Distinguez bien les changements précis et visibles dans la manière de réagir et de se comporter et les changements radicaux profonds qui vont demander plus de temps. Les vieilles blessures mettent du temps à cicatriser et la force d'inertie des habitudes émotionnelles et mentales est très grande. Il faut en tenir compte.

Pour parler simplement et concrètement, il y a, à partir de ce que nous avons compris, deux types de changements. Il y a les changements qui se voient du dehors. Un exemple fréquent est celui de la personne qui avait pris l'habitude d'être en porte-à-faux pratiquement toute la journée, râlant et se plaignant « pour un oui ou pour un non ». Cette personne voit en pleine lumière l'aberration de ce refus quasi permanent et effectue un changement d'attitude : je vous assure que l'entourage sent la différence ! À certains égards, on ne la reconnaît plus ! Qu'est-ce qui lui arrive ? Ce sont des changements heureux et précieux qui nous indiquent que nous progressons dans la direction juste. Si, au nom de la spiritualité, nous nous mettions à condamner tout ce qui ne nous semble pas parfait, ce serait alors au contraire un signe que, malgré notre sincérité, nous demeurons dans l'erreur. Quant à la transformation radicale, la métamorphose, ne soyez pas trop impatiente. Appréciez ce qui a été accompli et voyez ce qui reste à accomplir, tel que vous pressentez et comprenez aujourd'hui la liberté qui vous attend.

LA MÊME FEMME : Je voudrais que ça devienne un réflexe. Je me rends compte que ma première réaction n'est jamais la bonne. Ça me demande toujours un deuxième essai.

ARNAUD : Je vous répète que la force d'inertie des habitudes est très puissante. La première réaction est ce qu'elle est mais, tout de suite, vous pouvez rectifier. Une grande part de votre pratique concrète sera de lâcher les refus de manière à ce que le « Oh ! Non ! » se transforme en « Oui, c'est ! ». Ne soyez pas troublée que le « Oh ! Non ! » continue à se lever. Vous gagnerez du terrain peu à peu. Quand le « Oh ! Non ! » est puissant et qu'il touche un point sensible, constatez lucidement que vous n'êtes pas neutre et que vous « pensez » au lieu de voir. Mais, quelle que soit la situation, sachez que vous avez droit à la paix du cœur et à la sérénité.

Souvenez-vous de la formule qui peut donner lieu à beaucoup d'incompréhension : « l'émotion n'est *jamais* justifiée ». J'ajoute une chose, qui en est l'autre face : « la paix du cœur est *toujours* possible ». Vous êtes convaincue que vous ne pouvez pas ressentir la paix du cœur parce que vous avez tel ou tel problème. La situation qui ne vous convient pas, quelle qu'elle soit, va faire lever en vous un refus par le simple fait de l'habitude, avec la réaction physiologique associée au « non » donc au conflit. Ne vous souvenez pas seulement d'une formule qui paraît négative – l'émotion n'est jamais justifiée – mais de l'autre affirmation : la paix du cœur est toujours possible, même dans une situation qui vous fait mal. La vieille réaction se produit, à la fois mentale – Oh ! Non ! Encore ! Il ne manquait plus que ça ! – et émotionnelle. La situation n'est apparemment pas du tout satisfaisante et pourtant vous avez droit, maintenant, à la paix qui est la véritable nature de l'esprit, et à ressentir l'amour de Dieu. Exprimez-le comme vous voulez. Pour être suffisamment convaincue que ce que je dis est vrai, c'est à vous de le vérifier : la situation était apparemment très fâcheuse et le non s'est levé, donc j'ai été très malheureuse. Je me suis souvenue que j'ai droit à ressentir la plénitude de la profondeur – maintenant et inconditionnellement. Vous allez vous rendre compte que la situation n'a pas changé et pourtant vous étiez si mal il y a cinq minutes et voici que l'émotion douloureuse a disparu. De nouveau votre cœur est ouvert, vous n'êtes plus centrée sur un problème qui envahit tout, vous ne pensez plus de la même manière. Si vous essayez vraiment, vous réussirez. Peut-être pas la première ou la deuxième fois, mais vous y arriverez. La souffrance morale a disparu et, pourtant, la situation n'a pas changé. Vous ne voyez plus le monde de la même manière. Vous êtes passée de « C'est terrible ! » à « C'est ». Vous vous souvenez : je ne sais pas ce qui est terrible ou non, comment les choses vont évoluer, je n'ai pas la certitude qu'une situation terrible est si terrible que ça ni qu'une nouvelle tellement heureuse est si heureuse que ça. Votre propre existence vous a abondamment montré que des situations qui ont fait lever en vous une émotion si heureuse n'ont pas duré et ont tourné au désastre alors que des situations qui ont fait lever un immense et douloureux refus se sont avérées bénéfiques plus tard.

Ne soyez ni surprise ni déçue si, après des années de pratique, il y a encore des situations qui vous affectent, que ce soit une mauvaise nouvelle ou le comportement de quelqu'un d'autre. Ne réagissez pas en pensant : « Je n'ai pas progressé. Ça recommence. Je croyais que la pratique allait me libérer... » Oui, la pratique vous libérera mais pas de la manière dont vous le concevez. L'erreur courante est de reporter la solution dans le futur, par exemple en pensant qu'il nous faut faire d'autres *lyings* ou participer à un stage qui nous permettra d'avoir une grande expérience mystique... Souvenez-vous au cœur même de l'émotion que celle-ci n'est jamais justifiée – je ne parle pas du sentiment de communion et de l'intelligence du cœur. Si l'émotion est justifiée une fois, pourquoi pas deux fois, trois fois, mille fois ? Si l'émotion est justifiée, pourquoi le Bouddha, Socrate ou Swâmi Prajnânpad n'auraient-ils pas vécu emportés à droite et à gauche par les émotions ? L'autre face, c'est que si vous avez compris cela, vous avez droit à la paix du cœur maintenant et inconditionnellement. La situation est ce qu'elle est mais ce qui importe pour l'instant c'est la manière dont elle se réfléchit en vous, comme une image qui se réfléchit dans un miroir. La situation n'est plus au-dehors, elle est dans votre cœur, dans vos pensées et dans le retentissement physique des troubles. La priorité n'est plus une affaire entre moi et mon fils, ma femme ou mon voisin, c'est une affaire entre moi et moi. Il s'agit de moi et le mental, moi et le cœur et même moi et le corps : je peux me détendre, me redresser – c'est déjà un petit commencement. Ce ne sont pas les formes les plus subtiles de la méditation mais utilisons ce qui peut nous aider aujourd'hui.

Quand vous aurez vraiment fait cette expérience une fois – je me sentais si malheureuse mais, alors que la situation est toujours la même, je sens dans mon cœur la joie, la non-inquiétude, la paix – vous vous en souviendrez plus souvent. Je n'ai pas dit que vous vous en souviendrez tout le temps. Avec la force d'inertie des habitudes, vous recommencerez à patauger dans le marasme sans rien tenter pendant une heure ou plus puis, tout à coup, vous vous souviendrez que vous avez droit à la paix. Revenez à la claire vision que c'est en vous que tout se produit. Certes, il existe certaines façons de dissiper l'émotion mais ce ne sont en rien des expériences libératrices. Vous pouvez doubler la dose d'anxiolytiques que votre médecin vous a prescrits. Quand j'étais jeune, j'ai eu l'occasion de découvrir que si je buvais trois apéritifs à la suite, le monde devenait beaucoup moins horrible – ça n'a pas eu de suite parce que je n'avais pas assez d'argent à l'époque pour me payer des apéritifs plus qu'exceptionnellement. Nous savons bien que ces méthodes qui agissent sur l'émotion et le mental à partir de la physiologie ne résolvent rien en profondeur.

Si vous regardez la situation lucidement, vous voyez bien que toute votre existence n'est pas gâchée pour toujours. Inversement, vous voyez que vous n'êtes pas aussi follement heureuse que vous l'aviez cru, même si vous appréciez ce que l'existence vous donne. Swâmiji qui enseignait *everything is neutral*, tout est neutre, disait aussi très souvent : « *it is happy, no doubt* », « c'est certainement heureux ». Mais maintenant, quelle va être la suite de notre existence ?

J'insiste pour vous dire de ne pas être déçue si après des années de pratique, de séjours en ashram, de stages, de séminaires, se lèvent encore en vous des refus. Souvenez-vous de tout ce que vous avez entendu et compris. Ne décidez pas que vous ne changez pas assez parce que vous constatez que vous avez encore des émotions. Si vous vous plaignez qu'il y a un problème ou une difficulté majeure qui règne sur votre existence, je vous dirai que vous n'avez pas fait le premier pas qui consiste à l'accepter. *Surrender* – je ne me débats pas, je ne me bats pas, je capitule et je me tourne vers Dieu en moi.

Le beau et libérateur programme des Alcooliques Anonymes commence par une capitulation : je réalise que je ne m'en sors pas, que l'alcoolisme me dépasse complètement et que seule une Puissance Supérieure peut m'aider. C'est vrai ! Ce n'est pas seulement l'invention de deux hommes qui se sont entraidés pour cesser de boire, c'est la redécouverte étonnante, magnifique et heureuse de beaucoup de vérités connues de tous les spirituels et tous les mystiques. Ça me dépasse, je capitule et j'offre tout à Dieu : c'est ainsi que vous trouvez la paix qui dépasse toute compréhension par le mental. Ceux qui m'entourent et moi-même, nous avons constaté qu'une erreur majeure consiste à penser : « Avec ce que j'ai déjà compris et fait, je ne devrais plus avoir d'émotions. » Partez plutôt du point de vue que vous n'avez pas peur des émotions parce que vous savez comment vous situer consciemment, librement, sans conflit, en « non-dualité » au cœur même de votre vérité intime ici et maintenant.

UN HOMME : Après la rencontre d'hier matin, j'ai eu une très forte émotion, qui est née du regard que vous avez adressé à la fin de la rencontre à la personne qui était devant moi. J'ai clairement vu que j'aurais voulu que ce regard et cette intensité me soient adressés.

ARNAUD : Je n'y suis pour rien. Il est très rare qu'il y ait une intention délibérée. Si une personne a fait signe pour une question et que l'heure a passé sans que j'aie pu lui répondre, il peut se présenter une manière de la regarder qui lui signifie que je ne l'ignore pas et que je ne l'oublie pas. Mais normalement tout s'accomplit spontanément. Je peux comprendre ensuite pourquoi ça s'est passé spontanément d'une certaine manière. Ce n'est pas délibéré, et je vous réponds que je n'avais rien décidé et voulu.

LE MÊME HOMME : J'ai bien sûr vu que c'était l'enfant blessé qui demandait le regard de papa mais, jusqu'à maintenant, j'ai mal perçu cette situation. Jusqu'à maintenant, j'étais l'adulte et je niais l'enfant. Je n'ai jamais cherché à assumer consciemment ce désir d'être vu et d'être reconnu. Je vous pose la question avec ce désir que vous me regardiez et que vous me voyiez, mais c'est aussi pour me l'avouer à moi-même parce que je me rends compte que ce désir me colle à la peau dans tous mes actes, dans toutes mes relations et même dans tous les gestes que je pose et que je crois généreux. Pour être libre de ce désir, j'ai donc à l'assumer comme une vérité qui est la mienne et à le vivre consciemment ?

ARNAUD : Oui, car une telle demande peut tomber, vous rendant par là même votre liberté. Je suis complètement d'accord avec tout ce que vous avez dit. Mais vous êtes en marche vers le non-égoïsme et la solidarité avec les autres, tous les autres.

« Il ou elle ne m'a pas regardé » : j'ai abondamment vécu moi-même ce type de souffrance. Ma mémoire des prénoms est devenue défaillante, sauf pour des gens que je connais depuis vingt-cinq ans : au moment voulu, je ne retrouve plus le nom de quelqu'un que j'ai pourtant plusieurs fois rencontré. Vous pouvez vivre une grande frustration du fait qu'Arnaud connaît le prénom d'un autre, mais pas le vôtre. Si je pouvais récupérer la mémoire des noms, je le ferais mais, compte tenu de ce qui est, cette défaillance peut faire une riche matière première pour vos progrès à tous !

Découvrez la solidarité. Au lieu de vous désespérer, de vous désoler et de ruminer votre émotion négative, entrez en communion avec l'autre. Comme Arnaud l'a regardé, lui a souri avec complicité ! Apprenez peu à peu qu'il n'y a pas que vous au monde, que tous les êtres humains aspirent au bonheur comme vous et que tous se débattent plus ou moins dans les souffrances, comme vous. Que voulez-vous ? Être libre ? Vous pouvez entrer en communion avec Arnaud à un niveau beaucoup plus profond : je ne demande pas seulement qu'Arnaud soit en communion avec moi, je veux entrer en communion avec Arnaud quand il regarde intensément un ou une autre que moi. Vous sentirez une communion à un niveau beaucoup plus profond et plus libre.

Je peux me souvenir à quel point j'ai mendié l'intérêt de Mâ Anandamayî – il faut se représenter ce qu'était cette femme si célèbre, à la fois humaine et supra-humaine. Elle parlait à certains swâmis de l'ashram mais ne me parlait pas, elle convoquait quelqu'un d'autre alors que j'avais demandé un entretien privé, elle accordait un entretien à des Occidentaux qui arrivaient à son ashram pour la première fois alors que j'y séjournais depuis plusieurs semaines sans avoir réussi à la voir en privé… Nous sommes une usine à sécréter notre propre souffrance ! Le but est de dépasser cette faiblesse, cet infantilisme. Vous pouvez le dépasser si vous le voyez et si vous intervenez consciemment dans cette mécanicité de vos réactions. Il peut y avoir une communion beaucoup plus profonde si vous tentez d'être en communion avec Arnaud plutôt que de vous demander si Arnaud s'intéresse vraiment à vous ou s'il peut vraiment vous aimer alors qu'il ne vous connaît que peu. En faisant cette démarche d'être en communion avec Arnaud, vous sentirez combien nous sommes unis en profondeur. Avant tout, voyez. Comment pourriez-vous être libre d'un mécanisme que vous avez mal vu, ou vu superficiellement, ou vu en le refusant ?

Quand je participais à des tournages de films pour la télévision, j'ai observé que lorsqu'un acteur qui a réussi sourit à un figurant ou le reconnaît, cela peut être très poignant ! Nous sommes comme lui ! Acceptez que notre point de départ est infantile, même si nous donnons le change dans l'existence, que nous réussissons professionnellement et qu'apparemment nous gérons bien notre existence.

Je veux partager un souvenir ancien avec vous : il s'agit d'un de nos présidents de la République, politicien particulièrement brillant, mais je n'ai pas à préciser lequel. J'ai rencontré un jour un avocat, connu lorsque nous étions étudiants, qui faisait une brillante carrière, connaissait personnellement ce président – et ignorait complètement l'enseignement de Swâmiji. Cet avocat m'a confié : « C'est un enfant qui mendie l'amour. » Il s'agissait du président de la République, de celui qui avait accès au bouton déclenchant la force atomique française ! Voyez là un grand enseignement. Cela n'empêche pas que ce président ait réussi des concours difficiles, qu'il ait eu l'intelligence aiguë qu'on lui reconnaissait et qu'il fasse encore parler de lui des années plus tard. Nous aussi mendions l'amour. Si vous le voyez, vous pourrez dépasser cet esclavage. Faites croître en vous le sentiment de la solidarité : il n'y a pas que moi, je suis heureux pour un autre. D'autres souffrent, d'autres sont heureux si on leur sourit. Comme répètent inlassablement les maîtres tibétains : « Puissent tous les êtres accéder au bonheur. » Le bonheur, ce n'est pas d'être élu président de la République, c'est de trouver le royaume intérieur. Mais il est juste aussi de décider : je voudrais qu'Arnaud me regarde donc je vais poser une question. C'est tout à fait juste et habile si c'est conscient. Vous avez gagné, je vous regarde.

COMMENT ÊTRE VIGILANTS TOUT EN ACCOMPLISSANT NOS POTENTIALITÉS

UN HOMME : Je suis très investi dans mon travail, et ce depuis longtemps. Le travail occupe une grande part de mon esprit et j'aime beaucoup ce que je fais. Bien que je me préoccupe constamment d'essayer de travailler de façon consciente et d'éviter de me laisser absorber complètement, je réalise bien que, la plupart du temps, je suis absorbé et identifié. Je sais que je dois passer par là parce que ces vasanas *sont très fortes...*

ARNAUD : Je vous demande de mettre en suspens la compréhension que vous avez de « Je dois passer par là ». Qu'entendons-nous exactement par cette expression ? Je dois passer par le fait que ces désirs sont puissants en moi. Ensuite, cette expression peut concerner le thème de l'accomplissement ou du non-accomplissement du désir.

LE MÊME HOMME : Que signifie vraiment « être vigilant » ? Comment peut-on pratiquer la vigilance ? Je me demande parfois s'il ne s'agit pas d'un effet au lieu d'une cause. Est-ce que je serai vigilant quand j'aurai la paix ou est-ce qu'il faut que je pratique la vigilance pour avoir la paix ? Après une journée de travail, je peux vous dire tout ce que j'ai fait à la minute près. Il m'apparaît que ce n'est pas ce qu'on appelle la vigilance.

ARNAUD : C'est un aspect.

LE MÊME HOMME : C'est sûr que je ne suis pas dans les nuages. Comment pratiquer la vigilance tout en accomplissant nos vasanas ? *Et quand on parle de tempérament, est-ce la même chose que* vasana ?

ARNAUD : Je vais répondre d'abord à votre seconde question qui est moins importante et moins complexe que la première. Quel sens précis donnons-nous au mot tempérament ? Qu'est-ce que j'appelle la nature, le caractère, le tempérament ? Il y a un lien entre *vasana* et tempérament. Il est restrictif de traduire le mot *vasana* par désir. Les *vasanas* sont des dynamismes latents encore présents en nous et que la situation actuelle vient réveiller. Ils passent de l'état latent à l'état patent, ou de l'état non manifesté à l'état manifesté – les hindous traduisent par *latencies*, tendances latentes. Nous pourrions traduire par *propension*. Le désir est un aspect des *vasanas*. Je pourrais dire que je portais en moi la potentialité d'être attiré par un très beau vêtement d'homme. Swâmiji ne portait pas en lui cette potentialité. Je porte en moi la potentialité d'être fasciné par une femme. Swâmiji ne portait pas en lui cette potentialité. Je ne parle pas ici de la nécessité – comme celle de boire pour ne pas se déshydrater –, je parle du désir qui est une forme de *vasana*. Sachons bien quel sens nous donnons aux mots. Les *vasanas* ont une origine que les hindous et les bouddhistes font même remonter à des existences antérieures innombrables. Il y a entre chaque être humain des différences de nature, de caractère et de tempérament. Les êtres humains fonctionnent mécaniquement mais différemment. Quand je dis mécaniquement, ça ne veut pas dire stupidement, mais simplement que des réactions se produisent. Action, réaction, causalité. Je passe devant une vitrine et je suis très attiré par une veste en cuir, alors que ça n'attire pas du tout une autre personne, qui sera plutôt attirée par les chaînes hi-fi ou les ordinateurs. Nous sommes différents et notre manière de fonctionner est différente, unique, mais on peut classer les natures variées selon certaines typologies. Il n'y a pas de type astrologique pur, mais c'est vrai que le Bélier a un côté impulsif et fonceur, que le Cancer a la nostalgie du passé, que les Gémeaux aiment bien les rencontres, les échanges et le mouvement, etc. Outre l'astrologie, il y a différentes autres classifications mieux admises par les psychologues.

Pourquoi sommes-nous différents ? Est-ce que l'hérédité suffit comme réponse ? Il y a l'inné – ce que j'apporte en naissant – et l'acquis. Adoptez un bébé chinois ou un bébé congolais, éduquez-le complètement en France et il y aura en lui une part innée et une part acquise. Les *vasanas* sont un thème immense. *Vasanakshaya* signifie érosion des *vasanas*. Nous devenons de plus en plus libre d'avoir ou de ne pas avoir, car les réactions de rejet sont aussi des *vasanas*. Comme vous l'avez dit, vous ne pouvez pas ne pas tenir compte de toutes ces demandes. Mais en tenir compte n'implique pas forcément de les accomplir. Représentez-vous – avec compassion et non avec mépris – un homme attiré par sa propre belle-sœur. Cela ne veut pas du tout dire qu'il doit passer à l'acte. Nous devons comprendre que, si nous découvrons en nous un désir et que nous ne passons pas à l'acte, cela n'entraînera pas nécessairement une frustration. Le mental l'affirme et nous réduit en esclavage mais il ment. Si notre compréhension de la voie est un peu claire, si notre désir d'atteindre le Royaume des Cieux qui est au-dedans de nous ou l'éveil promis par le Bouddha est réel, nous verrons qu'il est possible d'éprouver un désir, à la fois sans le nier mais aussi sans le nourrir de pensées et de rêveries, et de décider sereinement de ne pas l'accomplir ou de ne l'accomplir qu'à certaines conditions. Faites sentir à tous vos désirs que vous ne les niez pas, que vous leur voulez du bien et que vous tenez compte d'eux. En tenir compte ne signifie pas leur obéir en esclave. Il y a une joie réelle à ne pas accomplir certains désirs et à sentir que vous grandissez, que vous devenez plus libre et plus adulte. Un enfant veut tout tout de suite et l'égocentrisme de l'adulte continue à penser que « quand même, si on pouvait avoir tout tout de suite, le monde serait mieux fait ! ».

Dans *La Voie et ses pièges*, un chapitre intitulé « La jungle des désirs » est consacré à une mise au point sur ce thème parce que nous avons observé qu'il y a une manière superficielle et dangereuse de s'emparer de certaines paroles que j'ai, en effet, prononcées. Certains, qui n'ont jamais mis les pieds à Hauteville, prétendent que la voie proposée par Arnaud est « une voie où il faut revivre ses vies antérieures » et « une voie où on a le droit d'accomplir tous ses désirs » : la vérité est autrement plus subtile que cela ! Ou alors, on pense qu'on a le droit d'accomplir tous ses désirs à condition de prononcer une petite phrase magique : je peux très bien traumatiser gravement une jeune fille ou briser une vie conjugale mais avant de le faire, il suffit que je dise que je le fais « consciemment » et « pour en être libre ». Avec ça nous pouvons tout justifier et piétiner l'amour, la sagesse, la dignité et l'intégrité.

Quelle est votre vérité d'aujourd'hui ? Nous ne pouvons pas faire semblant d'être plus libres que nous ne le sommes. Si vous voulez un tant soit peu être dans la vérité, vous ne pouvez nier certains désirs et certains refus puisqu'ils sont là. Mais c'est au-dessous de votre dignité – *below my dignity* – d'être une machine au service de désirs dont vous ne connaissez pas l'origine, qui sont des compensations de frustrations d'enfant et bien rarement des nécessités. C'est à nous d'apprécier et de mettre de plus en plus de conscience dans nos existences. Gurdjieff parle de la mécanicité de la réaction – quelqu'un m'a dit une phrase gentille qui a fait naître en moi une émotion heureuse, donc cette personne m'attire et je lui accorde un crédit qui ne se justifie pas nécessairement alors qu'une personne normalement bienveillante à mon égard m'a dit une phrase juste mais qui m'a fait mal et je lui en veux. Introduisons de plus en plus de conscience dans cette mécanicité.

Il y a une différence décisive entre la conscience de soi ordinaire et la vigilance particulière à laquelle nous nous exerçons en méditation. Il y a en nous une conscience suffisante pour nous conduire décemment, ne pas confondre un magasin de chaussures et une boulangerie, notre fils et notre fille. Mais il y manque le « rappel de soi », pour reprendre l'expression de Gurdjieff. Ce serait beaucoup plus facile dans un monastère où tout nous aide à la vigilance. Le monastère a pris en charge tous mes problèmes concrets et chaque lieu, chaque instant, chaque office, ravive le souvenir de Dieu qui est, pour le moine, le visage de la vigilance, le « Veillez et priez » de l'Évangile. Qu'est-ce qui peut vous aider à devenir peu à peu de moins en moins mécanique et de plus en plus conscient ? C'est d'abord de prendre le mot « consciemment » dans un sens simple, vaste avec lequel vous serez tous d'accord : être de plus en plus conscient signifie être de moins en moins « inconscient » – je parle de l'inconscience dans le sens où, par exemple, notre conjoint ou notre conjointe peut nous faire remarquer : « Tu te rends compte de ce que tu viens de dire ? Tu es inconscient ou quoi ? » Nous réalisons alors que nous étions bien inconscient pour avoir prononcé cette phrase devant notre enfant qui ne peut pas la comprendre et va inévitablement s'angoisser. Si vous laissez échapper : « Si ça continue comme ça, nous ne pourrons plus payer le loyer », vous savez très bien vous ne vous retrouverez pas à la rue mais l'enfant s'imaginera qu'il devra coucher dehors. La vigilance nous demande d'être conscient du contexte. Où suis-je ? Pourquoi est-ce que je suis là ? Avec quelle intention ? Est-ce que j'agis délibérément ou compulsivement ? Soyez de plus en plus conscient, de moins en moins mécanique, de plus en plus présent. Être vigilant signifie être attentif à ce qui se passe à l'extérieur et à l'intérieur de vous, *awareness* en anglais.

Je résidais encore à Paris, je menais une certaine vie mondaine et aimais bien être reçu, et je me trouvais un soir dans le salon d'un bel appartement parisien, attendant de passer à table pour dîner, vous diriez ici « pour souper ». Trois ou quatre hommes étaient déjà là. On sonne et la maîtresse de maison nous présente son amie, une femme superbe ! Tous les hommes qui étaient affalés dans leur fauteuil se sont redressés, y compris Arnaud. Il est probable qu'Arnaud soit le seul qui se soit pris en flagrant délit : Quelle est mon intention ? Est-ce que je veux séduire cette femme ? Examinons cet exemple dans le contexte d'une compréhension plus vaste. D'abord, l'attraction accomplit ce que j'appelle le « zoom avant » et nous ne voyons plus qu'un détail : « Oh ! Que cette femme est belle ! » Mais nous pouvons faire le « zoom arrière », voir que ce n'est qu'un fragment de la totalité de l'existence et situer la partie en relation avec le tout. Être vigilant signifie être beaucoup plus conscient et attentif en prenant appui non pas sur une présence à soi-même qui n'est pas encore établie mais en prenant appui sur l'extérieur et sur vos réactions à l'extérieur. J'ai vu que j'étais comme les quatre autres hommes, affalé dans mon fauteuil, et que tous les quatre nous nous sommes redressés. Ce constat est un moment de vigilance et la croissance de cette attention lucide est progressive. En mettant de plus en plus d'attention et d'intention dans vos gestes, vous *verrez*. Pourquoi est-ce que je me redresse ? Le mental s'énerve quand on lui pose ce genre de question et il trouve tout de suite une réponse mensongère : j'avais un peu mal au dos…

Enfin, dernier point si important à propos de la vigilance : la conversion du premier mouvement de refus en adhésion ne peut se faire que consciemment. Cette conversion ne peut s'accomplir par le jeu habituel des causes produisant des effets. Il faut que quelque chose d'un autre niveau intervienne. La mécanicité peut produire la souffrance pour soi et pour les autres, mais elle peut aussi produire des actions admirables et généreuses pour lesquelles on nous remerciera avec raison. On ne peut pas vivre complètement distrait et non structuré mais on peut mener une existence sans la vigilance dont je parle. Quelqu'un qui ne s'est jamais préoccupé de vie spirituelle, mais qui a bénéficié d'un climat heureux dans son enfance et d'un foyer rassurant, qui a confiance en lui et qui a reçu une certaine éducation religieuse prônant la bonté et la générosité peut accomplir des actions nobles et respectables. Mais le souvenir de Dieu n'est pas constant ou plutôt Dieu est tout le temps oublié ! Si nous employons le vocabulaire religieux, nous dirons que cette personne se conduit très convenablement, mais pas « sous le regard de Dieu ».

Vous ne pouvez pas prendre appui efficacement sur une présence à soi-même qui, pour l'instant, juste maintenant, n'est pas là parce que vous vous êtes laissé prendre par la réaction. Il n'y a pas de vigilance au vrai sens du mot. Vous n'êtes pas en train de dire des absurdités ou de faire du mal à quelqu'un mais vous n'êtes pas en état de veille. Vous pouvez alors vous détendre, revenir au *hara*[1], retrouver la sensation de votre présence, cela vous prendra au moins plusieurs secondes. Ce « rappel de soi », vous pouvez le chercher en méditation ou quand vous êtes seul, *à titre d'exercice*. Pour un boxeur, sauter à la corde est utile mais ce n'est pas la même chose que d'être sur le ring avec un autre boxeur en face de lui. Il a fallu ma rencontre avec Swâmi Prajnânpad pour que je découvre cette clé tellement précieuse : prendre appui sur ce qui est. Après avoir compris ce que ça pouvait être de toujours se souvenir, j'avais douloureusement réalisé que je n'y arrivais pas ou que j'y arrivais bien peu. Et, en prenant appui tout simplement sur l'extérieur – ce qui est tel que c'est – j'ai réalisé que cette conversion du « non » en « oui » ne peut se faire que consciemment. Cela implique qu'un élément d'un autre niveau interfère, sinon cela ne se produira pas. « Oh ! Non ! » – « Oh ! Oui ! » Opérez cette conversion dans toutes les petites situations de la vie, elles qui sont à votre disposition à longueur de journée. Plus vous avez compris de quoi il s'agit, plus vous allez percevoir ces petits refus et plus vous allez voir combien ils sont nombreux :

1. Centre situé dans le bas-ventre. Voir à ce sujet l'ouvrage de Karlfried von Dürckheim, *Hara, centre vital de l'homme.*

vous taillez soigneusement un crayon et la mine se casse dès que vous appuyez la mine sur le papier : « Oh ! Non ! » – « Oh ! Oui ! » Un geste maladroit : c'est ! Constatez que vous êtes en train de refuser, donc de vous laisser prendre. Vous allez sentir au bout de quelque temps que vous êtes de plus en plus éveillé, « veillant » – « vigilant » implique « veiller » – *aware*. Dans les enseignements spirituels, *lumière* signifie *voir* – j'ai bien vu que nous nous sommes tous redressés quand cette femme est entrée dans le salon. Ne pas voir correspond aux ténèbres, à l'obscurité. Dans une pièce obscure je ne vois rien et, si j'allume, je vois. Ces instants de conscience vont devenir de plus en plus fréquents, en pointillés si je puis dire, avant de représenter un trait continu. De toute façon, si vous ne prenez pas la peine de convertir le refus en adhésion pour les petites choses, vous ne serez pas du tout préparé quand il faudra vivre cette conversion dans des circonstances qui vous feront vraiment mal. Que manque-t-il pour vous à ma réponse ?

LE MÊME HOMME : Je ne vois pas trop ce que je pourrais ajouter. Je sens que ces vasanas *prennent beaucoup de place et deviennent toujours la priorité.*

ARNAUD : Tous les aspects de l'existence sont interdépendants. L'existence est une unité organique. Dans la pratique, nous pouvons approfondir un point en particulier. Je vous ai donné des éléments de réponse à propos de la vigilance. *Awareness* veut dire que « ça ne passe pas inaperçu, je m'en rends compte ». C'est un thème. L'autre thème, lié au premier, est celui des *vasanas* au sens restreint de désirs – ce monde mouvant, changeant, complexe et contradictoire des désirs. C'est toute la voie. L'autre face du désir est la peur et le refus. Il faut regarder ce qui est compensation d'un désir infantile, expression d'un dynamisme inconscient que vous ne connaissez peut-être même pas – pourquoi ai-je tellement besoin d'accomplissements dans les quatre domaines de l'avoir : l'amour, l'argent, le pouvoir et la notoriété ? « Vous êtes l'auteur de ces livres remarquables sur la comptabilité ? Si on m'avait dit que j'allais vous rencontrer... » Cet amour-propre anime les célébrités mais il joue aussi pour chacun de nous. « Il paraît que tu as posé une très bonne question. » « Oui, répondez-vous humblement et modestement, au moment où je l'ai posée, Daniel a en effet dit que c'était une très bonne question. » Tout ce qui est amour et sexualité, argent et richesse, vanité et amour-propre et tout ce qui est volonté de pouvoir peut être vu et reconnu. L'autre face du pouvoir est le sentiment d'impuissance. Cette demande de pouvoir nourrit non seulement les fantasmes de toute-puissance mais parfois aussi ceux des pouvoirs extrasensoriels attribués à certains yogis. Impuissance et pouvoir est un thème immense. Je me souviens d'un petit garçon qui avait intimé devant moi à sa mère : « je t'ordonne de t'asseoir ! », qui bien sûr n'a pas obtempéré. Il a ensuite eu une idée géniale et il a crié : « je t'ordonne de rester debout ! ». La crise de tyrannie se produit vers deux ou trois ans. Ensuite l'enfant n'accepte pas vraiment les limites de son pouvoir mais il comprend que ces limites sont implacables.

Nos *vasanas*, nos désirs s'expriment dans ces quatre domaines, toujours avec la double face, j'aime, je n'aime pas, je veux, je refuse, ça se passe comme je voudrais, ça ne se passe pas comme je voudrais. Et c'est dans ces domaines que nous progressons peu à peu. Vous apportez progressivement de plus en plus de liberté et de dignité dans vos comportements, tout en vous acceptant comme vous êtes aujourd'hui. Car, pour changer, je dois d'abord m'accepter tel que je suis. Encore une fois, cela ne veut pas dire accomplir mécaniquement n'importe quel désir avec le mensonge de cette formule magique : « je le fais consciemment et pour en être libre » mais, en ce qui concerne la liberté, le plus tard possible !

Peu à peu une question troublante surgit : *is it necessary ?* Est-ce nécessaire ? Arrêter une hémorragie en plaçant un garrot, c'est nécessaire. Boire si on est déshydraté, c'est nécessaire. Et ensuite ? *Is it necessary ?* C'est aussi en se posant cette question que nous introduisons de plus en plus de conscience dans notre existence, sans se demander d'être plus avancé qu'on ne l'est sur le chemin. Peut-être est-ce nécessaire pour moi aujourd'hui. Nous employons parfois le mot besoin. Qu'est-ce que j'entends par : j'ai besoin ? La plupart de nos désirs habituels émanent de notre plus grande frustration. Où est votre plus grande frustration ? Souvent – et cela concerne aussi bien les hommes que les femmes – je n'ai tellement pas eu mon mot à dire autrefois que ma demande de revanche est de vouloir décider et imposer ma décision. Si je n'ai pas été aimé et que je ne me suis pas senti beau, la pulsion sexuelle est complètement déviée par la recherche de confirmation auprès des femmes. Si une femme accepte d'avoir une relation sexuelle avec moi, elle exorcise la vieille malédiction – pour un moment. Anesthésier provisoirement une blessure n'est pas la guérir.

Il y a donc un aspect psychique inconscient déterminant dans les désirs qui ne correspondent plus à une nécessité objective, mais peut-être à un besoin momentané sur le chemin de votre évolution. Je vous donne un exemple au passage : une femme *normosée*, normalement névrosée, m'a dit : il n'y a pas d'homme dans ma vie et je sens que mon corps a besoin d'être touché. Je lui ai conseillé ce que beaucoup de gens auraient pu lui conseiller à ma place : pourquoi ne vous faites-vous pas masser ? Elle l'a fait et a su en retirer un bénéfice simple et naturel. L'habileté se gagne peu à peu. Ce n'est pas à moi de vous dire d'accomplir tel désir et de ne pas accomplir tel autre. Tous les aspects de nous – pouvoir, amour, vanité, argent – peuvent entendre positivement le mot liberté, l'opposé de l'esclavage. « Elle m'a dit qu'elle m'appellerait à dix-neuf heures et dès dix-huit heures, je suis cloué au téléphone au cas où elle téléphonerait plus tôt » : est-ce vraiment la liberté ? Tous les aspects de nous peuvent entendre positivement le mot liberté et le mot dignité. Aucun aspect de nous n'a envie d'être minable et médiocre. Si vous le décidez, vous pouvez arriver à conduire peu à peu tous les désirs vers le but que la part la plus profonde de vous veut atteindre : dignité et liberté.

Réunion du soir

AFFIRMATION JUSTE ET AFFIRMATION DE L'EGO

UN HOMME : Je m'appelle René, comme mon père. J'ai vécu toute mon existence dans ma famille sous le surnom de « Toinon » ; c'est ma grand-mère qui me l'a donné, elle vivait à la maison à l'époque. Mon explication est la suivante : je devais sans doute me présenter sur les lieux alors qu'on appelait plutôt mon père et à ce moment on me répondait « Toi, non ! ». Aujourd'hui encore je dois combattre une énorme angoisse au niveau de mon affirmation du fait que j'ai si souvent entendu cette négation : « Toi, non ! »

ARNAUD : Votre explication est très plausible. En outre peut se surajouter la concurrence entre plusieurs enfants. Vous vous situiez où dans la famille ?

LE MÊME HOMME : Le cinquième.

ARNAUD : Alors, c'est doublement plausible que vous ayez entendu souvent : « Toi, non ! » lors de situations où l'on vous refusait ce qui était permis aux plus grands. Certains surnoms suffisent pour créer une inhibition au niveau de notre affirmation. Vous dites qu'il y a eu une gêne pour vous affirmer normalement. Ce n'est pas la première fois que je vous rencontre ici, que vous vous intéressez à cette idée d'une évolution possible de nous-mêmes ; donc, depuis nos premières rencontres, constatez-vous des changements dans le domaine de votre affirmation ?

LE MÊME HOMME : C'est sûr que oui. Le « oui » a été une révélation parce que dans ma démarche personnelle tout passait par le non : automatiquement « je » corresponds à « non ! » ; dans toute proposition, ce qui me vient à l'idée, c'est « non ». Puis, par la suite, après analyse, j'en arrive au « oui » mais, au départ, c'est toujours « non ». Donc, pour moi, connaître et cheminer sur la voie a été vraiment LA révélation, parce que c'était vraiment à l'opposé du conditionnement reçu.

ARNAUD : Bien entendu, il faut savoir dire « Non ! » avec fermeté : un « non » extérieur. Le non dont nous parlons, que nous voulons éliminer, c'est le refus que la réalité soit pour l'instant ce qu'elle est. Cette distinction ne sera jamais trop claire.

Votre question portait sur l'affirmation. Si j'ai bien entendu, vous avez dit ceci : « J'ai eu toute ma vie une gêne pour m'affirmer moi-même ! » Mais comment devons-nous comprendre « s'affirmer soi-même » ? Il y a des manières tout à fait ordinaires de s'affirmer en disant « Non ! ». C'est une affirmation qui nous maintiendra dans le monde des conflits : « Je m'affirme, l'autre s'affirme, qui va être le plus fort ? » Et puis, il y a une autre affirmation. Affirmer veut dire être positif. Positif, c'est-à-dire « j'affirme », j'affirme quoi ? Je prends appui sur ce qui est et j'affirme ce qui est. Mais l'affirmation qui cherche simplement à dominer l'autre entraîne inévitablement la peur de ne pas être le plus fort ; à l'arrière-plan, il y a un doute : « Je ne suis pas si fort que ça ! » Vous ne pouvez pas être complètement en sécurité. Différente de l'affirmation de l'ego, il y a une autre affirmation plus impersonnelle. C'est la vie – pas ma vie, la vie – qui s'affirme à travers vous. C'est le cœur de la voie. Vous êtes – et vous, ego, vous n'y êtes pour rien. L'être, la vie, la conscience sont par eux-mêmes. Ensuite se surajoute l'ego : je suis ceci donc je ne suis pas cela ; je suis doué dans un domaine, je le suis moins dans un autre. Nous restons dans le monde limité, le monde où il y aura toujours des problèmes, des oppositions et où nous n'aurons jamais le favorable sans le défavorable.

Laissez la vie qui vous anime s'affirmer à travers vous, faites confiance à votre être essentiel beaucoup plus profond que « moi ceci, moi cela ». Parce que c'est la vérité. Il n'y a aucune justification à vous sentir faible, insignifiant, moins valable que les autres, n'ayant pas le droit de vous épanouir. Aucune ! Inversement, il y a une affirmation du moi qui paraît parfois un succès mais qui nous maintient dans le monde des conflits, le monde où tantôt la réalité répond à notre attente, où tantôt la réalité trahit notre attente et qui ne peut pas nous conduire à la paix.

Il n'y a pas de vraie sécurité, sauf dans cette autre affirmation juste qui se découvre peu à peu par la méditation, par la détente intérieure, en ne cherchant plus, ou en cherchant moins notre point d'appui au-dehors : « Est-ce qu'il y a quelqu'un, un être humain qui va m'aider, qui va m'aimer, qui va me comprendre ? » bien que cette recherche au-dehors soit normale, naturelle et bien compréhensible. Puis, peu à peu, vous découvrez en vous-même une force détendue. Comme enfants nous avons été dépendants de l'autre ; comme adultes nous devenons moins dépendants de l'autre : nous sommes capables, dans des moments de solitude, d'être critiqués ou rejetés par telle ou telle personne ou tel ou tel groupe sans en être désemparés. Parce que nous avons trouvé un point d'appui intérieur. Si nous revenons à l'inépuisable image de l'océan et des vagues que l'on peut utiliser dans tant de contextes, qu'est-ce que cela peut faire à une vague d'être critiquée par une autre vague si elle réalise qu'elle a son être dans l'océan et que c'est cette immensité qui s'exprime à travers elle – et à travers l'autre. Vous pouvez découvrir que c'est la même vie, la même unique vie qui nous anime nous, nos amis et nos ennemis.

Rassurez-vous, vous percevrez toujours la multiplicité, la différence. Vous serez toujours capable de reconnaître quelqu'un et de savoir qui vous rencontrez. Mais vous sentirez de plus en plus l'unité qui sous-tend la multiplicité. L'affirmation juste n'est pas celle de l'ego, bien au contraire. L'affirmation de l'ego est une impasse. Tôt ou tard, nous trouvons toujours plus fort que nous. Observez, voyez et soyez convaincu.

Chez les « sages », le sens de l'individualité limitée et séparée s'est effacé. « Moi avec ce que je suis et ce que je ne suis pas, moi et les gens qui m'admirent et les gens qui me critiquent », etc. Cette prison de l'ego s'est complètement dissoute. Mais ils ont une présence d'un autre ordre, presque impersonnelle. C'est une affirmation supra-individuelle. Ce n'est plus : « moi ! ». Moi, avec tout ce que ce mot implique parfois de dons, de succès, mais aussi de limitations et de fragilité. Il est possible que l'existence nous soit favorable et que nous réussissions à nous imposer dans bien des domaines mais l'existence est la plus forte et elle nous le montrera lors des drames individuels ou collectifs dans lesquels nous nous trouverons impliqués.

Entendez la parole célèbre de saint Paul : « Je vis, mais non plus moi, c'est le Christ qui vit en moi. » Ce n'est pas un état de possession par quelqu'un d'autre, un nommé Jésus de Nazareth. C'est le Christ en tant que réalité spirituelle, cosmique. L'idée, c'est : « Je vis, mais ce n'est plus moi. » Qu'est-ce qui s'affirme en nous ? Notre état normal, naturel, juste, n'est ni blessé, ni meurtri, ni même névrosé. Le simple fait que nous existions est une affirmation, une affirmation impersonnelle.

Et si vous sentez que vous n'existez pas vraiment, que vous n'osez pas exister, que vous êtes inhibé, vous ne pouvez pas vous installer dans cette infirmité, vous voulez autre chose et c'est juste. « Ce n'est pas ma vérité, je suis appelé à autre chose. » Il y a là une insatisfaction tout à fait compréhensible et justifiée. D'un point de vue, la voie vous permet d'abord une certaine affirmation, même encore individuelle. Vous gagnez une présence à vous-même, un enracinement, une relation beaucoup plus consciente avec votre corps physique.

Mais il y a toujours le risque que l'ego ou l'égocentrisme s'empare de la pratique : « Je me sens faible par rapport aux autres qui sont plus forts que moi, plus audacieux dans tous les domaines ; je vais prendre ma revanche et je vais devenir de plus en plus fort ! »

Le thème de l'affirmation est subtil. Il n'y a aucune justification à se sentir faible, pas sûr de soi ! Et il est totalement juste que cette impression d'être faible ou pas sûr de soi disparaisse. Mais si l'ego récupère une pratique, alors je me sens en effet plus fort mais je ne suis pas engagé sur la voie de l'éveil, au contraire. Ce plus fort-là a sa limite, son impitoyable limite. Essayez d'entendre et de sentir la radicale différence et de ne pas vous engager sur la voie sans issue. Il n'y a aucune justification à se sentir faible. Si vous n'avez pas été assez reconnu dans votre enfance, vous n'avez pas pu vous affirmer, c'est une empreinte, une marque, un *samskara* dont vous pouvez vous libérer. Mais ne cherchez pas une affirmation qui soit une impasse.

Dans la méditation, nous devenons plus silencieux et nous sentons la Vie ! Mais pas ma vie, la Vie qui s'affirme à travers moi.

Ironie, sarcasme et humour

UN HOMME : Ma question est sur l'utilisation de l'ironie. Il y a deux ans, je vous avais dit quelque chose, vous m'avez regardé, et vous m'avez dit : « Michel, vous faites trop d'ironie. » Ça m'avait surpris. Je me suis dit : « Bah ! Je m'expliquerai plus tard », et j'essaie de rendre ça banal. Mais venant de vous, cela m'a questionné longtemps. J'essaie toujours effectivement de tasser ça dans le coin, sauf qu'à travers toutes ces années-là, je me suis rendu compte que je pouvais utiliser l'ironie ; je concédais que je faisais de l'ironie, mais au moins ce n'était pas du sarcasme.

ARNAUD : Nous allons préciser ces nuances de vocabulaire.

LE MÊME HOMME : J'imagine. Avant le séjour ici, je lisais dans le livre L'Ami spirituel *qu'une Parisienne vous avait autrefois écrit et demandé : « Pouvez-vous m'indiquer un véritable maître spirituel à Paris sur la Rive droite ? » Vous écriviez : « Pendant un instant, j'ai été tenté de répondre : je n'ai pas bien compris si c'était la rive droite du Gange ou de la Yamuna. » Là-dessus, je me suis souvenu que je n'avais, en aucun cas, le droit d'ironiser. Cette question me tourmente depuis deux ans. Je me suis dit, tu dois poser la question à Arnaud : « Quelle est la place de l'utilisation de l'ironie sur le chemin ? » C'est quelque chose que l'on doit économiser...*

ARNAUD : D'abord nous devons être bien d'accord sur ce que nous entendons par ironie, quelle différence nous faisons entre ironie et sarcasme, et ne pas confondre l'ironie et l'humour. Il y a deux réalités distinctes. Est-ce que mon ironie blesse l'autre ? C'est une première question. Est-ce que j'aimerais qu'on rie à mes dépens ? Qu'on se moque de moi ? Qu'on me dise une phrase qui fasse rire tout le monde mais dont je fasse les frais ? C'est un premier point. Ne faites pas aux autres ce que vous ne voudriez pas qu'on vous fasse. Nous progressons en prenant de plus en plus en compte la sensibilité, la souffrance éventuelle de ceux qui nous entourent. C'est un premier aspect : l'humour ne blesse pas. Nous avons fait rire, mais nous n'avons pas fait mal.

Un autre point est un peu moins évident : cette ironie est-elle mécanique, compulsive ? L'ironie est un mécanisme qui s'est mis en place pour cacher un manque d'affirmation, une faiblesse, un problème personnel. C'est une manière de fuir notre réalité, notre propre souffrance, nos conflits, notre malaise. Et malheureusement si l'on a un don de repartie, ça marche. On balance des phrases habiles, bien choisies et l'autre ne sait plus quoi dire. On fait rire mais cette mécanique cache une grande faiblesse. Il faut que nous le voyions et que nous n'utilisions plus cette ironie comme une fuite. « Où est mon vrai problème ? » Je dis bien, est-ce que cette ironie est compulsive ? Il y a un don d'ironie qui est un esclavage. Il masque votre faille et vous permet de rester à la surface de vous-même. Ce don est devenu votre mécanisme d'évitement de votre propre profondeur. Je ne dis pas la profondeur ultime – le Royaume des Cieux au-dedans de nous, l'*atman*, la nature-de-Bouddha – mais la profondeur subliminale qu'on essaie de rendre consciente par certaines approches de psychanalyse ou de psychothérapie. « Où est ma vérité ? Où est ma vérité profonde que je réussis plus ou moins à nier, à ne pas voir ou à fuir ? »

Je ne suis pas en train de suggérer que la voie spirituelle exclut l'humour. Vous connaissez la sentence « Un saint triste est un triste saint. » On peut avoir une vie spirituelle sans être sinistre. Je n'ai pas eu l'occasion d'entendre Swâmiji raconter des histoires où j'ai été plié de rire comme avec Swâmi Ramdas mais je l'ai souvent vu très souriant, vraiment souriant. Ramdas, je le comprenais parce qu'il s'exprimait en anglais mais autour de Mâ Anandamayî, bien que je ne comprenne pas le bengali, je voyais bien que tout le monde riait. Il y avait une place pour l'humour dans le témoignage de ces saints.

Inversement, l'ironie est souvent une manière totalement mécanique de se maintenir à la surface de l'existence. La personne se protège pour ne pas ressentir une souffrance : c'est son arme, sa défensive. Si une souffrance est latente en vous, vous avez à l'accueillir, l'intégrer, la transformer, mais ne la niez pas, ne la jugez pas.

Vous remarquerez que certains ironisent presque tout le temps. Au cours d'une réunion, alors que la rencontre s'approchait d'une certaine profondeur, une petite phrase ironique, une petite boutade et le tour est joué : ironie compulsive. Être vigilant, c'est se voir, se surprendre en flagrant délit. « Ah ! je viens de faire de l'ironie. Pourquoi ? Oui, pourquoi ? » Certains mécanismes d'évitement sont puissants et tenaces.

Il y a là un paradoxe. Comment est-ce que certaines personnes, qui ont lu certains types de livres, entre autres ceux d'Arnaud Desjardins, qui demandent à faire un séjour à Mangalam ou à Hauteville, demeurent ensuite sur la défensive, évitent leur vérité et restent obstinément à la surface d'eux-mêmes. Cette contradiction est beaucoup plus fréquente que vous ne le croyez peut-être. Que pouvez-vous faire pour bousculer ce mécanisme et être, vous, en contact avec votre vérité et ce qui se cache derrière cette ironie. Soyez drôle, pas méchant.

Puisque vous avez pris la peine de venir, jouez le jeu ! Donnez sa chance à l'enseignement qui est transmis.

Reconnaître ses demandes

UNE FEMME : Dans votre livre La Voie du cœur, *vous écrivez que nous devons accepter le fait que nous sommes des êtres qui sont en demande ; et tant qu'à demander, demandons intelligemment. Je me demande comment concilier les deux affirmations : à savoir celle-là et dire oui à ce qui est. Ma compréhension est que lorsque nous sommes dans les demandes, très souvent, c'est qu'il y a un refus de ce qui est.*

ARNAUD : Ce sont deux thèmes différents. Des demandes, oui. Vous pourriez dire des désirs. Vous ne pouvez pas faire semblant de ne pas ressentir ces demandes. Par conséquent, tentez, avec j'espère un peu de lucidité, d'éviter ce que vous voulez éviter, d'obtenir ce que voulez obtenir et d'atteindre ce que vous voulez atteindre. Et l'existence vous enseignera ce que vous avez, vous, besoin d'apprendre.

Ne prenez pas tout de suite comme critère le sage arrivé au niveau ultime, complètement détaché. Accepter que ce qui est soit. Reconnaître que ce qui est est et agir sont parfaitement compatibles. « Ce qui est » au présent ! En cas d'incendie, je ne vais pas laisser brûler ma maison entière parce que les rideaux près de la cheminée ont pris feu, j'appelle les pompiers qui arrivent avec leurs lances. Ce n'est pas un refus. C'est une acceptation plus une action ! Ce qui a été a été, ce qui est est : ça n'est pas discutable. Si nous sommes lucides, nous n'avons pas le choix d'accepter ou de ne pas accepter la vérité du présent. Sur ce qui *est, au présent*, nous ne pouvons pas intervenir. Refuser n'est pas une intervention, c'est une illusion. Comme si ça changeait quelque chose. Cessons de discuter une évidence ! Juste maintenant, ce qui est est. Et dans une seconde et dans dix secondes et demain : en même temps que le flux du temps, de l'impermanence au niveau relatif, du devenir, ce qui est est.

Certaines demandes ne sont pas spécialement névrotiques, elles ne sont pas forcément des compensations à des frustrations d'enfant ; elles sont ce que Swâmiji qualifiait de *« normal and natural »*. Ou alors, nous considérons – ce qui est vrai aussi – que toute l'existence n'est qu'une immense compensation au fait de n'être pas déjà libéré. Un être vraiment libéré est passé sur un autre plan. Mais tant que nous ne sommes pas passé sur un autre plan, « oui, je vais tenter, oui ».

Je peux vous raconter une histoire vraie. Une jeune femme m'a dit il y a quelques années : « J'en ai assez d'être seule, je cherche un compagnon, un homme. » Je lui ai répondu : « Bien ! Faites l'homme-sandwich, déambulant avec un bel écriteau : “Je cherche un homme de qualité.” Soyez cohérente ! » L'histoire vraie c'est, bien entendu, qu'elle ne s'est pas promenée avec sa pancarte mais s'est renseignée pour savoir où il y avait des annonces matrimoniales sérieuses et en a placé une. Elle m'a raconté : « J'ai reçu cent réponses, j'ai rencontré dix hommes, j'en épouse un. » Ça fait au moins douze ans, c'est un couple heureux. Lui aussi est très engagé et vient faire des séjours à Hauteville alors qu'il n'avait jamais entendu parler de ce genre d'enseignement auparavant. Donc, dans un tel cas, il y a une demande, oui ! Mais, juste maintenant, cet homme dont je rêve est-il à mes côtés ? Non, vous ne l'avez même pas encore rencontré.

Mais si vous cherchez à accomplir un désir, vous allez rencontrer des contretemps, des obstacles. Oui. D'accord ! Qu'est-ce que je fais maintenant ? Agissez en fonction de ce qui est, non de ce qui devrait être, comme au jeu de dames. Les pions noirs d'un côté, les pions jaunes. Toc. L'adversaire : toc, toc, il a repris deux pions. Bravo, bien joué ! À moi. Vous pouvez mener sportivement votre existence. Pas l'ennemi : l'adversaire. Vous voulez accomplir quelque chose. L'existence, sous la forme d'un être humain ou sous la forme d'un événement, fait obstacle. Soyez beau joueur, beau joueur oui, un point pour toi ! Et maintenant, à moi, qu'est-ce que je fais ? Revenez tout le temps à cette acceptation qui est le fondement de notre pratique. Ne perdez pas votre énergie à tenter de nier ce qui est, à proclamer mensongèrement que ce qui est n'est pas. *« Be faithful to yourself as you are situated today !* », « Soyez fidèle à vous-même, tel que vous êtes situé aujourd'hui. » Ne vous trahissez pas vous-même. Si dans cinq ou dans dix ans vous avez beaucoup changé, nous en reparlerons. Cette demande est en vous, tentez de l'accomplir. Oui ou non. Très souvent, la réponse juste pour vous *aujourd'hui* sera : « oui, je le fais ». Pourvu que ce ne soit pas une demande malsaine, ni une demande qui va créer des désastres, ni non plus un désir que vous ne pouvez accomplir qu'en piétinant les autres.

LA MÊME FEMME : J'ai un fils malade. Si je demande la guérison de mon fils, ça m'empêche d'accepter ce qui est là, non ?

ARNAUD : Est-ce que la seule chose qui vous intéresse, c'est ce qui sous-tend ce monde d'oppositions, bon, mauvais, heureux, malheureux ? Non. Est-ce que vous pouvez nier qu'il y a cette demande de guérison en vous ? Non. Où est la vérité ? Laissez le futur libre. Vous n'en connaissez qu'une petite part : vous savez que le soleil va se lever demain, que les jours vont raccourcir jusqu'au 21 décembre, mais le reste ? Des probabilités mais pas des certitudes. Laissez l'avenir libre.

Oui, cette demande est en vous et le fait même qu'elle soit là est comme une prière. Du point de vue religieux habituel, les prières dites de pétition, c'est-à-dire de demande, ne sont pas toujours exaucées. Combien de mères ont demandé que leur enfant guérisse et combien de mères ont perdu l'enfant. Pourtant, je lis dans l'Évangile : « Tout ce que vous demanderez en mon nom, c'est comme si vous l'aviez déjà reçu. » Alors, allez-vous perdre la foi pour cette cruelle déception ?

« Mais qu'il soit fait selon Ta volonté. » En assumant à la fois la demande et le lâcher-prise, vous êtes fidèle à vous-même et à la voie. C'est le message même de l'Évangile : « Père, si possible, que cette coupe s'éloigne de moi mais qu'il soit fait selon Ta volonté ! » La soumission est capitale sur la voie mais elle est révoltante pour l'esprit moderne. Pourtant ça n'arrive pas qu'aux autres. Des milliers d'enfants meurent. Ça ne nous empêche pas de dormir. Mais si c'est le nôtre qui meurt, c'est une immense souffrance. Je suis père de deux enfants et je comprends que ce sentiment soit encore plus puissant pour une mère qui a porté l'enfant et qui l'a mis au monde. Dieu n'exauce pas toutes les prières. Par contre, si vous demandez à Dieu l'essentiel : Dieu lui-même, Il se révèle à vous. Là, vous êtes sûre d'être exaucée.

Revenez à la simplicité de la vérité : je demande parce que de toute façon je demande. Et si vous êtes tant soit peu imprégnée d'une certaine approche religieuse, tout naturellement vous allez demander à Dieu. Cependant, il y a une manière infantile de demander à Dieu, à la sainte Vierge ou à un saint, qui ne peut conduire qu'à des frustrations, ou même à des révoltes.

Je vais vous raconter un événement survenu lorsque j'avais onze ans et qui m'avait beaucoup marqué. J'ai été élevé dans un milieu très chrétien, le protestantisme français unifié, les Huguenots. Une amie de ma mère a perdu un enfant de mon âge et, à partir de là, elle a violemment rejeté Dieu et la foi. « Si Dieu existait, Il n'aurait pas permis que mon enfant meure ! » Elle n'a plus mis les pieds au temple, bien qu'auparavant elle s'y soit rendue pendant des années en sachant parfaitement que dans le monde des milliers d'enfants meurent chaque jour. Ne soyons pas incohérents.

Cette demande, elle est là en vous, normale, naturelle. Portez-la comme une prière ! Mais, je vous en prie, essayez de vous ouvrir à la suite de la prière : « Que Ta volonté soit faite ! » Si nous nous révoltons contre la réalité parce qu'elle nous apparaît, à nous, comme très douloureuse, nous ne pouvons plus progresser sur la voie. La vérité, c'est que des hommes jeunes meurent en laissant une veuve et des orphelins ; la vérité, c'est que des enfants meurent. Si une tragédie ne vous frappe pas personnellement, elle frappe tant d'êtres humains autour de vous. Dans ce monde, il y a la naissance et la mort, la santé et la maladie, l'amitié et l'hostilité, la générosité et la trahison ; à certains égards, ce monde est tragique, atroce par les drames que les médias nous font connaître et que les promesses de bonheur nous font oublier. Dans ce monde tel qu'il a toujours été, qu'en est-il de la grande promesse, de l'espérance spirituelle ? Oui, il y a un sens à l'absurde. La vérité ultime ce n'est ni l'aberration, ni l'absurde, ni la souffrance. La grande promesse, c'est la vie éternelle, au-delà du temps, au-delà de la naissance et de la mort. Ce n'est pas la promesse que si vous méditez tous les jours, votre enfant va guérir.

Puisque cette demande règne en vous, assumez-la : *« Be faithful to yourself. »* C'est dans votre vérité d'aujourd'hui ; et, en même temps, ce qui est est. Ne discutez pas vainement l'indiscutable. Vous pouvez vous y exercer beaucoup si vous êtes convaincue que ce qui est révoltant est également sacré. Tant que vous refuserez que ce qui est soit, jour après jour, instant après instant, vous continuerez à souffrir et votre souffrance ne changera rien à la réalité. Des événements heureux se produiront, des événements tragiques surviendront et vous serez ballottée d'un extrême à l'autre. Vous n'aurez pas découvert cette réalité qui justifie le message d'espérance transmis par les différentes spiritualités.

Si on ne commençait pas par dire non, il n'y aurait pas besoin de dire oui ! Si nous ne commencions pas par refuser que ce qui est soit, il ne serait pas question de dire « acceptez ». Mais nous sommes conditionnés à tenter de nier ce qui ne peut pas être nié : la réalité présente.

Laissez l'avenir libre. « Je vais tenter ce que je peux tenter mais que Ta volonté soit faite. » Essayer d'arriver à une compréhension complètement claire et complètement convaincante pour vous, sans confusion entre les deux acceptions possibles du mot acceptation, confusion beaucoup plus fréquente que vous ne le croyez peut-être. « Monsieur Desjardins, vous dites qu'il faut accepter, mais on ne peut quand même pas tout accepter ! » Ce cri du cœur indigné montre que nous ne parlons plus du tout de la même chose, que nous ne donnons pas du tout le même sens au même mot. Il n'est pas un instant question de tout approuver, de tout applaudir. Il est question d'éviter un mouvement intérieur de refus qui ne change rien à la situation, qui brouille notre vision et rend notre action inadaptée. Ce qu'il s'agit d'accepter, c'est ce qui, en vérité, ne peut pas ne pas être accepté. C'est ne plus tenter de nier ce qui est, ne plus surimposer l'irréalité de ce qui devrait être (ou aurait dû être) sur la réalité de ce qui est. Et, bien sûr, l'action pour changer ce qui peut l'être reste à notre disposition.

Je reconnais que le mot acceptation n'est peut-être pas le mieux choisi s'il peut induire en erreur. Il y a bien longtemps, au Bost, j'ai entendu, pour la première fois, une phrase exemplaire du malentendu possible : « Alors je dois accepter d'être insultée par mon mari devant mes enfants ? » Nous ne donnons pas le même sens au mot accepter. Il s'agit de voir et reconnaître : ici, maintenant, mon mari est ce qu'il est, l'expression de son visage est ce qu'elle est, la vibration de sa voix est ce qu'elle est, les mots qu'il emploie sont ce qu'ils sont. Ce n'est pas discutable. À partir de ce constat, qu'est-ce que je peux faire réalistement, quelle réponse puis-je donner à cette situation ?

Nous pouvons utiliser les termes *est* ou *être*. Puisque vous avez fait allusion à l'approche chrétienne, je fais allusion aux Évangiles où l'on retrouve ce passage célèbre : « Que ton oui soit oui, que ton non soit non. » Dans la traduction latine de saint Jérôme, réputée excellente, il est écrit : « C'est, c'est ; ce n'est pas, ce n'est pas ; car tout le reste vient du malin. » C'est donc ainsi que nous devons comprendre cette parole : « Que ton oui soit oui. » Ce pull est-il beige ? Oui ! Ce pull est-il rouge ? Non ! Terminé. Ce qui est est. Ce qui n'est pas n'est pas.

Nous retrouvons dans toutes les traductions le même enseignement sous des visages différents. Je ne parle pas à la légère. Qu'y a-t-il de plus cruel pour des parents que la mort de leur enfant ? Le Bouddha lui-même a pris une maman qui a perdu un enfant comme exemple de la plus haute souffrance mais pour montrer le chemin qui conduit au-delà de la naissance, de la mort, de la séparation, de la souffrance.

Vous nous dites : « Mon enfant est malade, une prière monte en moi : que mon enfant guérisse ! » Qui, n'étant pas complètement submergé par sa souffrance à lui, ce qui peut arriver, pourrait vous entendre sans un sentiment de communion avec votre cœur de mère. Mais si votre enfant guérit, d'autres ne vont pas guérir et d'autres mères pleureront.

De toute façon, quand nous commençons à être moins prisonniers de notre souffrance à nous, nous devenons beaucoup plus conscients de la souffrance autour de nous. En un sens nous échangeons une souffrance, la nôtre, pour la souffrance de milliards d'habitants de cette planète. Avez-vous une objection, ressentez-vous un malaise par rapport à ce que j'ai dit ? Un doute ?

LA MÊME FEMME : C'est clair !

ARNAUD : C'est la voie vers l'au-delà du par-delà de l'au-delà. « Mon royaume n'est pas de ce monde. » Il peut être *dans* ce monde. On peut être un sage tibétain, un sage hindou, un mystique chrétien, dans ce monde même. « Mon royaume n'est pas *de* ce monde. »

On raconte l'histoire d'un moine dont toute la prière était : « Oh ! Dieu, surtout n'exaucez pas mes demandes ! » Je vais encore demander quelque chose, Dieu va l'exaucer, tant pis pour moi. Il va me donner quelque chose et ce quelque chose va entraîner des conséquences diverses plus ou moins fâcheuses.

« Seigneur, surtout n'exaucez pas mes prières, la seule chose que je vous demande c'est que votre volonté s'accomplisse. » Je sais combien le langage catholique est devenu insupportable à beaucoup de Québécois : « Oh ! Dieu, soumis à Vos adorables volontés, je bénis les souffrances que Vous m'imposez... » Je comprends que l'on ait du mal à entendre de telles expressions mais le plus difficile à entendre c'est qu'il y avait un fond de vrai dans ce jargon : la paix et la libération par la soumission.

Me permettez-vous, malgré la gravité de votre question, de raconter une petite histoire drôle ? Ce n'est certes pas un manque de respect pour votre souffrance de mère. Un curé explique à une jeune fille qu'il ne faut pas faire des prières égoïstes et que si elle veut vraiment se comporter en chrétienne, elle doit prier non pour son bonheur, mais pour le bonheur des autres. La jeune fille qui a tout compris s'agenouille et murmure : « Oh ! Dieu, je ne vous demande rien pour moi mais si vous pouviez donner un gendre à ma mère, ça la rendrait si heureuse ! »

Septième jour

26 octobre

Réunion du matin

LIMITATIONS ET VASTITUDE

UNE FEMME : Arnaud, comment est-ce possible d'être de plus en plus vaste quand tout ce qui s'est révélé à moi cette semaine, ce sont les limitations : les jugements, les émotions, la colère et la tristesse ?

ARNAUD : Les limitations apparaissent dans la vastitude de la conscience – les bouddhistes diraient plutôt la vastitude de l'esprit – de même que, dans la vastitude de l'espace, apparaissent et disparaissent des nuages, parfois quelques nuages blancs bien dessinés dans un ciel bleu, parfois des nuages noirs annonciateurs de pluie. Les nuages peuvent être à quatre ou cinq kilomètres d'altitude mais l'espace est infini. Certains jours, ce qui apparaît dans la vastitude de notre espace n'est pas simplement un petit nuage blanc qui traverse le ciel. Nous ne pouvons vraiment retrouver cette immensité qu'en accueillant et en reconnaissant comme une forme limitée telle coloration affective particulière ou telle préoccupation momentanée. Ces formes se ramènent toujours à la sensation, l'émotion et la pensée – *physical, emotional and mental.* Toute forme est impermanente : même une maladie qui dure n'est pas fixe, elle évolue, elle a des hauts, elle a des bas… Nos sensations, nos ressentis affectifs, nos pensées, nos dispositions, nos sautes d'humeur, nos états d'esprit successifs sont des formes limitées mais elles prennent place dans la vastitude, même si elles la recouvrent comme aujourd'hui les nuages recouvrent l'immensité de l'espace. Et vous pouvez retrouver cette vraie nature de la conscience qui est en elle-même cet espace infini. L'autre image traditionnelle est celle des vagues par rapport à l'océan – ou au lac pour les Tibétains. Il n'y a pas d'autre démarche possible que d'accepter et de lâcher à la fois ces formes passagères, de chercher cette « conscience-témoin » que Swâmiji comparait à un miroir. Sinon, nous restons prisonnier de ces formes limitées tant que nous nous identifions à elles.

Essayez, exercez-vous. Sur quoi est-ce que vous pouvez vous appuyer ? Pouvez-vous utiliser concrètement tout ce qui vous a été transmis par les livres ou par les paroles ? Qu'est-ce qui peut vous aider pour tenter, expérimenter, vérifier ? Si vous ne comprenez pas une formule, pouvez-vous en utiliser une autre ? Je suis bien d'accord avec vous que la vastitude n'est pas dans ces formes limitées. Elle est à l'arrière-plan, à la source d'où naissent ces formes que nous avons une fois pour toutes divisées en bon/mauvais, plaisant/déplaisant, agréable/désagréable, heureux/malheureux, favorable/défavorable, gratifiant/frustrant. Accueillez, il n'y a pas d'autre possibilité ! « *See and recognize* »,

« voyez et reconnaissez » : c'est là pour l'instant. Qu'en est-il de cette conscience-témoin ? – *witness consciousness* – expression par laquelle les hindous eux-mêmes traduisent le sanscrit *sakshin*. La conscience-témoin est semblable à une lampe qui s'allume, qui éclaire et qui ne discute pas ce qu'elle éclaire. L'action qui en découle est autre chose. C'est parce que nous avons allumé la lampe et sommes donc en mesure de voir pourquoi une machine ne fonctionne plus que nous pouvons la réparer mais la lumière se contente d'éclairer. *See and recognize* – reconnaissez d'abord que c'est là maintenant. Il y a une habileté à découvrir qui fera que dans trois minutes cette tristesse aura considérablement lâché et aura peut-être même disparu. Mais juste maintenant, je reconnais que c'est là. De quoi s'agit-il ? Il s'agit de pensées d'un certain type tournant autour de tel sujet, accompagnées de telle émotion.

La vastitude, le limité et l'illimité, c'est un très grand thème qui est souvent revenu dans mes entretiens d'autrefois avec Swâmi Prajnânpad. La joie et la satisfaction profonde ne se trouvent pas dans le limité, elles se trouvent dans la vastitude – vous lirez parfois le mot espace, *space*. Nous nous laissons restreindre en nous emparant de quelque chose, le plus souvent pour y résister. Accueillez, retrouvez cet espace qui est la vraie nature de la conscience. Je n'ai pas dit de *votre* conscience, j'ai dit de *la* conscience. Si un jour, au lieu d'être nuageux, le ciel est vide et bleu et que le soleil n'est pas au zénith, allongez-vous tranquillement et regardez le ciel, son absence de limites et, momentanément, l'absence de formes définies. Il n'y a que la vastitude bleue – parce que du point de vue de la Terre, nous voyons le ciel comme bleu. C'est un exercice connu qui fait partie de la liste des pratiques proposées notamment chez les Tibétains. Momentanément, ma conscience prend la forme de ce à quoi elle s'attache. Si vous regardez uniquement la photo de Kalu Rimpoché – tout le reste est oublié. Quelle que soit la sagesse de Kalu Rimpoché, cette photo est une forme limitée. Si vous contemplez l'immensité du ciel bleu et que vous ne voyez que l'espace, votre conscience prend pendant quelques instants la forme de cette absence de formes, de cette immensité vide devant laquelle vous êtes en contemplation. Vous avez peut-être déjà vécu ce que je propose : vous êtes parfaitement conscient et uniquement attentif au ciel vide (puisque les étoiles sont invisibles le jour). Il se peut alors que vous restiez quelques instants vous-même parfaitement conscient et vide : c'est la vraie nature de l'esprit. Puis dans ce ciel apparaît un nuage, un oiseau qui le traverse, un avion… Mais le ciel demeure toujours vaste, immense, illimité, infini.

Il est bien clair que la vastitude n'est certainement pas dans le limité, le changeant et le dépendant – dépendant de tant de causes que nous sommes loin de connaître toutes. L'oiseau qui traverse le ciel est une forme limitée : il peut nous paraître très beau ou au contraire affreux. L'image a sa limite parce que l'oiseau est d'une autre nature que le ciel, tandis que les vagues ne sont pas d'une autre nature que l'océan. La conscience est l'essence de ces formes limitées et la conscience en elle-même n'a pas de forme. Les formes se succèdent et les formes nous voilent la conscience. Cette conscience n'est pas uniquement statique. Nous sommes à la fois statique et dynamique, à la fois conscience et énergie. L'océan avec vagues et l'océan sans vagues sont la même réalité – les vagues apparaissent à la surface de l'océan et disparaissent si le vent cesse de souffler.

Il est vraiment intéressant de réaliser que cette même conscience-énergie (qui, dans certaines peintures ou sculptures tantriques, peut être représentée comme un couple en union) prend la forme d'une joie ou d'un désespoir comme la même pâte à modeler peut être sculptée en ange ou en démon. L'essence d'une joie et l'essence d'un désespoir sont les mêmes. Ce sont des idées importantes sur lesquelles certains enseignements insistent particulièrement – notamment l'enseignement tantrique. « L'essence », « le fondement », « la matière première » est comparée par les hindous à de l'or avec lequel on peut faire un Aum, un bijou musulman, une croix catholique. L'orfèvre qui achète votre croix n'achète pas votre croix : il achète tant de grammes d'or. Une autre image est celle des pots, vases, récipients qui sont toujours de l'argile. Il s'agit de la même matière première, la conscience qui prend ces formes mais qui, essentiellement, demeure disponible pour une joie un jour et pour une tristesse le lendemain.

Réfléchissez et ne lâchez pas ce thème fondamental. C'est à l'intérieur de la vastitude que le limité apparaît et nous pouvons retrouver en nous cette vastitude si toute notre attention n'est pas prise par le limité. Mais s'il y a quelque chose d'heureux, nous oublions tout le reste, nous oublions que la maladie existe, que la souffrance existe, que nous pouvons avoir un accident demain. Inversement, si nous venons d'apprendre une mauvaise nouvelle, nous ne voyons plus que celle-ci.

Ouvrez votre cœur et votre esprit et accueillez sans prendre, c'est la seule possibilité d'être libre, non affecté. Faites votre part : le maître ou l'instructeur vous donne des indications ou une orientation. Vous n'avez pas besoin d'avoir tout compris pour commencer à expérimenter, à tâtonner et à chercher. C'est à partir de vos tâtonnements que vous allez poser des questions plus précises. Mais comprenez encore un point : le limité ne peut pas avoir l'expérience duelle de l'illimité. Lorsque je dis « retrouvez en vous cette vastitude », entendez *être* cette vastitude, sans dualité.

La nostalgie de l'amour

UNE FEMME : Il y a déjà plusieurs années que je viens ici et c'est la première fois que j'arrive à sentir à quel point vous nous aimez et à quel point vous m'aimez. Cela me touche beaucoup parce que je sais que vous n'y êtes pour rien car c'est moi qui n'arrivais pas à sentir cet amour. J'ai l'impression que dans ma vie il n'y a pas d'amour. J'ai toujours pensé que personne ne m'aimait et je fais beaucoup de choses pour essayer que quelqu'un m'aime.

ARNAUD : Vous n'êtes pas la seule : *we are begging for love* – nous mendions l'amour.

LA MÊME FEMME : Est-ce que c'est la même chose dans ma vie, c'est-à-dire est-ce que c'est simplement que je n'arrive pas à sentir cet amour ?

ARNAUD : De quel amour parlons-nous ? L'ego ou l'égocentrisme peut rêver d'aimer parfaitement mais il ne peut aimer qu'imparfaitement parce que, en tant que personne qui en aime une autre, je demeure impliqué avec ce qui me reste de blessures non cicatrisées et de demandes encore frustrées – je ne parle pas de vous qui avez besoin d'être aimée, mais de la personne qui va vous aimer. L'ego ne peut pas aimer parfaitement. Nous sommes là avec notre propre demande, notre propre besoin d'être aimés à l'arrière-plan et nos peurs non dépassées. Nous avons donc toujours eu l'expérience d'être aimés d'un amour qui émane encore de l'ego. Là où il y a souvent le moins d'ego dans la condition humaine ordinaire, c'est chez une mère par rapport à son bébé. Le bébé salit les couches et elle est d'accord, il la réveille la nuit et elle est d'accord. Mais arrive un moment où même une mère pleine d'amour se met à attendre de l'enfant un certain comportement. La dualité apparaît : dès qu'il commence à comprendre un peu, vers deux ou trois ans, la mère considère que l'enfant pourrait quand même tenir compte de ce qu'elle lui a dit. À partir de là, nous, enfants, gardons la nostalgie d'une certaine forme d'amour absolu que nous demandons là où nous ne pouvons pas la trouver telle que nous la voudrions. Même un homme généreux et pas trop émotionnel qui dit sincèrement à une femme qu'il l'aime conserve sa propre demande : conduis-toi d'une certaine manière sinon ça va me faire mal. Nous nous sentons donc tantôt aimés et tantôt non aimés. Vous ne vous sentez plus aimée parce que celui ou celle que vous aimez n'est pas disponible le jour où vous vous sentez un peu triste. Son cœur n'est pas complètement ouvert, vous vous retrouvez seule avec votre tristesse à côté d'un étranger ou d'une étrangère.

Il y a un autre amour qui est beaucoup plus vaste. C'est un amour qui s'exprime à travers un être humain : un moine, un swâmi, un rinpoché, un cheikh, un laïque très engagé dans la voie de la compassion ou cela peut être Arnaud, mais l'ego ne peut pas aimer parfaitement. Il peut aimer un peu par moments, mais jamais absolument. Il peut surtout aimer au sens habituel de : « J'aime ma femme et j'aime le football. » Le même mot amour est utilisé pour dire « Tu aimeras le Seigneur ton Dieu de tout ton cœur, de toute ton intelligence et de toute ta force » et pour dire « j'aime bien le chocolat à la noisette », ce qui génère tant de confusions.

Dans le langage de la sagesse grecque et des Évangiles, il y a trois termes différents que nous traduisons par le même mot amour. Nous espérons l'amour qui ne peut pas vaciller. Si j'apprenais que, dans une vague d'émotion, vous avez été très critique à l'égard d'Hauteville et de Mangalam, rien ne se rétracterait à votre égard, mon amour pour vous ne diminuerait pas et je pourrais donc rester en communion avec vous. Ce mot communion exprime lui aussi l'amour non émotionnel. La communion est une forme d'amour dont l'ego n'est pas capable. Si nous allons vers la communion, c'est que l'ego lâche prise, disparaît, se dissout, que l'égocentrisme diminue.

Ce n'est pas Arnaud qui vous aime, c'est l'amour qui vous aime. Ce n'est plus l'attraction dans la dualité où « je » demeure là avec nos bons et nos mauvais côtés, nos demandes et nos craintes. Ce niveau est dépassé et l'amour est établi dans la stabilité. Je me rendais compte que, lorsque Swâmiji me faisait mal sur le moment, je ne l'aimais plus, mais lui était évidemment capable de ce dont son propre disciple Arnaud est maintenant capable et probablement beaucoup plus ! Je lui en voulais parce qu'il m'avait contredit et bousculé. Il était d'ailleurs tellement habile qu'après m'avoir laissé mijoter deux ou trois jours dans ma négativité, il me retournait comme il voulait ! Il savait quelle phrase dire et je me sentais compris. Il m'aidait à utiliser les émotions dont il était la cause apparente. Vous aussi pouvez avoir par moment l'impression qu'Arnaud ne vous aime plus : il n'aurait pas pu être dur comme ça. Lorsque l'émotion se dissipe un peu, vous vous demandez vraiment en quoi il vous a démontré un tel manque d'amour et sur quoi de réel s'appuyait votre réaction négative.

Mais souvenez-vous que vous ne pouvez pas vous attribuer cet amour-là. Vous dites que vous sentez qu'Arnaud a beaucoup d'amour. Je vous dis que ce n'est pas Arnaud qui aime, c'est l'amour qui aime, qui passe à travers un être humain. Je suis incapable d'aimer en tant qu'Arnaud, c'est Dieu qui vous aime. Souvenez-vous de l'Évangile : « Bon maître, que faut-il faire ? » « Pourquoi m'appelles-tu “bon”, Dieu seul est bon. » Pourquoi dites-vous qu'Arnaud vous aime ? Dieu seul vous aime.

Et quand une phrase est un peu inattendue, voyez si elle fait « tilt » en vous ou si, aujourd'hui, vous ne pouvez pas encore être inspirée par elle. L'important ce ne sont pas les phrases qui sont dites, ce sont celles qui ont un écho en vous, même s'il n'y en a qu'une pendant une heure et demie de rencontre entre nous.

Vivre la peur du présent

UNE FEMME : Deux thèmes m'ont principalement touchée pendant l'année, celui de la peur et celui de la soumission. Dans ma maladie, je n'ai pas encore réussi à faire l'adhésion. J'essaie de voir les différentes colorations de ce que je peux sentir dans une journée pour voir que la peur fait simplement partie d'un tout. Éric m'a demandé de faire l'exercice du pranam *avec l'intention du oui et je suis capable de le faire, mais quand un problème de rythme du cœur se présente, je n'y arrive plus.*

ARNAUD : Je suis tout à fait d'accord. En parlant de la peur, vous parlez de la condition humaine non transformée. Au fil des années, Swâmiji a souvent été amené à me citer un passage des lois de Manou : « L'homme en tant qu'animal partage la condition des animaux et sa vie consiste à manger, dormir, s'accoupler et avoir peur. » Pourquoi la peur dans cette énumération ? Il n'y a qu'une peur : c'est la peur de souffrir. Il y a mille et une formes de souffrance – je souffre parce que j'ai reçu une mauvaise nouvelle, je souffre parce que la santé de mon enfant ne fait que s'aggraver, je souffre parce que l'homme que j'aime est parti avec une autre – mais c'est toujours la même souffrance intense ou moindre. La simple déception est une forme de souffrance : j'aurais préféré que ça se passe autrement. Sentez bien que c'est toujours la souffrance et que la peur est toujours la peur de souffrir. Comme nous savons bien que nous avons déjà souffert, que nous pourrions de nouveau souffrir et que, si certains événements se produisaient, nous souffririons de nouveau, nous avons peur. L'important n'est pas l'événement mais l'émotion douloureuse qui est produite en nous.

La peur est la peur du futur, fût-ce de ce qui va se passer dans quelques secondes. Si nous revenons rigoureusement à l'instant, il peut y avoir souffrance mais il n'y a plus peur. Vous pouvez cristalliser en vous la conviction que tout ce qui peut se produire est une occasion de pratique et peut ainsi devenir une bénédiction. J'ai vécu, comme j'en ai témoigné au début de ce séjour, la suffocation d'un œdème aigu du poumon – c'était de pire en pire parce qu'il y avait de plus en plus de liquide dans les poumons et de moins en moins de place pour l'air. Dans un tel contexte, si je projette sur la seconde suivante, c'est très différent de si je demeure dans l'instant, le juste maintenant. J'aimerais mieux avoir d'autres opportunités de mettre en pratique et je prends des petites pilules pour éviter cette mise en pratique-là, mais quand cette opportunité s'est présentée, je l'ai utilisée. L'intensité du phénomène permet de se poser la question d'une manière toute nouvelle : je serai peut-être mort dans quelques minutes. La peur est la peur de la seconde suivante. Avec la tournure que ça prend, qu'est-ce que ça va être dans deux secondes ? Ainsi, nous ne sommes plus rigoureusement situés dans l'instant. La peur est l'anticipation d'une souffrance future. Comme nous savons par expérience que la souffrance fait partie de l'existence, même quand nous ne ressentons pas la peur clairement, elle subsiste à l'arrière-plan et elle nous empêche d'être complètement détendus, en paix et dans l'instant.

Si vous voulez guérir de la peur, il faut peu à peu guérir de la souffrance. Pour guérir de la souffrance, il faut être convaincu que plus vous acceptez, moins vous souffrez et plus vous vous débattez, plus vous souffrez. C'est là l'essentiel : vous ne serez pas libre de la peur tant que vous aurez peur de souffrir. Plutôt que de reconnaître sans refus et sans appropriation l'émotion douloureuse du moment de tristesse, la pensée que cette émotion va durer dans le temps lui donne la forme et la coloration de la peur. La voie vous montre comment retrouver la paix profonde quelles que soient les situations. On peut le dire dans un langage plus philosophique, mais c'est ce que nous avons à comprendre avant tout. La voie vous montre la démarche pour ne plus souffrir – sans tricher, sans fuir, sans prendre d'anxiolytiques (mais peut-être avons-nous aujourd'hui besoin d'anxiolytiques faute d'avoir suffisamment progressé). Vous réaliserez que, même si des situations douloureuses devaient se présenter dans le futur, vous n'avez plus peur parce que vous connaissez le secret de la paix des profondeurs. Pour vous libérer de la peur, libérez-vous de la souffrance. En vérité, nous ne parlons que de la manière de se libérer de la souffrance : comment accueillir au lieu de résister ? Comment éviter de surimposer ce qui devrait être sur ce qui est ?

Comprenez aussi un point évident et capital, mais tellement oublié : vous ne pouvez vraiment quelque chose sur la peur que dans les moments où vous avez peur, où vous êtes effrayée. Vous ne pouvez quelque chose sur la souffrance que dans les moments où vous souffrez. Le reste est préparatoire. La préparation est très utile mais nous ne pouvons quoi que ce soit sur quoi que ce soit que si le « quoi que ce soit » en question est à notre disposition ici et maintenant – vous trouverez des exemples autant que vous en voulez ! Swâmiji avait les siens : est-ce que je peux cuire maintenant les légumes qui sont encore sur le marché et que je n'ai pas achetés ?

Au début de la voie, nous portons en nous la peur de souffrir, ce qui est bien compréhensible. Nous avons aussi l'idée d'éviter avant tout la souffrance par tous les moyens et nous attendons de la voie qu'elle nous donne des moyens plus efficaces que les moyens ordinaires pour éviter de souffrir à nouveau. Nous croyons que si nous méditons nous ne souffrirons plus, que si nous faisons un stage très réputé nous ne souffrirons plus, que si nous revivons les traumatismes anciens nous ne souffrirons plus. Ce dernier point fut l'espoir puis la grande illusion due au célèbre livre de Janov, *Le cri primal*. La première édition de cet ouvrage affirmait de façon très convaincante que, si vous poussiez le « cri primal » déchirant et que vous reviviez « la scène primale majeure », ce qui vous faisait si mal ne vous ferait plus mal. L'expérience a, par la suite, montré que ce n'est pas aussi simple. Beaucoup de chercheurs spirituels sont menés par cette idée d'éviter la souffrance à l'avenir. Si on me dit que je peux éviter la souffrance en respirant d'une certaine manière une demi-heure tous les matins, je veux bien le faire, ou méditer chaque nuit entre deux heures et trois heures du matin si on me promet que je ne souffrirai plus jamais.

Ce n'est pas la bonne manière de procéder. *« Everything which comes to you comes to you as a challenge and as an opportunity »*, « tout ce qui vous arrive vous arrive comme un défi et une opportunité ». Alors, tu mets en pratique oui ou non ? Tu es disciple ou non ? Vous ne pouvez vraiment quoi que ce soit par rapport à la souffrance que dans les moments où vous souffrez. Ah ! La voilà, la souffrance ! Pas ma souffrance, la souffrance. En même temps que moi, des millions de gens souffrent pour des causes apparentes différentes. Les premiers mots qu'a prononcés le Bouddha près de Bénarès après son illumination et qui sont la base du bouddhisme, comme le Sermon sur la Montagne l'est pour les chrétiens, ont été *sarvam dukkham* – la souffrance est partout, tout est décevant, y compris dans les situations heureuses parce qu'elles ne durent pas et que nous le savons.

C'est ce qu'on a appelé le « pessimisme bouddhiste » opposé à la joie qui demeure promise par le Christ. Mais, comme disait Nietzsche : « Je croirai au Rédempteur quand je verrai les chrétiens un peu plus rédemptés. » Je vous croirai quand je verrai tous les Occidentaux joyeux. Ce n'est pas du pessimisme, c'est un constat : il y a la souffrance et il y a un au-delà de la souffrance, mais vous ne pouvez progresser que dans et par les moments où vous souffrez. Alors accueillez la peur : voilà un échantillon de peur, ne le laissez pas échapper. Qu'est-ce qui se passe physiquement ? Une sensation pénible associée à des pensées négatives devient une émotion. Voyez comment vous résistez, comment vous vous débattez. Comme nos émotions douloureuses refusées ont toujours duré un certain temps, une nouvelle émotion douloureuse est ressentie selon l'ancienne expérience de durée. Si je vous disais que vous allez être atrocement malheureuse pendant deux secondes, cela vous serait égal ! Trois jours, c'est une seconde plus une seconde plus une seconde… Il y a des circonstances où vous pourrez naviguer au pilotage automatique et il y a des moments où vous naviguerez dans la tempête. Un navigateur un peu expérimenté ne se retrouve pas avec la voile déchirée, le mât cassé et le bateau renversé.

Exercez-vous déjà dans les conditions plus faciles et qui sont à votre niveau, quand il n'y a que de petites souffrances. Peut-être d'abord ne pourrez-vous rien quand ce sera trop terrible. Mais viendra un moment où vous tenterez même quand c'est « terrible » et que vous êtes très malheureuse. Alors vous verrez et vous saurez.

LE PÉCHÉ ORIGINEL
OU LA CONNAISSANCE DU « BIEN » ET DU « MAL »

UNE FEMME : J'ai eu une éducation catholique très étroite et j'ai beaucoup entendu parler du péché originel, surtout par les religieuses. On insistait beaucoup sur cette notion avec l'idée que l'homme est fondamentalement mauvais. Je n'entends pas ce langage dans la voie, mais je vous ai entendu dire que Dieu a créé l'homme à son image et que l'homme a déchu. Je ne comprends pas. Quand je posais des questions aux religieuses, elles répondaient que c'était un mystère...

ARNAUD : Un mystère ne veut pas dire une chose à jamais incompréhensible mais une réalité qui échappe à un intellect même fin et subtil et qui ne peut être comprise peu à peu que par un tout autre mode de compréhension enfoui en vous et recouvert par l'agitation habituelle. La compréhension habituelle d'une personne intelligente n'est pas suffisante. La question se pose : si je ne peux rien y comprendre et rien vérifier, pourquoi m'enseignez-vous que c'est quelque chose que je dois croire à tout prix ? Dans certains ouvrages théologiques, le mot mystère revient trois fois par page. Qu'est-ce qu'un mystère ? C'est ce qui n'est accessible qu'aux mystiques.

Je me souviens d'une histoire répandue au Tibet. Les Tibétains allaient en pèlerinage en Inde et y mangeaient des mangues. Ils ne pouvaient en rapporter au Tibet, car les mangues se conservent très mal et les voyages étaient longs. À leur retour, on leur demandait : expliquez-moi le goût de la mangue. Ils répondaient : c'est un mystère ! Tout ce que je peux dire – c'est ce qu'on appelle la théologie négative ou apophatique –, c'est que ce n'est pas le goût de la pomme, ni celui de la prune, ni celui d'aucun autre fruit… Mangez une mangue et vous saurez. Un mystère signifie que notre intellect aura beau tourner autour et le décortiquer, nous n'en aurons pas l'expérience. Jalal-ud-din-Rûmi, un grand mystique soufi, a osé employer une image très moderne : si vous voulez expliquer à une fillette de onze ans la sexualité féminine, c'est un mystère pour elle, même si elle est très intelligente. Si elle a, à son tour, une vie sexuelle épanouie, elle saura et ce ne sera plus un mystère.

Dans l'expression péché originel, le mot péché signifie erreur – aussi bien en latin qu'en grec et en hébreu – ou encore s'y prendre mal, rater son coup, tirer à côté de la cible. Il ne s'agit pas de morale ni d'éthique. Mais l'erreur fondamentale a pour conséquence des comportements moraux ou éthiques aberrants. « Dieu créa l'homme à Son image et à Sa ressemblance », à la fois masculin et féminin – « homme *et* femme, il *le* créa ». La « chute » demeure en effet notre condition permanente tant que nous ne sommes pas engagés sur une voie de transformation. Nous sommes fondamentalement cette nature divine, compromise par une erreur fondamentale. Les bouddhistes et les hindous parlent en termes d'aveuglement, d'ignorance et d'illusion pour désigner le même péché (au singulier). Sans l'idée d'erreur, de malentendu, vous ne sortirez pas de la confusion et vous verrez l'homme comme coupable et corrompu.

On pourrait dire d'un homme qu'il rate son existence parce qu'il ne trouve pas le véritable bonheur qu'il ne cesse pourtant pas de chercher. Le véritable bonheur immense et illimité n'est pas dans ce qui est fragile et destructible, dans ce qui peut me trahir : si l'homme qui .vous a vraiment aimée meurt, vous le vivez comme une trahison et un abandon. Mais, même si un prêtre vous répète « mon enfant, le bonheur ne se trouve pas dans les vanités de ce monde, tu ne le trouveras qu'en Dieu » vous avez plutôt la conviction que, pour le moment, vous ne trouverez le bonheur que si tel homme est amoureux de vous. Vous n'êtes pas beaucoup plus avancée !

La suite de l'histoire biblique est éloquente. Dieu dit : « Tu peux manger de tous les fruits de ce jardin sauf ceux de l'arbre de la connaissance du bien et du mal. » Le serpent dit à Ève : « Mangez de ce fruit et vous serez comme des dieux. » Aussi tragique soit-elle, l'histoire ne manque pas d'humour : quand Dieu dit à Adam qu'il a tout gâché, Adam répond que c'est la faute d'Ève, Ève dit que c'est la faute du serpent et comme c'est Dieu Lui-Même qui a créé le serpent... L'erreur, c'est la dualité, c'est la manière dont chacun divise le monde entre ce qui est bon et mauvais *selon lui*. C'est ainsi que commence avec chaque destin individuel le drame universel. Je vous en prie, observez et trouvez vos propres confirmations de ce que je dis.

Tout cela a une valeur générale : pour les bolcheviques qui se faisaient arrêter et fusiller par la police du tsar avant la révolution soviétique, le bien était chez Lénine. Pour le clergé orthodoxe, le bien ne pouvait pas être du côté des bolcheviques. Pour les nazis, le national-socialisme était le bien, pour les Juifs le mal absolu. Pour un catholique convaincu, la libéralisation de l'avortement c'est le mal mais pour toute une partie de l'opinion publique progressiste c'est le bien. À l'intérieur même de la chrétienté, le bien et le mal n'étaient certes pas les mêmes pour les catholiques et les orthodoxes à l'époque des Croisades ni pour les catholiques et les protestants au XVIIe siècle. Je ne prends pas position mais j'insiste sur le fait qu'il n'y a pas d'unanimité. Si nous observons de près, nous nous rendons compte que les gens sont sincères dans les deux camps. Le péché originel, c'est de savoir toujours que « ça c'est bon » et « ça c'est mauvais » alors que nous n'en savons rien. D'un bien sort un mal, d'un mal sort un bien et Dieu seul connaît le Bien et le Mal. Le péché originel n'est pas d'avoir mangé une pomme, d'autant moins qu'il n'est pas question de pomme dans le texte. Qu'est-ce que le fruit de l'arbre de la connaissance du bien et du mal ? C'est le mental, l'illusion, la souffrance et la peur de vieillir et de mourir.

LA MÊME FEMME : Même en enlevant la notion de moralité au péché, pourquoi avoir permis cette erreur ?

ARNAUD : Il y a deux types de réponse possible. La réponse du théologien consiste à dire que Dieu a créé l'homme libre et que s'il avait imposé sa Loi à l'homme, l'homme n'aurait pas de liberté. Et il y a la réponse du maître : pourquoi *vous*, oui vous, vous l'avez faite, cette erreur ? Nous la faisons tous sauf, à en croire les hindous, quelques êtres comme Ma Anandamayî qui est née parfaite, libérée, éveillée et sans ego. Chacun de nous refait cette erreur en ce qui le concerne.

LA MÊME FEMME : Est-ce que j'ai eu le choix ?

ARNAUD : Non, mais vous avez le choix d'y rester ou d'en sortir. Vous n'avez pas eu le choix, on le voit tout de suite chez un bébé. Il a faim : non ! Il vient d'être nourri : oui ! Déjà au niveau de la sensation, le monde est divisé en deux. (Il est évident que la loi naturelle dit que c'est préférable pour un bébé d'être en bonne santé que d'être malade et nous le soignons s'il a un malaise ou une irritation.) Ensuite la dualité confirme son empire. Cela commence d'une manière sommaire et individuelle : c'est plaisant, c'est déplaisant, agréable ou pénible. Ensuite, nous passons aux mots « bon » et « mauvais ». Un pas de plus et ça devient « bien » et « mal ». Un pas de plus encore et ça devient « le Bien » et « le Mal ». Et voilà pourquoi les gens se débattent dans la souffrance, luttent les uns contre les autres, s'entre-déchirent mutuellement – et demeurent, en fin de compte, insatisfaits, frustrés, inquiets et soumis à la peur.

Il faut que vous entendiez ces idées comme offertes à votre vérification. Plus vous comprendrez, plus vous progresserez et plus vous découvrirez en effet que c'est votre propre conception du bien et du mal qui vous détourne de Dieu en vous. Vous n'êtes pas trop convaincue, je le vois à votre expression.

LA MÊME FEMME : Désolée…

ARNAUD : Vous venez ici pour entendre des choses nouvelles et étonnantes. Si c'est juste pour avoir une précision de plus sur ce que vous connaissez déjà ou un éclairage intéressant mais qui reste dans le cadre du fonctionnement dualiste habituel, ce ne sera pas très fructueux. Vous venez ici pour découvrir des aspects nouveaux de la réalité, hors de vous et en vous, qui ne sont l'invention ni de Swâmi Prajnânpad ni d'Arnaud et qui, depuis au moins trois mille ans, échappent à toutes les modes. Vous venez avec la conviction qu'il y a quelque chose qui vous échappe et que vous n'avez pas compris jusqu'à présent. Pour sortir du fonctionnement ordinaire, il faut qu'on vous montre quelque chose d'inattendu et d'inhabituel. Il est inévitable que vous entendiez des paroles avec lesquelles vous ne serez pas tout de suite d'accord, qui ne sont pas tout de suite claires. Donnez-leur leur chance. Demandez-vous ce qu'Arnaud a vraiment dit et très précisément où vous êtes en accord et où en désaccord. Il peut y avoir en nous quelque chose d'émotionnel et de très subjectif et intime qui fait que nous sommes mal à l'aise en entendant certaines paroles alors que, devant d'autres paroles, nous « buvons du petit-lait ». Donnez leur chance à des propos qui, au premier abord, ne vous conviennent pas ou ne vous convainquent pas.

Qu'est-ce qu'Arnaud a dit ? Que l'aspect « moral » de nos existences est une conséquence d'une réalité qui est avant tout psychologique ; que notre vraie nature est à l'image de Dieu ; que nous pouvons retrouver cet état que les hindous nomment libération, que les orthodoxes appellent la déification de l'homme, les catholiques la sanctification et les soufis *baqa*, la subsistance en Dieu. Nous pouvons retrouver notre vraie nature à l'image et à la ressemblance de Dieu, mais nous commençons notre quête en l'ayant perdue. Arnaud rappelle que le mot d'origine traduit par péché signifie erreur. Tout cela est prouvable. Réfléchissez et voyez à quelle conclusion certaine vous pouvez arriver. Bien souvent, je ne comprenais pas Swâmiji – comme je n'aurais pas compris un raisonnement d'algèbre ou de géométrie tenu par un mathématicien. Certaines vérités soulevaient des refus. Il ne s'agissait pas d'un refus d'ordre intellectuel, comme si mes déductions rigoureuses m'amenaient à des conclusions différentes mais de réactions viscérales. Vous comprenez que cela puisse aussi se produire pour vous.

Si vous venez ici pour entendre des choses connues, où pouvez-vous mettre une espérance de changement ? Vous venez ici pour du nouveau. Ce sera nouveau pour vous mais ancien de trois mille ans ou plus pour l'humanité en général. Le péché est la division que chacun fait entre « son » bien et « son » mal, mais ce n'est pas facile à entendre tout de suite. Des arguments se lèvent naturellement : la Shoah et les camps de concentration c'est le mal, Mère Teresa c'est le bien. Ainsi exprimé, oui, je suis d'accord. Mais si nous savons si infailliblement où est le bien et le mal, pourquoi l'humanité est-elle si malade ? Pourquoi les meurtres dans le Pays basque, en Irlande, en Palestine, en Afrique, partout ! On se bat dans le monde des affaires et dans l'intimité des familles. Où est la paix à laquelle tout le monde aspire ? Où est l'erreur ? Traduisez péché originel par erreur fondamentale et vous êtes sauvée.

UN HOMME : J'ai l'impression d'être toujours décalé. Ce que j'entends, ce que je ressens, c'est toujours du passé. Hier Véronique rappelait que Ramana Maharshi disait que malgré tous les efforts que je fais, si quelque chose doit arriver, ça va arriver et que si ça ne doit pas arriver, ça n'arrivera pas. Finalement, je n'ai aucune prise.

ARNAUD : S'il n'y a aucune prise nulle part, toute l'idée d'un maître, d'un disciple et d'une voie tombe en poussière.

LE MÊME HOMME : C'est mon attitude par rapport à ce que je viens de percevoir qui joue...

ARNAUD : Ce qui vient d'être perçu n'est pas discutable. Un fait est ce qu'il est.

LE MÊME HOMME : C'est quand même ça que je discute tout le temps...

ARNAUD : Bien sûr ! Ce qui vient juste d'être perçu s'est produit. Ce qui s'est produit s'est produit, et ce qui est en train de se produire à l'instant même est la vérité de l'instant : ce n'est pas discutable. Il n'y a que le mental pour discuter et prétendre : n'empêche que...

La parole de Ramana Maharshi est un peu plus délicate à comprendre. Il l'a écrite sur un morceau de papier quand il est parti de chez lui tout jeune mais déjà « libéré » et qu'il a disparu – sa mère a mis trois ans à le retrouver. C'est une parole forte : ce qui doit arriver arrivera et ce qui doit ne pas arriver n'arrivera pas. Ce que l'ensemble des chaînes de causes et d'effets à l'œuvre doit produire se produira et ce qui ne peut pas se produire ne se produira pas. L'habileté consiste à choisir ce qui est destiné à se produire. Ainsi, je gagne à tous les coups ! Si vous donnez un appel téléphonique à une personne influente qui intervient pour vous à la suite de votre appel, vous êtes convaincu d'avoir modifié le cours des événements. Vous l'avez modifié parce qu'il était modifiable ! Tenez compte aussi de tous les événements et toutes les situations sur lesquels vous n'avez aucun pouvoir malgré tous les efforts, toutes les tentatives que vous pouvez faire. Nous sommes insérés dans le mouvement général du monde phénoménal, un immense réseau d'interconnexions et de causalité dans le temps et dans l'espace.

Allons-nous dire que la parole de Ramana Maharshi exprime un mystère ? Je ne comprends pas : j'ai agi pour qu'une certaine chose se produise et elle s'est effectivement produite. C'est donc bien la preuve que j'ai un pouvoir pour modifier le cours des événements. Ce résultat n'est qu'un démenti superficiel et c'est avec des vues superficielles que nous nous maintenons dans l'erreur. Quand j'ai compris ce qu'a voulu dire le Maharshi, j'ai été d'accord. Avec une vue plus fine et plus subtile, nous vérifions la valeur de cette parole.

Cette parole concerne le futur mais, dans l'instant, ce qui est arrivé est arrivé et ce n'est pas discutable. Où est notre vraie liberté ? C'est dans la manière dont nous accueillons tous ces événements qui se produisent, dont nous réagissons ou ne réagissons pas. Qu'est-ce qui n'est encore pas clair pour vous ?

LE MÊME HOMME : Ce que j'entends confirme ce dont j'avais l'intuition. Je suis attiré par ce que vous dites parce que ça pourrait me permettre de mieux me situer par rapport à ce que je perçois d'instant en instant. De toute façon, ce qui va arriver est déjà là.

ARNAUD : L'évolution possible n'est possible que dans le célèbre maintenant – *The Power of Now*. C'est maintenant que j'ouvre la porte, c'est maintenant que je fais un pas, c'est maintenant que je suis conscient qu'une parole me trouble… Le reste, ce sont des pensées qui nous exilent de la part la plus profonde de nous. Nous restons à la surface dans le monde des cogitations, des doutes, des considérations intellectuelles intéressantes mais qui ne changeront pas notre niveau d'être.

Quant à savoir si cette parole de Ramana Maharshi est véridique, il va falloir observer et réfléchir. Pourquoi dans certains cas les choses sont-elles faciles ? Pourquoi, dans d'autres cas, y a-t-il des obstacles que je franchis ? Et pourquoi est-ce parfois l'impasse ? Vous pouvez déjà être d'accord avec le fait que vous n'êtes pas le maître des événements. Le monde phénoménal n'est pas un orchestre jouant une partition que vous avez écrite et dont vous dirigez l'exécution. Mais, parce que de temps en temps il semble que les événements nous obéissent, nous nous demandons pourquoi ça ne pourrait pas tout le temps être comme ça. Nous partons alors dans une fausse direction. En ne voyant que la surface des choses, nous allons prouver que le monde nous obéit car si vous et moi sommes ici ce matin, c'est nous qui l'avons décidé ! Pourquoi sommes-nous tous ici aujourd'hui, par quel ensemble complexe de chaînes de causes produisant des effets à tous les niveaux ?

Beaucoup de paroles des sages sont d'abord des mystères, car l'intellect n'en saisit pas tout de suite le sens et les implications. Seule une compréhension beaucoup plus profonde nous en révélera la vérité et la richesse. Nous allons nous arrêter là pour ce matin. Faites votre propre effort de réflexion. N'adoptez aucune idée sans l'avoir examinée sous tous les angles.

Réunion du soir

La sexualité et les traumatismes

UNE FEMME : C'est une question qui touche la sexualité féminine. Présentement, je suis dans un passage dans lequel je me sens m'approcher de ma féminité et donc de ma sexualité.

J'ai vécu des abus sexuels dans le passé et ce n'est pas une question qui est facile à aborder. Mais je sens maintenant qu'il y a une importance de rétablir cette féminité, cette sexualité-là ; qu'il y a quelque chose de sacré dans la sexualité qui a été brisé, d'une certaine façon, par les abus que j'ai subis. Je ne veux pas juste faire des expériences sexuelles. Je sens que c'est également à un autre niveau que je dois retrouver. Dans un de vos livres, vous parlez d'une sexualité féminine non pas infantile, mais plus adulte. Je voulais savoir s'il y a une position juste par rapport à la sexualité féminine ?

ARNAUD : C'est un thème immense sur lequel beaucoup d'auteurs ont témoigné, dont la célèbre psychanalyste française Françoise Dolto, qui a décrit de façon précise les différents niveaux d'intensité et de profondeur de l'orgasme féminin.

Vous avez dit : « Je sens qu'il y a un aspect sacré de la sexualité. » Ne vous sentez surtout pas désavouée par ce que je vais dire : c'est un thème très à la mode aujourd'hui d'associer la sexualité au sens du sacré, au dépassement du niveau de conscience habituel, en se targuant de mots sanscrits et de belles phrases tantriques ou néo-tantriques. Mais derrière ce vernis mystique et ésotérique, la sexualité demeure ce qu'elle est, avec des éléments de névroses, des peurs inconscientes dues à des traumatismes anciens ou à l'éducation. Et pourtant, en effet, la sexualité peut prendre une valeur spirituelle. Mais je vous suggère de demeurer sobre dans l'usage du terme « sacré » si vous avez encore des problèmes psychologiques à propos de votre sexualité. La sexualité surnaturelle est l'aboutissement d'une vie sexuelle simple, spontanée, sans inhibitions, en un mot heureuse.

Je vous souhaite une sexualité aussi peu compliquée que possible. Voilà vers quoi vous pouvez tendre. Redevenir pareille à une enfant. Pas infantile ! « *Child-like, but not childish.* » Cela ne peut se faire que peu à peu. Simple. Nous avons, incroyablement et de toutes les manières, rendu la sexualité compliquée, aussi bien par des doctrines répressives que par la licence et l'absence de tout contrôle. On la complique encore avec des idées fascinantes d'éveil de la *kundalini* et de niveaux supraconscients. D'une manière générale vous redeviendrez détendue, naturelle et simple : vous savez qu'on a toujours comparé le sage à un enfant, *« an enlightened child »*. Je peux vous assurer que plus vous progresserez sur la voie en général, notamment telle qu'elle vous est proposée ici, plus se préparera peu à peu le véritable épanouissement de votre sexualité.

Si vous aspirez à une vie sexuelle, un érotisme (osez ce mot) de qualité, sachez que celui-ci dépend de la relation entre les partenaires en dehors du lit conjugal. Il arrive que dans des rencontres éphémères mais non dégradantes des partenaires sexuels aient des affinités, des polarités qui se correspondent, que la femme ressente : « Ah ! comme il fait bien l'amour ! » et que l'homme en pense autant. Toutefois, même heureuse, une telle rencontre n'a pas la même richesse que la sexualité dans le cadre d'une véritable compréhension, d'un amour, d'une amitié profonde entre un homme et une femme.

Aujourd'hui, la vie sexuelle commence trop jeune. Des filles de quinze ans ont des relations sexuelles pour ne pas rester seules ou pour faire comme les autres. Je ne suis pas sexologue mais, depuis trente ans, j'ai écouté un certain nombre de jeunes femmes de vingt-cinq ans me confiant, désespérées : « Ça fait dix ans que j'ai des relations sexuelles avec beaucoup d'hommes différents et je n'ai jamais rien ressenti, je suis frigide ! » Vous n'avez rien ressenti parce qu'il n'y a eu aucune préparation, aucune maturité ! Dans ma jeunesse encore, la plupart du temps, que ce soit pour les fiançailles et le mariage ou simplement pour faire la cour à une femme, on sortait avec elle, on allait au restaurant, on échangeait des idées ensemble, on découvrait des affinités : la sexualité venait plus tard. Aujourd'hui, elle vient trop tôt de deux manières : en âge et dans la rapidité de la rencontre. On se rencontre l'après-midi et on passe la nuit ensemble. Ça peut être une réussite, à un certain niveau, simple, détendu et laissant un souvenir heureux. Mais ce n'est pas toujours le cas et, de toute façon, de telles rencontres n'auront jamais la même qualité que la sexualité vécue dans le cadre d'un véritable amour durable entre un homme et une femme.

N'oubliez jamais, lorsque je réponds à l'un d'entre vous dans ce type de réunion, que j'essaie de parler pour tous. S'il n'y avait que les réunions d'enseignement d'Arnaud, ce serait incomplet. Heureusement qu'il y a aussi les entretiens individuels, les *lyings*, les réunions en petits groupes, et tout ce que vous offre Mangalam. Je n'entre donc pas dans les détails de votre sexualité à vous. Je suis bien conscient que c'est vous qui avez posé la question et je suis en communion avec vous, mais j'essaie de parler pour tous, éventuellement pour les hommes, et pour les homosexuels comme pour les hétérosexuels. C'est l'ensemble de votre progression sur la voie qui vous épanouira sexuellement : plus de confiance en vous, plus de détente, les vieilles peurs se dissipent peu à peu, la pratique du « ce qui est est » et l'acceptation de dynamismes inconscients mis au jour au cours de ce que nous appelions auprès de Swâmiji des *lyings :* parce que vous avez pris l'habitude de vous réunifier, de vous laisser aller, des crispations profondes disparaissent. Vous pouvez lire le livre *Swâmi Prajnânpad et les lyings* qui comprend, entre autres, une importante contribution d'Éric. Il cerne bien la question.

Le livre *Fragments d'un enseignement inconnu* d'Ouspensky, retransmettant l'enseignement de Gurdjieff, mentionne sans le développer un point subtil mais important : le centre sexuel proprement dit n'est pas traumatisé. Autrement dit, les problèmes sexuels, les difficultés sexuelles, les inhibitions, les peurs, ne proviennent pas de ce qu'on peut appeler le « centre sexuel ». Celui-ci est une puissance de vie et d'attraction des polarités complémentaires qui, du point de vue de la nature, inclut la procréation mais ne se limite pas à celle-ci.

Je pense à plusieurs exemples auxquels j'ai été associé, comme un psychothérapeute peut être associé aux difficultés de ses patients. Par exemple, le cas d'une femme heureuse auprès d'un homme qu'elle aime mais qui, au moment de l'acte sexuel proprement dit, est submergée par le refus, ressent l'homme comme brutal et la pénétration comme un viol, alors qu'il y a par ailleurs une belle relation et une compréhension mutuelle. Que se passe-t-il lorsque le centre sexuel de cette femme est stimulé ? Elle sent se lever en elle une certaine demande naturelle mais, au moment où son partenaire lui fait comprendre son intention, s'établit en elle une connexion avec la partie négative ou blessée des autres centres : physique, émotionnel et mental pour reprendre le langage de Gurdjieff. Le traumatisme n'est pas dans le centre sexuel proprement dit, même si vous avez été traumatisée sexuellement dans votre jeunesse. La force sexuelle, l'éros, est une énergie vitale si intense que, niée ou acceptée, elle conserve sa puissance. Toutefois, les mauvais souvenirs qui peuvent se réveiller et interférer sont des dynamismes latents dans la partie inconsciente du psychisme (*vasana* et *samskara* dans la terminologie hindoue). Le corps, le centre physique, physiologique a aussi sa mémoire. Et il en est de même de l'émotion : « Je ne veux plus revivre quelque chose que j'ai vécu autrefois dans le refus et la souffrance. » Le dynamisme sexuel est beaucoup plus intact que nous ne le croyons, même quand nous nous considérons comme traumatisés, blessés sexuellement, abusés, agressés.

Dès qu'il y a stimulation, la pulsion érotique de l'être humain se réveille même chez ceux ou celles qui en ont peur, qui refusent, « que ça n'intéresse pas », qui se disent frigides. La difficulté intervient lorsque le ressenti sexuel qui se produit chez la femme, qu'il naisse spontanément ou en réponse au désir manifesté de l'homme, connecte avec des mauvais souvenirs plus ou moins rendus conscients ou demeurés inconscients dans les autres fonctions. En conséquence, cela crée un conflit assez particulier car le sexe lui-même, la fonction sexuelle est d'accord pour l'acte sexuel alors que les autres aspects de son psychisme font croire à cette femme que c'est sa fonction sexuelle elle-même qui refuse ou que de toute façon ça sera un échec. Donc, cette santé intacte du centre sexuel entre en conflit avec les refus tout-puissants qui naissent des souvenirs désastreux conservés dans la mémoire de la pensée, du cœur et du corps. Cette forme particulière de conflit peut créer de très grandes tensions. Le sexe lui-même proclame : « je veux ressentir » et en même temps la femme refuse, se sent agressée, exploitée. La femme ne se rend pas compte qu'il y a en elle une demande vitale, normale et naturelle, laquelle est niée par son mental.

Ne soyez pas centrée sur la recherche de méthodes pour épanouir votre vie sexuelle mais consacrez-vous à l'ensemble de la voie, incluant peut-être le travail sur l'inconscient, la réunification avec des émotions latentes profondes. C'est l'ensemble de la voie qui nous rend plus simples, plus confiants, dans tous les domaines, donc y compris dans ce domaine. Encore une fois, notre difficulté sexuelle n'est pas spécifiquement sexuelle, elle est émotionnelle, mentale, et elle se manifeste dans beaucoup d'autres domaines de l'existence que celui de l'union physique.

Je veux aussi ajouter ceci : parfois chez une femme épanouie qui aime bien faire l'amour, la plénitude de l'union est compromise par l'attente de l'orgasme, le souci technique d'exciter les zones érogènes, une impatience et une tension. Il s'agit d'insérer la sexualité dans un contexte plus vaste de non-impatience et de prendre son temps. Cela demande au moins une certaine communion autre qu'au seul niveau génital. Comme en méditation, demeurez dans l'instant. Si, en *lying*, vous avez osé la réunification, si le contrôle de la tête a lâché et si le corps et le cœur se sont librement exprimés, avec ce que cela a pu représenter comme expression de souffrances, vous oserez éprouver intensément en faisant l'amour et vous donner non pas seulement à votre partenaire mais à votre ressenti lui-même.

L'expérience devient ainsi beaucoup plus riche. Seulement, trop souvent, l'élan sexuel demeure au niveau animal. On n'a pas vraiment fait l'amour avec un autre être humain. L'acte sexuel épanoui ne s'accomplit pas uniquement entre un vagin et un pénis, un utérus et des testicules, mais entre deux êtres humains capables de se regarder sans gêne et de ressentir consciemment l'intensité de l'énergie de désir, d'attirance mutuelle.

Dans un volumineux ouvrage philosophique considéré comme un des monuments de la sagesse hindoue, le *Kama Sutra* de Vatsyayana, on retrouve un chapitre sur les postures, mais ce n'est qu'un chapitre parmi bien d'autres ! Alors, quand vous voyez l'annonce qui se veut alléchante « *Kama Sutra*, édition non expurgée », vous pouvez sourire parce que cette traduction est justement expurgée de tout ce qui constitue l'essentiel de ce traité. On trouve dans cette œuvre magistrale des considérations en tout genre sur la vie sexuelle de l'homme et de la femme et un chapitre, en effet, très réaliste sur la manière de s'embrasser, de se caresser et de s'accoupler, témoignant combien l'union sexuelle doit être respectée et intégrée à une existence vécue dans la vérité. Cela dit, il peut y avoir de décevantes différences entre les belles choses qui nous font envie lorsque nous les lisons ou entendons et ce que va être notre réalité la plus concrète.

Si je témoigne que la vie sexuelle a une grande valeur, ce n'est pas pour désespérer des femmes qui se considèrent comme inhibées ou frigides. Ce qui fait l'être humain c'est la possibilité de changer.

Certains êtres humains, moines, yogis, sont en mesure de transmuter l'énergie sexuelle. En Asie, cette continence est considérée comme une technique plus que comme une vertu. Pour cela, il faut être sérieusement engagé sur une voie formant un tout. Si nous n'avons pas cette qualification particulière, qui a produit pour certains des résultats manifestement heureux, cela peut conduire à des échecs tragiques. S'il y a de vieilles religieuses si sereines, si lumineuses, il y en a aussi qui sont refoulées, frustrées, aigries.

Ne soyez pas dupe de l'invasion de la sexualité dans les médias : il est rare qu'un magazine féminin, *ELLE, Marie Claire* ou autre n'offre pas un article sur la sexualité. Et le dernier que j'ai vu annoncé en page de couverture était : « Intensifions nos orgasmes par le tantra. » Auparavant c'était un sujet tabou, maintenant, dans la presse masculine il y a des photos et dans la presse féminine il y a du texte. Ne vous laissez pas prendre par cette obsession qui ne relève que du mental. Je vous souhaite de devenir simple dans ce domaine, à l'aise, spontanée, heureuse. Le mental intervient trop. Plus ce jeu inutile des pensées va diminuer d'une manière générale dans votre existence, plus il va diminuer dans le domaine de la sexualité. J'ai constaté qu'un certain nombre de *lyings* bien vécus pouvaient amener des effets heureux à ce niveau, même s'ils ne concernaient pas des traumatismes sexuels ou des viols, simplement parce qu'on a osé ne plus contrôler tout le temps, que la tête a lâché, que le corps et le cœur se sont exprimés avec ce que cela peut représenter d'expression de souffrances revécues sans conflit, dans la réunification. Osez ressentir.

Si vous voulez mieux comprendre l'épanouissement sexuel féminin, lisez l'ouvrage de Françoise Dolto[1]. Je l'ai un peu connue, c'était une femme de grande qualité, très noble.

LA PEUR D'ÊTRE DÉTRUIT

UNE FEMME : Arnaud, vous avez déjà dit qu'on a surtout peur de la douleur, surtout peur de la souffrance. Je me souviens d'avoir dû me rendre à l'urgence de l'hôpital pour de la tachycardie ; en fin

1. *Sexualité féminine*, éd. Scarabée/ A. M. Métailié, 1982 ; réed, Folio, 1996.

de compte, je manquais tout simplement de potassium. N'empêche qu'à ce moment-là, j'ai eu peur de la mort, j'ai paniqué.

ARNAUD : Quand je prononce le mot souffrance, ce n'est pas uniquement, et loin de là, la souffrance physique qui est impliquée, celle qu'on peut atténuer par la morphine ou d'autres substances antalgiques. C'est la souffrance psychologique sous toutes les formes, depuis le fait d'être atrocement malheureux ou simplement un peu contrarié. L'inquiétude se surajoute et nous projette quelques secondes ou quelques minutes en avant : « Qu'est-ce qui se passe ? Je vais peut-être mourir ! » Que d'entraînement il faut pour demeurer alors dans l'instant. L'intelligence a le droit de dire « C'est peut-être grave ! » Surtout lorsque ça concerne le cœur. Mais vous restez dans le maintenant. Toute la voie est une préparation à dépasser la peur de la mort quand cette dernière se présentera. Mais il faut d'abord que vous osiez reconnaître et accueillir cette peur de la mort. Quand nous ne sommes pas plongés dans l'inquiétude en face d'un cancer qui paraît plus grave qu'un petit nodule au sein ou parce que nous ressentons le malaise d'une faiblesse cardiaque reconnue, nous ne sommes pas en contact avec la réalité de cette « fin ». À trente ans, en bonne santé, on sait intellectuellement qu'on mourra, mais on ne le sait pas vraiment de tout son être.

La peur fondamentale, c'est celle d'être détruit dans un aspect ou un autre de nous-même qui est, en effet, destructible. Si vous êtes pianiste virtuose et que vous êtes victime d'un accident aux doigts, vous êtes détruit en tant que pianiste. Votre carrière est finie, le grand virtuose a été tué ! Pourtant vous êtes toujours vivant !

L'être au vrai sens du mot n'est pas destructible. Mais nous avons peur de tout ce qui nous détruit relativement. « Il m'a fait une réflexion si injuste, ça m'a tué ! » *Qui*, cela a-t-il tué ? Nous nous identifions à toutes sortes d'aspects de nous-même, tous destructibles. La probabilité n'est pas immense qu'un pianiste s'écrase les doigts mais la possibilité est là, virtuelle. Je suis ceci, encore ceci, ou cela. Quelle incertitude quant au futur ! Cependant, en acceptant ce qui sur le moment nous « tue », sous un aspect ou un autre de nous-même, nous découvrons peu à peu que la peur de la mort disparaît parce que nous découvrons dans l'instant présent une réalité indestructible.

L'opposition classique de la vie et de la mort est fausse. Le contraire de la mort, ce n'est pas la vie, c'est la naissance : naissance-mort-naissance-mort. C'est le jeu de l'existence, de la vie intemporelle qui s'exprime par le changement, dans le temps. Ce qui était est mort et quelque chose d'autre vient de naître, qui va mourir, puis quelque chose encore va naître. Tout le temps ! Nous mourons et nous renaissons. Celle que vous étiez il y a une demi-heure est complètement remplacée par une autre, physiologiquement, affectivement, mentalement. C'est flagrant ! J'étais découragée il y a une demi-heure, je suis pleine d'optimisme maintenant. Qu'est devenue la femme découragée ? Swâmiji, qui employait des images simples mais parfois inattendues, disait : « Quand vous sortez de cette pièce et allez dans le couloir, celui qui était dans la salle est mort, celui qui est dans le couloir vient de naître. » Plus vous pouvez accepter ce jeu de naissance et de mort, le changement, l'impermanence, plus la peur de la mort va disparaître.

À bien des égards, vous pouvez considérer que l'engagement sur la voie est une préparation à cette mort inévitable. Serez-vous prête à mourir unifiée, consciente, en paix dans la profondeur, même s'il y a un aspect pénible pour le corps physique ? Vous mourrez un jour, tenez-en compte. Préparez-vous. On dit que méditer c'est entrer dans la mort, découvrir ce qui pourrait subsister à la mort du corps physique. Deshimaru Roshi disait : « Zazen, c'est entrer dans son cercueil. » Pour comprendre cela, il faut être sérieusement engagé sur la voie et de plus en plus motivé.

Cherchez ! L'instant, l'instant, l'instant. Par la plénitude du juste maintenant, je vous promets que, peu à peu, la peur de la mort va disparaître. Mais il faut se préparer, discriminer le destructible et l'indestructible, l'éternel. Et est-ce que je suis quoi que ce soit de *réel* que je puisse découvrir ou qui puisse se révéler en moi ?

Que puis-je vous dire d'autre ? « Ne vous inquiétez pas, vous ne mourrez pas ! » Non, je ne peux pas vous dire cela. Je vous dis préparez-vous ! Nous vivons dans un contexte socioculturel qui a peur de la mort, n'ayant aucune espérance spirituelle, ou très peu, sauf dans des milieux minoritaires. La mort est la défaite ultime du médecin, révoltante. Pourquoi ? Puisque la mort est une réalité, intégrons-la complètement au lieu de la fuir ou de la nier.

LES ERREURS DE L'ÉDUCATION

UN HOMME : Arnaud, vous avez parlé à un moment donné de votre fils. Que, dans son éducation, vous ne vouliez pas faire les mêmes erreurs que votre père mais que, pendant ce temps-là, vous en commettiez d'autres.

ARNAUD : D'autres et, en plus, j'ai aussi refait certaines erreurs de mon père. Ma première épouse, Denise, me disait simplement : « On dirait ton père. » Ce fut une très grande motivation pour changer, à condition de nous rendre compte loyalement, objectivement : « Je ne peux pas continuer à commettre des erreurs que je n'ai pas pu jusqu'ici ne pas commettre ! »

LE MÊME HOMME : J'ai un peu le rôle d'un second père car la femme avec qui je partage mon existence depuis deux ans a un garçon de huit ans. Comme vous, je ne voulais pas répéter les erreurs qu'avait faites mon père envers moi. Jusqu'à cette date, je crois m'être assez bien débrouillé. Ce que vous avez dit me travaille car j'en ai commis d'autres. Si vous pouviez en parler un peu plus, de façon générale.

ARNAUD : L'erreur de base est toujours la même dans tous les domaines : c'est de ne pas être un avec la réalité de l'instant, de projeter ce qui devrait être sur ce qui est, de ne pas donner le droit à la réalité d'être ce qu'elle est juste maintenant.

L'enfant se conduit comme il se conduit, dit ce qu'il dit, est ce qu'il est. N'oubliez jamais la formule superbe de Swâmiji : « Pas j'ai un fils, je suis son père. » Si vous y réfléchissez, cela a vraiment un sens très profond. Non pas j'ai un fils, mais je suis son père. Je suis là pour lui, tel qu'il est, malheureux, agité, agressif, en un mot pénible. C'est la base : que l'enfant ne nous sente pas comme un étranger qui ne l'accepte pas tel qu'il est. Ensuite, on peut lui proposer, lui montrer que c'est possible de changer. Mais, inévitablement, vous ferez des erreurs ! Si vous l'admettez, vous les verrez au lieu de vous aveugler.

« J'ai fait une erreur, est-ce que je peux la réparer ? Qu'est-ce que je peux faire pour cicatriser la blessure que je viens moi-même de provoquer ? » Tout bouge ! L'enfant change et une grande chance nous est donnée au moment de la puberté ; si les parents ont vraiment une attitude juste à ce moment-là, ils peuvent réparer beaucoup d'erreurs préalables. Si vous avez vous-même retrouvé finement les marques de votre enfance, vous ferez moins d'erreurs, vous serez un peu plus habile psychologiquement, mais ça ne résout pas tout. Et si, par ailleurs, vous donnez à l'enfant beaucoup d'éléments positifs, qui l'aident à prendre confiance en lui-même et à se structurer, ces erreurs n'auront plus du tout la même importance dans la formation psychique de celui-ci. Que pouvez-vous donc donner de positif à un enfant ? Consacrez une part de votre temps, de votre intérêt, de vos ressources financières, non pour gâter l'enfant en lui achetant tout ce qu'il réclame mais pour le nourrir affectivement et intellectuellement, peut-être faire un voyage avec lui, l'emmener là où il rêve de se rendre. Et si vous souhaitez que l'enfant s'ouvre à ce qui vous paraît important comme valeurs de l'existence, ce à quoi vous voudriez qu'il soit sensible, qu'il s'intéresse, intéressez-vous à ce qui est important pour lui aujourd'hui – même si ça vous semble stupide, sans intérêt, violent. C'est vrai pour un petit, c'est vrai pour un enfant de dix ou onze ans, qu'est-ce qui l'intéresse ? Rejoignez-le ! Je me souviens d'un père dont le fils à onze ans voulait être joueur de football : il ne pensait qu'à ça. Aujourd'hui, il est docteur en sciences ! Et ce père m'a raconté : « J'ai fait ce que vous m'aviez suggéré : je me suis intéressé au foot. Oui, mais, c'est que maintenant, même quand mon fils n'est pas là, je regarde les matchs à la télé ! »

Rejoignez-le là où il est ! C'est vrai, quel que soit l'âge. C'est une loi d'action et de réaction. C'est à vous de faire le premier pas. Entrez en communion avec lui. Il s'agit de lui, différent de vous. J'ai vérifié ce que je vous propose par ma propre expérience et à travers l'expérience d'autres parents.

Ah ! si mon père s'était un peu intéressé au jazz. Pour mes parents, la musique c'était seulement Beethoven, Fauré, Debussy ; il fallait que j'écoute les disques de jazz tout doucement, il ne fallait pas que le son franchisse la porte de ma chambre, alors que moi, j'avais une passion pour le jazz. Écouter à cette faible intensité, ce n'était plus vraiment le jazz ! Je m'en suis souvenu à l'adolescence de mon fils. Je me suis intéressé aux groupes de l'époque, Who, Queen, Super-tramp et Genesis. Je vous garantis que je n'aurais pas confondu Steeve Hacket, Peter Gabriel et Freddy Mercury. Et, à la fin, lorsque j'écoutais un disque, c'était comme un concours entre nous : « Qu'est-ce que c'est ? » « C'est Queen ! » « Oui ! » Et j'ai été voir des films avec lui, les films que lui voulait voir. Et par un mouvement naturel, l'enfant va être disponible et, si vous lui dites certaines choses, il va les écouter, s'ouvrir, peut-être lire un livre que vous lui conseillez. Rejoignez-le ! « Mais c'est grave. Ah ! si vous saviez ce qu'il regarde et lit à douze ans : violence, viols, pornographie. » Si c'est la vérité, rejoignez-le ! Lisez un ou deux des livres qu'il aime, pour pouvoir en parler avec lui. Dans cette attitude non pas faible ou complaisante mais amicale, il y a quelque chose de très positif. Et cela, vous pouvez le faire si vous le voulez. Cette ouverture vous donne la possibilité d'être écouté, de proposer autre chose, d'attirer l'attention de l'enfant sur d'autres aspects de la réalité totale.

Oui, à certains égards, vous avez un rôle décisif à jouer. On ne peut pas établir une relation avec une mère en essayant de minimiser ses enfants ; ou alors, tombez amoureux d'une célibataire. Mais si vous croyez aimer et si vous voulez vivre avec une femme qui a des enfants, alors les enfants deviennent très importants pour vous, sinon, nous ne sommes pas cohérents. Par cette défaillance, nous créons un manque, une frustration et pour la mère et pour l'enfant. Ça peut donc être un très beau *dharma* de jouer ce rôle de père, alors que le véritable père n'est pas vous. Ensuite, par moments, il faut être prêt à encaisser sans broncher : « Tu n'es pas mon père ! Tu n'as pas à me faire des réflexions ! » Si nous le voulons vraiment, il est possible que notre émotion personnelle ne s'en mêle pas. Quoi que fasse ou dise l'enfant, vous ne vous laissez pas emporter par l'émotion et vous demeurez en communion avec lui. Si l'enfant est agressif ou grossier, ce n'est certes pas pour qu'il reste agressif et grossier toute sa vie ! Mais vous ne pouvez pas éduquer un enfant, lui faire comprendre qu'il est préférable de ne pas être agressif ni grossier, s'il se sent jugé, jugé et rejeté.

La voie, ce peut être un séjour très intense dans un monastère ou dans un ashram, ou quinze jours de méditation intensive auprès d'un maître bouddhiste, mais la voie c'est aussi notre existence quotidienne, concrète, à chacun. Chaque situation prend un sens sacré si nous faisons intervenir la dimension spirituelle, même dans des situations qui, à priori, ne sont pas spirituelles, si « spirituel » c'est être dans un monastère pour méditer ou pour prier. Il n'y a pas que cela. Le *dharma* de beau-père est un bon point d'appui pour vous. Ce jeune peut être un gourou pour vous.

Un Français qui fit magnifiquement honneur à son maître, Yvan Amar, disait : « Ne soyez pas la victime des situations, soyez le disciple des situations. » C'est vous qui choisissez : si je suis la victime de la situation, je suis malheureux, je me débats dans ma souffrance alors que si je suis le disciple de la situation, celle-ci est mon point d'appui pour gagner en liberté et en maturité.

Et de même, ne soyez pas la victime de l'autre, soyez le disciple de l'autre. Au moment où l'autre est agressif à votre égard, si vous vous souvenez de tout ce que vous avez entendu, compris, reconnu comme vrai, l'autre devient votre aide pour progresser. Tentez-le ! Vous le vérifierez, vous verrez que c'est vrai. Ne soyez jamais la victime de comportements qui apparaissent déplaisants ou décevants ou agressifs à votre égard. Soyez le disciple ! L'événement est votre gourou.

Huitième jour

27 octobre

Réunion du matin

L'ADIEU À CELUI QUI VIENT DE MOURIR

UNE FEMME : J'ai appris le décès d'une amie et j'ai de la peine. Un jour vous m'avez dit qu'on peut avoir de la peine et « être un avec ».
ARNAUD : Bien sûr !

LA MÊME FEMME : Comment être sûre d'être un avec cette peine ?
ARNAUD : C'est la vérité du ressenti : je ressens de la peine. Ce ressenti peut s'orienter du côté du sentiment, auquel cas votre compréhension profonde de la réalité grandit, ou dégénérer en émotion. Est-ce que votre peine est associée à un oui ou à un non ? Vous pourriez me dire que si le oui était parfait, il n'y aurait pas de peine. Peut-être que Swâmi Prajnânpad ou le Bouddha apprenant le décès d'un être proche n'éprouverait pas la même peine que vous mais votre vérité d'aujourd'hui est ce qu'elle est. Capitulez parce que c'est la vérité.

Quand quelqu'un de cher nous quitte, souhaitons-lui bon voyage. Va ! Va où ton évolution t'appelle. Va vers la lumière. Il ne faut pas retenir votre amie en arrière par des regrets, presque des reproches : tu n'aurais pas dû nous quitter, pourquoi es-tu partie ? Swâmiji employait très peu le mot mourir dans les situations concrètes. Bien entendu, il évoquait souvent la mort mais, lorsque quelqu'un mourait, il employait plutôt le terme *to leave*, « quitter ». Sinon, nous écartelons entre deux attractions contraires celui à qui nous ne donnons pas le plein droit d'être parti, le courant de l'existence qui l'amène à un autre statut et nos regrets. Le plus important est de sentir si, à l'arrière-plan de votre peine, il y a un oui ou un non. C'est un peu subtil mais cela fait toute la différence. Oui, j'ai de la peine, oui mon amie m'a quittée, oui je ne la reverrai plus. Acceptez sans ajouter de *mais*. Ce qui est arrivé est arrivé. Ayez de la peine ! L'erreur serait de déconnecter, de disjoncter, de ne plus ressentir, de refuser de souffrir. Laissez couler vos larmes, gardez votre peine pure et ne vous complaisez pas dans un monde d'émotions fondées sur le refus. Dites oui à ce qui se produit au-dehors et au-dedans, dans votre cœur.

Même si ça apparaît au premier abord comme contradictoire par rapport au dépassement des émotions, je vous raconte ceci : un jeune homme de vingt-cinq ans s'était peu à peu blindé pour ne pas souffrir. Il utilisait l'ironie et l'humour comme mécanismes de défense. Un jour, il m'a dit : « Ça y est, je change ! J'ai vu un certain film il y a six mois sans verser une larme, je l'ai revu hier et j'ai pleuré tout le temps. » Comment pouvons-nous dire que c'est un progrès ? Un certain durcissement intime régnait sur l'existence de ce jeune homme qui provoquait des réactions mécaniques et un aspect critique dans son ironie qui n'était certes pas serein. Le don des larmes est la première étape : « Je ferai de votre cœur de pierre un cœur de chair » – c'est dans la Bible. Laissez couler vos larmes !

Il y a une manière d'être triste dans la dignité, et il y a une manière d'être triste qui manque de dignité. Un employé des Pompes funèbres m'a raconté avoir vécu un jour une situation qui l'avait beaucoup touché. Son existence consistait à aller dans les maisons où quelqu'un vient de mourir pour préparer les obsèques et pour donner les soins appropriés aux cadavres. Une femme encore jeune qui venait de perdre son mari l'a donc accueilli et lui a dit : « Ça ne doit pas être un métier bien gai, de courir ainsi d'une maison à l'autre, toujours dans le climat de deuil, voudriez-vous un thé ou un café ? » Elle a été disponible et elle s'est occupée de lui malgré l'immense tristesse de la mort de son mari. Voilà une peine vécue dans la dignité, bien loin de la lamentation fondée uniquement sur le refus et le conflit. Ramana Maharshi, établi dans le Soi, et pour qui le monde de l'impermanence était irréel, a dit un jour après avoir entendu quelqu'un évoquer une situation déchirante : « Il faudrait vraiment avoir un cœur de pierre pour ne pas verser une larme en entendant une histoire aussi touchante. »

Va où ton évolution t'appelle, va, nous te souhaitons bon voyage.

LE RÉVEIL DES BLESSURES NON CICATRISÉES

UNE FEMME : Hier j'étais à la cuisine. Je devais éplucher des citrouilles, ce que je n'avais jamais fait, et je n'y arrivais pas. Je me tenais intérieurement un discours que je me tiens très fréquemment : tu es tellement gauche ! Ces paroles me revenaient constamment, mais je n'ai pas su comment mettre en pratique dans cette situation : qu'aurais-je pu faire ?

ARNAUD : Même si l'incident paraît superficiellement insignifiant, la gêne qui est réveillée n'est pas insignifiante. À partir d'un détail se manifeste en nous une souffrance qui dépasse complètement la cause apparente du moment – *the exciting cause*. N'oubliez pas que vous êtes en chemin et que vous n'êtes pas encore parvenue au but : c'est si souvent oublié ! Dans le judo, si vous êtes ceinture blanche, vous n'êtes pas encore ceinture noire ! Si vous êtes relativement débutante au piano, vous ne vous demanderez pas de jouer des morceaux de très grande difficulté. Vous n'êtes pas tenue d'être tout de suite établie dans une maîtrise et une virtuosité exemplaires pour mettre l'enseignement en pratique. Pas du tout ! On admet facilement cela au piano ou dans un sport, mais on l'admet beaucoup plus difficilement sur le chemin. Ne laissez échapper aucune occasion de vous exercer. Si vous n'utilisez pas cet incident de la citrouille, vous ne serez pas prête à mettre en pratique quand vous apprendrez une nouvelle tragique vous concernant ou concernant quelqu'un de votre entourage. Voilà, je me sens gauche. Oui, mais je ne devrais pas l'être : le mental fabrique presque inévitablement un double à la réalité – ce qui est, plus autre chose. Depuis l'enfance, on nous a montré que c'est bien d'être adroit, que c'est mal d'être maladroit, on a ri de nous parce que nous étions maladroits, on nous a admirés parce que nous avions très bien réussi quelque chose d'un peu difficile… Combien de temps allons-nous fonctionner comme des enfants ? Un certain temps peut-être mais pas indéfiniment.

Si vous osez ressentir, vous allez d'abord vous rendre compte qu'il y a un tel amas de souffrance en vous ! Vous découvrirez que vous êtes bien plus triste et blessée que vous ne le croyiez. C'est un passage, mais si tout de suite vous faites marche arrière, vous ne serez jamais libre…

Dans le *lying*, nous nous exerçons à ressentir sans peur, avec la possibilité de lâcher prise complètement parce que nous ne sommes pas dans une situation concrète demandant une action. *« Let it come out ! Express what has been repressed. »* « Laissez sortir ! Exprimez ce qui a été réprimé. » Nous avons l'impression que nous portons en nous tellement plus de tristesse, de nostalgie et de désespoir que nous ne le pensions qu'il y a une tentation de faire demi-tour. C'est une étape à traverser qui nous demande un peu d'habileté et une stratégie – c'est un des sens du mot *sadhana* en sanscrit. Est-ce que les circonstances me permettent de ressentir au point d'éclater en sanglots en public ? Vous allez devenir peu à peu en mesure de vous ouvrir au ressenti sans l'exprimer au-dehors. Ou bien, vous vous ouvrez au ressenti en favorisant l'expression – ce qu'on appelle *acting out* dans les livres de psychologie : je fais quelque chose, ne serait-ce que d'insulter le thérapeute. Ou bien vous êtes un (oui un, pas deux) avec votre ressenti sans rien exprimer au-dehors. Au plus, peut-être, une amie qui n'est pas trop prise dans ses propres problèmes et qui est en communion avec vous va-t-elle sentir qu'il y a en vous une tristesse. Mais allez dans cette direction de ne pas nier, réprimer ou fuir : *The Wisdom of no Escape*[1], c'est le titre anglais d'un des livres de Pema Chödron. Cette conversion apporte de profonds changements. Nous nous apercevons que nous pouvons entrer en amitié avec une tristesse qui nous paraissait d'abord désespérante. Voyez bien ce qui vous est possible aujourd'hui, ce que vous pouvez tenter et dans quelle direction vous allez, mais ne vous demandez pas d'être déjà arrivée au but.

Je comprends très bien tout ce que vous dites. Dès que ce fond de tristesse est réveillé en nous, il colore notre perception de la réalité. En plus, cela fait lever en nous la demande de ne plus être seul, d'être compris et consolé, comme un enfant malheureux qui se fait prendre dans les bras par sa mère – c'est le grand antidote à la souffrance. Si vous ne vous sentez pas bien, même à cause d'un détail comme de vous trouver gauche en épluchant une citrouille, va se lever en vous cette demande. Pour peu que la personne qui est à côté de vous vous trouve en effet maladroite ou se moque de vous, une situation sans gravité devient cruelle. C'est ainsi que nous avons tous fonctionné et que nous fonctionnons peut-être encore aujourd'hui. Le oui est si difficile à entendre ! Ici et maintenant, il y a une tristesse. Ici et maintenant, je suis gauche. Dans la profondeur, vous êtes beaucoup plus que cette femme gauche mais, si vous vous mettez en conflit avec cette surface, vous ne trouverez pas la profondeur.

1. Traduit en français sous le titre *Entrer en amitié avec soi-même* aux Éditions de la Table Ronde.

Capitulez : je suis ce que je suis. Je suis admirée ou je ne le suis pas, on me regarde avec envie ou on se moque de moi : c'est la surface de l'existence, même si cela vous fait mal. Autrement, vous allez utiliser la voie d'une façon qui ne correspond pas à la promesse qu'elle nous fait – et qu'elle peut tenir. Au lieu d'essayer de vous transformer en super woman, soyez à l'aise tout le temps, même dans votre maladresse ! Le fait d'être gauche n'est pas un empêchement à découvrir le Royaume des Cieux qui est au-dedans de vous. Essayez autant que possible d'être adroite ou habile mais ayez une appréciation à peu près équilibrée de vos dons et de vos lacunes : tenez bien vos comptes, n'inscrivez pas seulement ce qui est décevant, inscrivez aussi ce qui a une valeur positive. Et si vous inscrivez que vous avez mal au dos, inscrivez aussi que vous n'avez pas mal à la tête.

Sincèrement, je me trouve assez gauche avec ce petit micro-cravate, qui est très différent de celui auquel je suis habitué. Il y a un secret pour arriver à le fixer et, si on s'y prend mal, c'est impossible de réussir à l'accrocher à son vêtement. Un autre aurait sûrement compris en deux secondes mais ça m'a pris un certain temps. Il a fallu que je le regarde avec Éric, qu'il me montre et qu'il me fasse remarquer mon erreur. Et je ne peux pas non plus vous dire que je parle l'anglais avec l'accent d'Oxford ! L'ego n'est pas notre « nullité » (ou ce que nous considérons comme telle), c'est le refus de notre nullité ! Mais cela n'est pas ce que nous avons compris dans l'enfance. À partir de tous les « tu devrais », nous avons conclu : il faut que je sois comme ceci ou comme cela sinon je suis désapprouvé, comparé ou ridiculisé. Vous êtes ce que vous êtes et là où vous pouvez progresser, progressez ! Nous avons notre limite : tout le monde ne peut pas poursuivre des études très difficiles. Mais plutôt que le mot *limite*, utilisons le mot *mesure*. Dans le monde phénoménal, le monde relatif, tout est soumis à la mesure. Il y a la mesure du monde grossier (le poids, le volume) mais aussi des mesures plus subtiles comme celle des longueurs d'onde ou toutes les unités de mesure que la science a précisées pour pouvoir exprimer ses découvertes. Tout est mesure, tout est mesurable. Nous pouvons même mesurer un quotient intellectuel. Mais le Royaume des Cieux est au-delà de toute mesure. Qu'est-ce qui peut n'avoir aucune mesure ? C'est le sentiment profond, la compassion sans mesure, la paix du cœur sans mesure, l'amour *infini*. Tout le reste est mesure. Le sage connaît et accepte sa mesure.

S'EMPARER, DÉTRUIRE OU FUIR POUR SUPPRIMER LA DUALITÉ

UN HOMME : Dans une de vos cassettes, vous dites qu'il y a deux thèmes essentiels pour la réalisation : l'ego et le désir. Il y a le désir au singulier – le désir d'absolu – et les désirs au pluriel. Le désir d'absolu sait qu'il pourrait se réaliser immédiatement alors que les multiples désirs savent qu'ils ne peuvent pas être réalisés immédiatement.

ARNAUD : Je vois de quoi vous voulez parler, mais chaque mot devrait être bien précisé et situé dans une vision d'ensemble.

LE MÊME HOMME : Peut-on dire que le limité est inclus dans l'illimité ?

ARNAUD : Tous les êtres humains portent en eux une tendance à aller du petit, de l'étriqué et du mesquin vers le vaste. Quelqu'un qui a une toute petite maison serait heureux qu'elle soit plus grande. Quelqu'un qui a de petites économies serait bien heureux d'avoir plus d'argent à la banque. C'est la loi naturelle d'aller de la petitesse vers la vastitude et l'infini, au-delà de toutes les limitations. Nous sommes complètement insérés dans le monde de la mesure et de la limitation mais nous sommes animés par cette demande de dépassement. Et nous avons tous vécu quelques moments où, pour un instant, nous ne nous sentions plus limités. C'est un état de conscience où la pensée s'arrête.

À l'arrière-plan de tous les désirs, il y a celui d'avoir tout, tout de suite. Même Bill Gates ne peut pas posséder la totalité des avoirs personnels. Le désir d'avoir plus est inhérent à l'être humain. Cela s'exprime avec un peu de sagesse ou, au contraire, d'une manière folle qui nous promet le bonheur et qui nous conduit au désastre. Toute l'existence est une compensation au fait de n'être pas déjà libéré au grand sens du mot. Comme nous ne sommes pas tous *jivan mukta*, « libéré vivant », ce désir de non-limitation, de plénitude demeure insatisfait et il sous-tend tous les désirs habituels, lesquels impliquent immédiatement les refus : si je désire une santé parfaite, je refuse les rhumatismes, si je veux l'amour, je refuse la solitude et si je désire une chose, j'ai peur de son contraire. Le désir de passer au-delà de toutes les limitations prend la forme de tous les petits et grands désirs d'obtenir ou d'éviter.

« Être uni à ce que l'on n'aime pas est souffrance et être séparé de ce que l'on aime est souffrance. » Cette célèbre parole du Bouddha est toute simple. L'existence, pour une large part, consiste à être séparé de ce que nous aimons – n'entendez pas simplement être séparé de la femme dont nous sommes très amoureux – et uni à ce que nous n'aimons pas. Les mots célèbres « dualité » et « non-dualité » peuvent avoir un sens profond et métaphysique mais prenons-les d'abord simplement. Dualité veut dire deux : moi et l'objet de mon désir ou de ma peur. Nous sommes une machine à désirer ! Vous allez tenter de mettre de plus en plus de conscience dans ce jeu des désirs parfois contradictoires – comme quelqu'un qui à la fois veut mincir et à la fois manger. Cet exemple est d'une grande banalité mais il y a des situations beaucoup plus intenses où l'on est déchiré par deux désirs simultanés et incompatibles. Le dépassement de cette servitude aux désirs et aux refus, c'est toute la voie.

La loi naturelle est de chercher à s'unir à ce qu'on aime – il n'y a plus deux – ou à supprimer ce qu'on n'aime pas – il n'y a plus deux puisqu'il n'y a plus que moi. Il n'y a plus « moi et mes maux de tête » si les maux de tête ont disparu. Le passage du deux au un est très souvent vécu dans le monde de l'avoir : *it is mine* – c'est le mien, ça m'appartient, je l'ai acheté. Nous sommes menés par le double mécanisme de l'attraction, comme un aimant attire une épingle, et de la répulsion. L'enfant est encore plus cohérent : il met tout dans sa bouche ! La meilleure façon que ce ne soit plus à l'extérieur est de l'avaler pour qu'il n'y ait plus deux. En mode de répulsion, pour qu'il n'y ait plus deux, il y a une première réaction possible, c'est de faire disparaître, supprimer, annihiler, tuer. La seconde est la fuite qui nous libère aussi de la présence du deuxième. La tendance permanente de l'être humain est de supprimer la dualité, parce que nous ne la supportons pas. Mais même si un jeune homme, dans le métro parisien, est attiré par une femme particulièrement fascinante pour lui, il ne peut pas aller droit vers elle et la prendre dans ses bras. Nous avons donc appris à inhiber ces mouvements d'attraction et de refus, mais ils n'ont pas disparu pour autant. Si je réussis à supprimer « l'autre » parce qu'il ne me convient pas, nous ne sommes plus deux. Et si je peux fuir à l'autre bout du monde, il n'y a plus deux – même si c'est plus facile aujourd'hui avec la facilité des voyages, les télécopies, les portables et Internet de nous traquer dans nos retraites.

Voyez bien que derrière ces trois dynamismes fondamentaux – s'unir, faire disparaître ou fuir – il y a toujours l'aspiration à la non-dualité. Mais quand Swâmiji me tenait ce genre de propos, ce n'était pas cent pour cent clair tout de suite ! Dans certains cas, je suis bien content qu'il y ait deux : moi et ce que j'aime. S'il n'y avait plus qu'un, l'autre, j'aurais l'impression qu'il me manque quelque chose. Qu'est-ce que Swâmiji a voulu dire par l'aspiration permanente au non-deux ? Car on pourrait ressentir : heureusement qu'il y a deux ! Heureusement qu'il y a le monde masculin et le monde féminin. Je n'ai pas vraiment envie qu'il n'y ait plus que moi… Il est très fréquent que nous soyons d'abord d'accord avec une parole du maître et que, tout à coup, nous décrochions. Ne soyez pas surpris. Mais vous pouvez reconnaître que, quand quelque chose vous attire, vous voudriez bien l'acquérir, le faire vôtre. Et quand vous ressentez une chose en mode de répulsion, vous seriez bien content de pouvoir la faire disparaître. En poursuivant plus loin votre investigation, vous vous rendrez compte qu'il y a un désir permanent qui sous-tend tous les autres dans toutes leurs modalités. Dans la dualité, je sens ma limite : je m'arrête ici et là l'autre commence. Il y a pourtant en nous cette force qui nous pousse vers l'illimité – *beyond all limitations and finitudes*.

Ce sont des thèmes importants et auxquels il faut soigneusement réfléchir sur cette voie. Il y a des voies différentes : « Dieu vous aime, faites tout pour l'amour de Dieu. » Si vous êtes complètement qualifié pour cette voie, c'est parfait ! Si nous sommes d'accord quand ça nous arrange et plus du tout quand ça ne nous convient pas, nous ne sommes pas qualifiés pour la voie religieuse. Sur la voie que je vous propose, nous utilisons notre intellect, nous essayons de comprendre. Mais ceux qui, auprès de moi, en France ont le mieux compris et sont les plus convaincants n'ont pas fait d'études poussées. Ce n'est en rien une voie réservée aux détenteurs d'un doctorat en philosophie. « S'il y a deux, je sens ma limite », voilà qui est parfaitement compréhensible ! Je me sens petit, serré, à l'étroit alors que je recherche l'expansion, la vastitude. Il y a une vastitude relative qui a toujours une limite : tout pouvoir a sa limite. Hitler a d'abord paru invincible. Non seulement il est entré en Pologne comme un couteau dans du beurre, mais il a écrasé la France en un mois ! Rien ne lui résistait – jusqu'à une certaine limite. Tout est limité pour l'ego et il n'y a pas de raison de s'arrêter en chemin. Même si je suis très riche, je vais toujours apprendre qu'il y a quelqu'un de plus riche que moi. C'est ainsi : nous avons beaucoup de dollars en banque et nous sommes content mais si nous avions plus ce serait mieux : il n'y a pas de raison que cette demande de *plus* s'arrête. C'est même saisissant si vous observez bien. J'aime une femme qui me dit qu'elle m'aime aussi mais je connais une autre femme qui joue merveilleusement du violon alors que celle-ci ne joue d'aucun instrument de musique... J'en ai vu une en maillot de bain et elle est d'une beauté sculpturale. Pourquoi ma compagne n'a-t-elle pas ces cuisses parfaites... Ce n'est jamais suffisant ! L'existence nous a appris que nous ne pouvons en aucune manière avoir tout tout de suite. Mais ah ! si nous avions la baguette magique, si le monde était vraiment bien fait...

Même cette multiplicité insatiable des désirs peut être dépassée. Si les circonstances favorisent l'accomplissement harmonieux d'un désir, d'accord, et si les circonstances ne le permettent pas, d'accord. *Not desireless, desire free* : pas sans désir mais libre des désirs. « *Thought may come but there is no inclination to follow it* », l'idée peut se présenter mais il n'y a pas d'inclination à la suivre. Ne soyez pas surpris qu'une pensée vienne, quelle qu'elle soit – et ça s'arrête là. Vous n'êtes pas obligé de vous débattre jusqu'à votre dernier souffle dans un processus de conquête et de frustration qui rend finalement l'existence de plus en plus lourde à porter. Une pensée peut venir, n'importe laquelle. D'autres sont complètement censurées – et travaillent dans la profondeur. Si mes enfants étaient morts, j'aurais été tué moi-même, mais à l'époque où j'étais en très grande difficulté financière, j'avais souvent cette pensée que ma situation aurait été beaucoup plus facile si je n'avais eu ni femme ni enfants. Toutes sortes de pensées peuvent donc se présenter sans que nous soyons obligés de les suivre. La vraie réponse, celle qui nous comble, celle qui transcende toute mesure, se révélera au niveau fondamental, et cela prendra un peu de temps.

Il est vrai qu'un désir vraiment accompli en disciple, avec la nostalgie de progresser et en accueillant sans discuter les à-côtés douloureux de cet accomplissement – ce que j'appelle être beau joueur –, nous amène peu à peu à une liberté détendue : j'ai fait ce que j'avais à faire, j'ai reçu ce que j'avais à recevoir et j'ai donné ce que j'avais à donner.

LE MÊME HOMME : Si nous prenons le thème opposé, celui de la peur...

ARNAUD : Ce n'est pas le thème opposé : c'est comme les deux faces de la main. Il n'y a pas de désir sans peur.

LE MÊME HOMME : Il y a donc les peurs associées à chacun des désirs limités. La peur de la mort n'est-elle pas le pendant du désir d'absolu ?

ARNAUD : Beaucoup de psychologues ou de témoins de la sagesse ont écrit qu'il n'y a qu'une seule peur, c'est la peur de la mort. Cette affirmation est devenue plus claire pour moi quand j'ai remplacé le mot *mort* par le mot *destruction*. La peur de la mort devient ainsi la peur d'être détruit sous un aspect ou sous un autre de nous-même auquel nous nous identifions. Par exemple, encore enfant, je veux être habile. Cette image de « moi habile » a été détruite par une maladresse – et ça m'a tué, en détruisant un aspect de moi auquel je m'identifiais. Si un célèbre pianiste a un accident aux doigts, le pianiste est détruit mais, s'il est aussi père de famille, le père n'est pas détruit. Inversement, si ses deux enfants sont tués dans un accident, le père est détruit mais le pianiste survit. Aussi surprenante que paraisse cette affirmation, la véritable souffrance n'est pas que les enfants soient tués mais qu'il soit lui-même tué en tant que père. Le pianiste subsiste et on réalisera peut-être que depuis qu'il a vécu un tel drame, son art, son génie artistique se sont encore approfondis. C'est simple : nous sommes composés d'un certain nombre d'identifications à des aspects destructibles de nous-même : santé, beauté, réussite professionnelle, rien n'est garanti pour toujours.

Ne parlez pas de la peur de la mort, mais de la peur de la destruction d'un aspect ou un autre de vous-même. Si par exemple on m'a dit que je ne suis pas très habile de mes mains mais que je suis réputé très drôle et que je raconte une histoire sans que personne rie, je suis tué sur le moment ! Observez autour de vous et en vous. Nous sommes relativement capables d'observer mais ce qui nous manque, c'est d'être capables de tirer toutes les conclusions de nos observations.

Nous nous identifions à des aspects que nous exprimons par « je suis » – c'est notre erreur. Pour attirer mon attention sur ce thème, Swâmiji m'a dit un jour avec son vocabulaire si précis et si précieux : « *You know shooting films because you have the being of a cameraman.* » « Vous savez filmer parce que vous avez l'être d'un cameraman. » Je me suis demandé pourquoi il m'avait dit cela. Pourquoi n'a-t-il pas dit *you are* (vous êtes) *a cameraman* au lieu de *you have the being* (vous avez l'être) *of a cameraman* ? Parce que ce que « je suis » n'est pas destructible. Mais si je deviens aveugle, je ne peux plus être un cameraman, c'est terminé. Vous êtes un pianiste parce que vous avez l'être d'un pianiste, mais cet être-là peut être détruit. Au tréfonds de vous-même, qu'est-ce que vous êtes d'indestructible, d'éternel, que l'échec, la misère, la haine des autres, la maladie ne puissent pas détruire ? Chercher et trouver l'indestructible en nous est la grande affaire d'une existence. Mais ce n'est pas l'affaire d'une sesshin de zazen et de six week-ends de thérapie de groupe.

DÉSIR ET PEUR, CONCAVE ET CONVEXE

UN HOMME : Vous parlez du désir et de la peur comme du concave et du convexe. Dans une lettre à Swâmiji[1]*, vous dites : « C'est un trésor inestimable d'avoir été convaincu du caractère Concave-convexe de la réalité. » Vous dites aussi : « Je n'ai plus peur de la peur, de la tristesse et de la souffrance. » Je ne comprends pas comment vous en êtes venu à ne plus avoir peur à partir de cette explication.*

ARNAUD *(en riant)* : Nous écrivons parfois au gourou des lettres un peu prématurées… Néanmoins, ce n'était pas une pure illusion et il s'est vraiment passé quelque chose dont je me suis toujours souvenu, qui a été d'admettre une fois pour toutes que les deux aspects sont inséparables dans nos existences et que jamais l'un ne triomphera de l'autre. C'est ce que

1. Swâmi PRAJNÂNPAD, *L'art de voir. Lettres à ses disciples*, Éditions l'Originel.

Swâmiji appelait *the fullness of life* – la plénitude de la vie. Si je ne veux pas entendre parler de l'aspect douloureux de l'existence, cela devient ce que Swâmiji appelait *half life*, une moitié de vie ou la moitié seulement de la vie.

Au moment où j'ai écrit cette lettre (janvier 1967), il y avait une situation qui me faisait très mal et qui touchait plusieurs fragilités intimes – des calomnies avaient été faites à mon sujet au Dalaï-Lama et il mettait en cause un deuxième tournage qu'il avait d'abord accepté. L'émotion s'était levée et avait mis peut-être trois quarts d'heure à disparaître lorsque se fut effacée la dualité entre « moi » *et* « l'émotion ». Tout à coup la souffrance a disparu ! C'était la première fois que cela m'arrivait de manière si convaincante et cela m'avait beaucoup frappé : la situation n'avait pas changé et ma souffrance avait disparu complètement. Pour finir, j'ai rencontré le Dalaï-Lama, le malentendu a été dissipé et les films ont été tournés, mais là n'est pas le plus important. C'est en effet un trésor inestimable d'avoir compris que la souffrance peut disparaître sans que la situation change. L'existence comporte les deux aspects mais nous pouvons les transcender.

Le concave et le convexe sont toujours là ensemble d'une certaine manière. Au moment où un brillant universitaire se dit « J'ai une chose pour moi, je suis intelligent », il y a immédiatement à l'arrière-plan « Je suis beaucoup moins intelligent qu'Einstein, je ne suis pas tellement intelligent lorsqu'il s'agit d'économie politique… ». Si un comédien se dit qu'il a au moins pour lui d'avoir un beau visage parce que des journalistes l'ont écrit, il lui vient à l'esprit qu'il n'a pas une très belle musculature et qu'il est un peu petit. Il y a toujours le recto et le verso. Observez et vous verrez qu'en même temps que nous affirmons une chose, le contraire est là. À ce niveau, il n'y a pas le concave sans le convexe. C'est encore un aspect de la dualité qui peut être dépassé par le non-attachement : je suis ce que je suis et il n'y a plus de contraire. Tant que nous ne sommes pas établis dans la non-dualité, dès que nous ne sommes plus situés dans l'axe immuable autour duquel oscille le balancier du pendule, il y a deux.

Je vois très bien de quelle lettre vous parlez. Ce que je décrivais peut paraître un peu emphatique, mais c'était vrai et je ne l'ai jamais plus oublié. « Souviens-toi : tu as pris la peine de convertir le non en oui, le refus en adhésion, et la souffrance s'est volatilisée. » Quand la situation est cruelle, qu'elle frappe fort et au bon endroit et que nous nous sentons comme un petit bateau dans la tempête, cette démarche va nous demander d'être attentif, activement passif, pendant un long moment. Si l'émotion revient, nous refaisons le même travail d'adhésion.

Ce sont de vastes thèmes. Parfois nous comprenons seulement qu'il doit y avoir quelque chose de très important qui nous a échappé jusqu'ici, puis notre mise en pratique s'arrête là. Quand Swâmiji m'a enseigné l'*advaïta*, le grand enseignement non dualiste des Upanishads, il m'a aussi dit *« be advaïta here and now »*, « soyez non-deux tout de suite, ici et maintenant ». Accueillons la vérité à tous les niveaux quels qu'ils soient. La vérité est toujours unique, sans un deuxième – *« one without a second. Mind creates a second »*, le mental crée de toutes pièces autre chose que ce qui est. Tout le mécanisme de notre servitude est là. Il faut noter ces phrases brèves, les relire, les examiner, les assimiler. Dans les premiers versets de l'Évangile de Thomas, vous trouverez : « Celui qui fait du deux un. » En fait, le mental fait l'inverse, il n'arrête pas de faire du un deux, en faisant intervenir autre chose que ce qui est. C'est vrai aussi de l'émotion heureuse en tant qu'émotion non durable : le mental réfère ce qui se produit à ce qui aurait pu ne pas se produire. Observez, voyez, vérifiez. En s'exerçant, on progresse. *« Digest, assimilates, make it your own »*, « digérez, assimilez afin que cela fasse partie de vous ».

Réunion du soir

LE SUICIDE

UNE FEMME : Je suis appelée à intervenir assez souvent auprès de gens qui menacent de se suicider ; certains sont des gens psychiatrisés souffrant de problèmes mentaux. La vocation du Centre est de sauver la vie à tout prix et nous intervenons de façon à empêcher le passage à l'acte ; parfois l'hospitalisation est nécessaire. Généralement, il y a de bons résultats, c'est-à-dire que la personne passe à travers la crise et par la suite nous lui apportons du support afin qu'elle arrive à voir autrement ce qui fait problème pour elle. Cependant, il m'arrive parfois d'être confrontée à des situations où j'arrive difficilement à adhérer complètement avec cette maxime de « la vie à tout prix ». Et je me demande si dans ces cas-là, après avoir accueilli avec le plus d'ouverture possible toute cette souffrance-là, l'accueil ultime ne serait pas d'accueillir aussi le projet suicidaire de quelqu'un ? Je ne sais pas trop ce qui est juste.

ARNAUD : C'est une question que l'on peut se poser gravement car c'est un thème délicat. On ne peut pas parler en général de « ceux qui ont des tendances suicidaires », il ne s'agit que de cas personnels. Les médecins, les psychiatres connaissent les dénominateurs communs à certains types de tempérament et au déroulement de certaines crises mais, dans la réalité concrète, il n'y a qu'un cas particulier qui doit être considéré comme un cas particulier. « La vie à tout prix ! » Je suis d'accord avec vous qu'on ne peut pas en faire un principe absolu et sacré. Cela pose notamment la question de ce qu'on appelle « l'acharnement thérapeutique », maintenir en vie des malades qui seraient désireux qu'on laisse faire la nature. Bien souvent, ces décisions médicales sont motivées par le refus de la mort qui règne sur le monde actuel alors que la vie inclut la mort – et cela nous devons l'admettre, le comprendre, l'intégrer.

On découvre, derrière les pulsions de suicide, tant de motivations différentes. Certains sont unifiés dans leur décision ; on évite le décès par un lavage d'estomac d'une personne qui a massivement absorbé des barbituriques et qui, peu de temps après ou parfois quelques années plus tard, renouvelle sa tentative et réussit. Et puis il y a ceux, nous le savons, qui font plusieurs tentatives de suicide avec une certaine habileté inconsciente pour ne jamais mourir. Tous ces drames sont des formes de la souffrance. Il m'est impossible de vous répondre « dans certains cas, oui ! ». C'est trop grave pour que je puisse décider pour vous, bien que je comprenne que vous vous posiez cette question. Au nom de quoi décidons-nous ? Dans certains cas, quand il s'agit d'un moment de dépression, il n'y a aucun doute que lorsqu'on peut éviter le suicide, c'est l'attitude juste parce qu'une existence va ensuite reprendre son cours et peut-être avec une transformation psychologique. Je ne peux répondre à une question qu'à partir d'une expérience vraiment confirmée. Le fait d'avoir écouté des personnes qui avaient fait des tentatives de suicide et qui étaient sorties du désespoir ou d'avoir connu des personnes qui voulaient se suicider et qui sont mortes ne fait pas de moi un spécialiste.

Si quelqu'un veut mourir, il mourra, même si on essaie de l'éviter par une hospitalisation, qu'on l'éloigne de toute possibilité de se jeter par la fenêtre. Une personne qui veut mourir attire comme un aimant les circonstances qui lui permettront de mener à bien sa détermination. Notre première réaction est « Il faut à tout prix empêcher quelqu'un de se suicider ! ». Mais c'est une réaction qui peut tenir à la projection de notre monde d'opinions personnel sur une situation que nous ne voyons et ne ressentons plus telle qu'elle est.

Est-ce que vous considérez qu'il n'y a rien après la mort ou que le suicide est un type de mort qui ne met pas fin au processus de conscience ? Pour essayer de réfléchir, il y a un fait dont nous pouvons tenir compte aussi : pourquoi les traditions spirituelles, hindoue autant que catholique, ont-elles unanimement condamné le suicide, même si leurs arguments ne sont pas les mêmes. Du point de vue hindou, si on a certains événements à vivre, à accepter, à utiliser pour progresser et si on ne les vit pas dans cette existence-ci, on les vivra dans une autre existence. Donc, le suicide ne résout rien, ne met fin à rien. Du point de vue chrétien, il n'est pas question d'envisager des existences successives, par conséquent nous n'avons que celle-ci pour assurer notre salut. Il y a différents types de suicides. Il y a des suicides qui sont une forme de mort naturelle. Beaucoup de personnes meurent parce que en profondeur elles veulent mourir, même si en surface elles résistent et se débattent. Si quelqu'un meurt jeune, c'est qu'il veut mourir. Il meurt d'un accident, d'un cancer à évolution rapide, d'un infarctus et certains meurent du suicide – mais comme d'une maladie. Et il y a des suicides plus graves du point de vue spirituel, qui sont le refus d'assumer les conséquences de ses actes et dans lesquels intervient une part de lâcheté, aussi cruel et triste que soit le fait de se donner la mort : par exemple, quelqu'un a commis une escroquerie et ne supporte pas qu'elle soit publiquement révélée. Si on admet qu'il y a une continuité après la mort, c'est très différent, par rapport aux conséquences, d'un suicide dû à une dépression.

Il ne serait pas juste de vous donner des directives car je n'ai pas la qualification pour cela. Essayez de ressentir. Vous n'êtes pas tenue d'être infaillible au niveau apparent. Si quelqu'un se suicide, bien que vous ayez tenté de lui redonner une espérance, n'en faites pas votre échec, ce n'était pas évitable. Et il est possible que vous sentiez « en votre âme et conscience », dans une attitude grave tournée vers la profondeur de vous-même, que la réponse de l'intelligence du cœur est : « Je lui laisse sa liberté », et que ce soit l'attitude juste.

Évidemment, il y a encore un point, pour nous le point principal : est-ce que l'existence a un sens, en dehors du fait d'aimer, de ne plus aimer, de voyager, bref d'exister et ensuite, inévitablement, de vieillir et de mourir ? Le sens de cette existence, c'est l'éveil, c'est l'union à Dieu. Le corps humain implique toutes les fonctions intellectuelles et toutes les potentialités spirituelles. Les bouddhistes tibétains disent « le précieux corps humain » et, autrefois, lorsqu'on formulait « Je vous souhaite de vivre cent ans » cela signifiait que « plus vous aurez de temps pour pratiquer, plus vous pourrez progresser spirituellement dans cette vie », et peut-être, en tout cas aux yeux des Orientaux, « atteindre le but ultime ». Un homme ou une femme se tue à trente-cinq ans d'usure, de désespoir, de découragement, de blessures, de failles tellement profondes. Apparemment, c'est la faille profonde qui l'emporte : « Quelle tristesse ! » Peut-être que, s'il avait survécu, il aurait pu utiliser ces années pour se transformer. Il aurait fait une rencontre qui, tout d'un coup, aurait fait naître une espérance dans son désespoir. Donc, c'est aussi un facteur qui peut faire naître en vous cette conviction : « Je vais tout faire pour le convaincre de retrouver l'espérance et de ne pas mettre fin à ses jours. » Vous voyez ? C'est très complexe. Ce que je peux simplement vous dire c'est que je comprends très bien votre question et que c'est juste que vous vous la posiez.

UN HOMME : Il n'y a pas longtemps, je me cherchais des raisons pour ne pas abandonner la voie, je trouvais que vous étiez vieux, je trouvais que vous étiez malade, je trouvais ceci et cela.

ARNAUD : Le malheur pour vous, c'est que la médecine, dans mon cas, est très efficace et que je ne le suis plus ! *(Rires dans la salle.)*

LE MÊME HOMME : Est-ce que la voie nécessite l'abandon total au maître ? Ma sous-question est celle-ci : lorsque Swâmiji est mort, est-ce que votre relation a changé avec lui ?

ARNAUD : Non ! La réponse s'impose. La relation qui nous unit à un maître situé à un haut niveau d'éveil ne cesse de nous rapprocher de notre propre profondeur et dépasse la relation physique. Si Swâmiji était mort quatre ans plus tôt, c'eût été beaucoup trop tôt pour moi – mais il n'est pas mort trop tôt. Il m'avait transmis l'essentiel et convaincu de tout ce qui était nécessaire pour que je puisse continuer à progresser et, avec son accord, à partir de ce qui avait déjà été vu, assimilé, accompli, commencer à transmettre l'enseignement qui permet de se transformer peu à peu. De ce point de vue-là, c'est une relation qui est toujours au présent – totalement au-delà du temps.

Au début, il y avait eu pour moi des projections, des craintes, l'idée que : « Oui mais si vraiment je joue le jeu avec Swâmiji, que je m'engage et qu'il meurt. Si le chirurgien meurt dans le bloc opératoire et me laisse le ventre ouvert, qu'est-ce que je deviens ? » Un jour, Swâmiji a eu la fermeté de couper clair et net ce jeu du mental « *Swâmiji will not leave you until you can stand on your own feet !* » « Swâmiji ne vous quittera pas tant que vous ne pourrez pas tenir sur vos propres pieds. » Il n'a pas dit : tant que vous n'aurez pas atteint l'ultime éveil. Il a tenu cette promesse car dans les deux derniers entretiens que j'ai eus avec lui, il m'a montré que ce qu'il avait à me transmettre s'était enraciné en moi. Un disciple ne dira pas : « j'ai eu un maître » mais plutôt « j'*ai* un maître ! ». Mon maître « est », et non pas « a été », Swâmi Prajnânpad. Cela ne veut pas dire qu'il est le plus grand, ni le seul, mais c'est mon maître.

Maintenant, que signifie « s'abandonner » ? Évidemment, nous sentons que nous ne pouvons pas toujours rester sur la défensive. C'est comme de dire à un chirurgien « Sauvez-moi, mais ne me touchez pas ! » Sur certaines voies, l'abandon au maître joue un rôle immense. C'est un abandon complet, on devient *swâmi*, moine, *lama*, disciple et c'est l'ashram qui nous prend en charge ; on est prêt à tout, y compris à mourir en chemin. Mais rares sont les héros de la spiritualité dont l'engagement est total. Il y en a eu quelques-uns auprès de Ma Anandamayî et il y en a aujourd'hui quelques-uns et quelques-unes auprès d'Amritanandamayi.

C'est une soumission qui n'a de sens que si elle est fondée sur une foi, une conviction et qu'elle est totale ! La soumission au maître, c'est tenir compte de tout ce qu'il nous dit et le mettre en pratique. Ce n'est pas inévitablement : « Je remets mon destin entre ses mains, il me dit de me marier, je me marie ; il me dit de ne pas me marier, je ne me marie pas ; il me dit de quitter ma profession, je quitte ma profession. » C'est loin d'être toujours aussi catégorique sur toutes les voies. Mais un jour, une dame médecin m'a dit en souriant : « Je vais vous faire une ordonnance. Avez-vous réfléchi pourquoi ce mot ordonnance ? » Ça veut dire : « En fonction de mon diagnostic, de mes compétences, de mes connaissances, je vous ordonne de prendre ces médicaments ; seulement, vous, vous avez la possibilité de transgresser mon ordre. » Donc, nous admettons qu'un médecin à qui nous faisons confiance nous ordonne « prenez tel médicament ». Je n'ai pas étudié la biologie, la chimie, la pharmacologie, la médecine pour avoir, moi, mon opinion sur ce médicament. J'obéis, je le prends. Certes, il y a ceux qui consultent dix médecins, achètent les médicaments mais ne les absorbent pas. Le médecin prescrit des radiographies, des analyses mais ils vont voir un autre médecin sans apporter leurs radiographies et leurs analyses. Considérez le maître comme un médecin qui vous donne une ordonnance très précise. Ensuite, il n'y a pas que la prescription des médicaments, il y a la nécessité de suivre l'ordonnance : « Je le fais ou je ne le fais pas ? » Vous savez très bien qu'il y a des gens qui vont tout le temps voir ailleurs. Qui est le maître dont ils se réclament ?

Dans certains petits ashrams où il y a peu de monde, il y a juste le maître et c'est tout. Dans des ashrams plus importants, le fondateur de l'ashram, celui qui en est l'inspiration d'origine, est entouré de collaborateurs. Chez les Tibétains, il y a le grand *rinpoché* qui est responsable d'un monastère au Canada, d'un monastère en Californie, d'un monastère en France, d'un monastère en Autriche et c'est entendu qu'il ne peut pas être partout à la fois. Donc, dans chaque monastère, il installe un lama n'ayant peut-être pas atteint l'ultime niveau de l'éveil mais ayant fourni de profonds efforts et acquis une maîtrise de soi, une liberté intime, une capacité à enseigner. Le principe n'est pas nouveau. Lorsque j'ai rencontré des maîtres zen au Japon, des maîtres soufis, cela m'a stimulé, inspiré et ils m'ont dit des paroles éclairantes et infiniment précieuses. Pourtant vint un temps où m'apparut clairement : « Cela fait seize ans que je fréquente des maîtres, maintenant je me laisse guider par Swâmiji », mais quand même, dans les premiers temps, avec une petite réticence à l'arrière-plan. « Et s'il se trompe ? » C'est important que vienne le moment où nous rencontrons celui dont nous allons enfin suivre les « ordonnances ».

Le maître a la foi, la « certitude des choses invisibles », celles qui ne sautent pas aux yeux tout de suite. La même foi anime Arnaud, Daniel, André, ceux que vous connaissez, Éric, Édith. Pour aider sur leur chemin ceux qui ignorent encore ce que nous savons et qui n'ont pas notre expérience, il n'est pas nécessaire d'être le Bouddha lui-même ! En ce qui nous concerne, il s'agit d'un enseignement, d'une filiation qui se transmet dans un ensemble cohérent. Éric vient en séjour à Hauteville, Daniel et André vous ont rendu visite, Arnaud revient annuellement : des visages différents de la même tradition.

Alors, « je m'abandonne au maître », je m'abandonne à qui ? Le mental discute toujours : « Arnaud est trop âgé, Éric est trop jeune. » Le risque est de passer de l'un à l'autre, de prendre ce qui vous convient, et vous demeurez jusqu'au cou dans le monde de l'avoir ! Pour plusieurs c'est aussi : « Qu'est-ce qui va m'aider, moi, dans ma fonction de professeur de yoga, de thérapeute » et ils viennent pour *acquérir* quelque chose ! C'est normal de vouloir être mieux formé pour exercer sa profession mais cela n'a rien à voir avec l'engagement sur la voie qui est une immense aventure, celle d'une « mort à soi-même ».

La question de l'abandon au maître est complexe et la réponse ne peut être que nuancée, surtout dans notre contexte occidental. Pour une part oui, il faut s'abandonner au maître. En cherchant de plusieurs côtés, il y a un énorme risque de n'être finalement engagé nulle part. Vous vous abandonnez au chirurgien, vous êtes allongé, anesthésié et il opère. Mais on ne peut pas s'abandonner de la même manière à un instructeur. Nous pouvons le croire mais, au moment où nous ne sommes plus d'accord parce que sa réponse nous met en cause et que cela nous fait mal, parce qu'il nous montre un aspect de nous que nous ne voulons pas voir, nous le rejetons. Swâmiji m'a souvent fait mal, mais il ne m'a jamais fait *du* mal. J'ai entendu un moine du mont Athos préciser : « On nous a beaucoup enseigné que Dieu était bon, infiniment bon, et c'est vrai ; on ne nous a pas assez dit qu'il n'était pas gentil. » Le *guru* est bon, mais il n'est pas forcément gentil ! Oui, Swâmiji m'a parfois fait mal sur le moment. Dans les dernières années, il pouvait être beaucoup plus direct quand il me mettait en cause car j'étais enfin capable de dire « oui ». Un jour, Swâmiji m'a écrit : « *Carried away by your emotional blindness you have gone down below human level ; you have already gone too far.* » « Emporté par votre aveuglement émotionnel, vous êtes tombé plus bas que le niveau humain ; vous êtes déjà allé trop loin. » Et vous prétendez aspirer à un niveau supra-humain ? « Vous êtes déjà allé trop loin ! » Et croyez-moi, ce n'était pas parce que j'avais tué quelqu'un à coups de revolver ! J'avais pris la décision de ne plus monter le ton, de ne plus m'énerver contre mon épouse, quand un de nos enfants était présent. Mais je l'ai fait et le petit garçon s'est précipité en disant : « Ne vous disputez pas, ne vous disputez pas ! » Je l'ai écrit à Swâmiji qui m'a répondu ce que je viens de vous dire. S'il m'avait écrit aussi fermement dans les premières années, je n'aurais pas pu le supporter parce que je n'avais pas suffisamment mûri et j'aurais perçu cela comme trop cruel, trop dur.

Ne prenez pas le mot *guru* au sens que lui donne le mouvement actuel de lutte contre les sectes, c'est-à-dire charlatan, escroc, qui exploite les hommes financièrement et les femmes sexuellement ; entendez-le au sens hindou du terme. Le mot *guru* a en sanscrit deux significations : « celui qui a un certain poids » (de maturité, d'expérience, d'enracinement en lui-même) et « celui qui apporte la lumière », qui peut éclairer notre confusion, nous permettre de voir plus clair en nous-mêmes. C'est une fonction sacrée pour laquelle on doit être préparé, qualifié.

DÉTERMINISME ET LIBERTÉ

UN AUTRE HOMME : Vous avez utilisé le mot « pesant » comme traduction au mot guru. Est-ce que le poids est descendu au niveau du hara ?

ARNAUD : C'est plus nuancé. Il existe des expressions qui ont une signification particulière. Lorsqu'on dit de quelqu'un : « Ah ! qu'est-ce qu'il pèse celui-là ! », ce n'est pas flatteur. Mais on dit de quelqu'un d'autre

« qu'il ne fait pas le poids ». Si quelqu'un fait le poids, cet enracinement dans le bas-ventre y collabore. Je me souviens que Swâmiji avait repris une faute d'anglais que j'avais commise en écrivant *« more heavy »* au lieu de *« heavier »*. Il m'a répondu en reprenant cette faute et en me disant que j'étais à présent *« a little more heavy »* – un tout petit peu plus lourd – *« until now, you were like a light feather »* – jusqu'à présent vous étiez comme un léger duvet que le moindre souffle faisait tourbillonner.

Le maître est plein d'amour mais il n'est pas gentil et il nous bouscule. Donc, il est arrivé que Swâmiji me fasse mal et je ressentais alors à son égard une émotion négative. Et puis, j'ai compris qu'il ne m'avait jamais fait du mal. Swâmiji se couchait assez tôt et après son repas du soir il restait un long moment sur une petite terrasse, immobile comme une statue. Puis, comme cela se fait en Inde, nous allions lui offrir notre *pranam*, une prosternation, une manière de lui dire bonsoir. Un disciple indien me disait : *« Arnaud, now you can go and do pranam to Swâmiji. »* Il m'est arrivé d'être perplexe et de me demander si j'allais ou non me prosterner devant lui parce que je lui en voulais. « Je lui en veux ? Alors je m'en vais ! Je ne peux pas faire un *pranam* mécaniquement, ça n'a aucun sens. Mais si je lui en veux, est-ce que je reste les bras croisés pendant que les autres s'inclinent. Alors ? Et puis après, je vais rentrer en France en disant sur un ton affecté "mon maître Swâmi Prajnânpad". Je suis incohérent ou quoi ? » Pour finir, ce qui triomphait, c'était un peu de bon sens.

Bien sûr j'en souris aujourd'hui, mais l'enjeu est immense. Swâmiji obligeait certaines réactions à remonter à la surface puis, après trois jours, il suffisait qu'il me fasse un sourire pour que je pardonne tout. Beaucoup de disciples ont connu ces mouvements d'humeur à l'égard de leur maître. Après la mort de Ma Anandamayî, j'ai demandé à un des grands swâmis de son ashram ayant de grosses responsabilités : « N'avez-vous jamais eu des réactions négatives à l'égard de Mâ ? » Une sainte, une divinité, a *deity* en anglais. « Oui, bien sûr, j'en ai eu, notamment une journée où j'étais submergé de travail et où elle m'a envoyé deux fois dans la même journée faire trente kilomètres aller-retour pour acheter un sari pour votre petite fille Muriel ; comme Mâ n'était pas satisfaite du sari que j'avais choisi, j'ai dû retourner le changer. » Si vous venez à Hauteville, vous verrez une photo de Mâ Anandamayî avec une petite fille en sari en face d'elle, c'est le sari en question.

LE MÊME HOMME : Je reviens à la première question : n'y a-t-il rien pour empêcher de mourir quelqu'un qui le veut profondément et vraiment ? Est-ce que le déterminisme est total ou quelque chose de la réalité extérieure peut-il venir le contrecarrer ?

ARNAUD : Le déterminisme est un ensemble complexe. L'inconscient est une réalité, bien qu'il ne soit pas facilement rendu conscient. À la surface, personne ne veut être malade ! Mais la recherche psychologique moderne, confirmant les anciennes certitudes, a montré que des maladies étaient « psychosomatiques », dues à une accumulation de conflits psychiques. Plus nous sommes conscients de nos mécanismes et de nos fonctionnements, plus nous percevons combien des perturbations et des préoccupations mentales peuvent affecter le niveau physique. C'est toujours un ensemble, une totalité. Celui qui *veut* vraiment en profondeur vivre survivra ! Il aura peut-être un accident, mais il s'en sortira.

LE MÊME HOMME : On m'a souvent dit cette expression : « T'as le cul béni ! » On dirait qu'il y a des gens qui s'en sortent tout le temps, même dans des situations extrêmement graves et dangereuses. On ne sait pas pourquoi, ça ressemble un peu à de la superstition, un peu comme s'ils étaient protégés. Serait-ce cette force de vie qui est à l'œuvre ?

ARNAUD : Oui, mais le vérifier, vous faire votre propre conviction, prend du temps : observez, essayez de comprendre ce qui s'est passé pour d'autres, percevez plus finement comment vous fonctionnez vous-même, les relations du psychique et du physique. Évidemment il y a une part de destin. Par exemple, dans un cas d'urgence, le médecin arrive un quart d'heure trop tard ou bien, au contraire, il est arrivé juste à temps. Mais la vérité est que chaque destin individuel est impliqué dans la totalité. Nous ne pouvons pas comprendre notre destin individuel tant que nous demeurons égocentriques. Il faut le sentir comme une participation à un ensemble. Nous sommes beaucoup plus interdépendants que nous ne le croyons d'abord. Le destin de l'un croise le destin de l'autre. D'innombrables chaînes de causes et d'effets sont toujours simultanément à l'œuvre. Au niveau des événements, vous allez de plus en plus sentir que nous sommes insérés dans un ensemble. C'est au niveau le plus profond que nous trouvons la liberté. Cependant, il est vrai que notre détermination à vivre, ou notre lassitude de vivre, intervient. Alors, pourquoi y a-t-il cette détermination à vivre ? Ou, à l'inverse, quel ensemble de causes aura produit le découragement, l'usure ? On ne peut pas porter des appréciations trop rapidement. Et pourtant peu à peu, on *sent* de plus en plus : ce qu'on ne voyait pas, on le perçoit. Il n'y a aucun doute que vouloir vivre, pas forcément vouloir vivre pour soi mais parce que quelqu'un d'autre a vraiment besoin de nous, génère une très grande force.

LE MÊME HOMME : Cette force-là, le chemin qui nous est présenté, n'est-il pas déjà tracé d'une certaine façon ?

ARNAUD : On en revient à la très délicate question du déterminisme et du libre arbitre. Qu'est-ce qui fait que je décide une chose plutôt qu'une autre ? Est-ce que tout est écrit ? Il y a une part de déterminisme implacable : les chaînes de causalité. Mais il y a aussi une marge entre la certitude et la probabilité. Regardez un exemple bien connu et souvent utilisé lorsqu'on veut essayer d'expliquer le principe de la détermination : la météorologie. Elle étudie un jeu de causes produisant des effets. Puisqu'il s'agit de chaînes de causes et d'effets, que nous pouvons les calculer avec des moyens informatiques modernes, comment se fait-il qu'on ne puisse pas prévoir plus loin que quelques jours ? On devrait pouvoir : telle cause devant produire tel effet, cet effet devenant cause pour produire un autre effet, tel effet devenant cause pour produire un autre effet encore. Qu'est-ce que les physiciens appellent le chaos ? La causalité permet beaucoup de prévisions dans bien des domaines, y compris ceux de la gendarmerie et des assurances : ils prévoient qu'il y aura 270 morts sur les routes pendant le week-end de la Pentecôte et finalement il y en aura 260 ou 280, mais il n'y en aura pas 1 000 ni 30. Celui qui a eu un accident s'insère dans une réalité prévue. Mais pourquoi est-ce lui plutôt qu'un autre ?

Ce qui n'est pas discutable, c'est que la causalité est très puissante et que nous n'avons pas du tout la liberté de diriger nos existences que nous nous attribuons : nous fonctionnons. Nous fonctionnons avec une impression de liberté qui est parfois douloureuse : « Qu'est-ce que je choisis ? Qu'est-ce que je décide ? Qu'est-ce que je fais ? » – l'hésitation, le doute. Nous portons le poids de ce choix avec ses risques d'erreur. Dans certains cas, nous n'avons pas de choix, soit parce que l'action appropriée nous paraît évidente, soit parce que nous sommes identifiés, emportés par une émotion, un désir, une peur. Mais très souvent cette liberté-là est ressentie comme un fardeau. Le philosophe Jean-Paul Sartre disait : « L'homme est condamné à la liberté » – comme une malédiction. Progresser sur la voie, c'est être de plus en plus libre de cette malédiction-là. Plus vous allez progresser, moins vous aurez de choix. Quel repos ! Voilà ce qui doit être fait, dans l'ensemble de la situation qui nous inclut tel que nous sommes aujourd'hui et pas tel que nous serons peut-être dans vingt ans. *« Complete slavery is perfect freedom »*, « l'esclavage complet, c'est la liberté parfaite », disait Swâmi Prajnânpad. Voilà encore une parole à laquelle nous pouvons mûrement réfléchir. Il s'agit bien sûr d'une liberté intime.

Partez de situations dans lesquelles il est évident qu'il n'y a aucun choix. Par exemple, vous nagez très bien, un enfant à côté de vous tombe à l'eau, sa mère pousse un cri de détresse, vous plongez. Il y aura bien des cas, beaucoup plus simples, quotidiens où il est évident que la réponse à la nécessité de la situation s'imposera de plus en plus à nous. Je répète que cette situation nous intègre, avec notre vécu intérieur, mais notre désir ou notre peur du moment n'est pas le seul paramètre. Vous sentirez de plus en plus souvent : voilà ce qui doit être fait, j'obéis. Et là se trouve la vraie liberté intime. Si vous envisagez la réalité du point de vue du temps comme quatrième dimension de l'espace, tout le passé est encore là et tout le futur est déjà là mais nous n'en percevons qu'une tranche, à trois dimensions. Se pourrait-il que dans cette simultanéité soit impliquée l'idée exprimée par les théologiens ou les mystiques : « Dieu, dans l'instant éternel, a la connaissance de tout le passé et de tout le futur » ? Je ne dis pas que cette réflexion ne soit pas intéressante mais en quoi va-t-elle vous aider dans votre pratique quotidienne ?

Quand notre perception réaliste s'est vraiment confirmée, nous reconnaissons avoir beaucoup moins de liberté de gérer les événements de notre existence que nous ne le croyions. Nous sommes des machines à réagir et c'est pour cela que la libération est notre but ultime. On ne propose pas la « libération » à ceux qui sont déjà libres. On propose la libération à des gens qui, d'une manière ou d'une autre, sont asservis ou prisonniers. La première étape est une conviction : de quoi suis-je prisonnier ? Quelle est ma servitude ?

Je ne prétends pas avoir répondu à votre question, j'ai simplement montré combien ce thème est vaste et combien il y a de directions pour orienter votre recherche et votre réflexion. Soyez vigilant, présent à l'instant même, conscient, observez tout ce sur quoi l'enseignement transmis attire votre attention et, peu à peu, vous verrez en toute certitude ce qui vous avait échappé jusque-là.

Neuvième jour

28 octobre

Réunion du matin

L'AUDACE DE VIVRE

UN HOMME : Dans votre réponse à une question que j'ai posée hier, j'ai compris que vous sous-entendiez que je devais oser davantage, oser vivre et m'affirmer...

ARNAUD : La question est : affirmer quoi ou affirmer qui ? Il y a une première étape – mais plus vite nous arriverons à dépasser cette étape, mieux cela vaudra. On réalise d'abord qu'on a été brimé autrefois et qu'on n'a pas osé s'exprimer, ce qui va conduire à une affirmation de l'ego : « Moi aussi j'existe, moi aussi j'ai des droits. » Oui ! C'est un aspect de notre évolution dont peut beaucoup tenir compte la psychothérapie mais il y a une limite. Ce qui est d'abord normal et légitime peut devenir une impasse : je m'affirme, je prends de l'autorité et j'ose, mais je ne sors pas du domaine de l'ego, donc du sommeil, de l'erreur et de l'illusion. Peu à peu, une autre affirmation plus impersonnelle s'accomplit : vous laissez l'existence s'affirmer à travers vous mais en même temps s'épanouit en vous une attitude de soumission, celle du serviteur qui, paradoxalement au premier abord, est associée à la véritable libération, c'est-à-dire au dépassement de l'ego.

Prenez les choses bien simplement. Il y a une étape d'affirmation nécessaire pour rectifier l'habitude que vous avez de douter de vous – je ne suis pas beau, je ne suis pas bon élève… C'est une habitude mentale créée de toutes pièces. Je vais donc m'affirmer habilement, donc sans me faire de tort inutile, mais ensuite cette affirmation devient détendue, impersonnelle. Il y a de moins en moins d'égocentrisme en vous : ce n'est plus moi qui m'affirme, c'est la vie qui s'affirme à travers moi. Souvenez-vous aussi que chaque réponse que je peux faire prend son sens à travers toutes les autres réponses que j'ai pu donner. Nous morcelons les approches pour les nécessités didactiques de l'enseignement mais la voie est un tout vivant, de même qu'un être humain est un tout vivant.

LE MÊME HOMME : Dans ma relation avec vous, j'ai l'impression que je me brime, que je m'arrête, que je me tiens en retrait et que je n'ose pas être quelqu'un en votre présence. J'ai une justification d'ordre religieux, une certaine considération à votre égard qui me dit que c'est normal que le disciple soit en retrait – je pense à l'humilité de Daniel Morin…

ARNAUD : C'est un très bon exemple. C'est la manière de Daniel de se situer par rapport à son père spirituel qui est Arnaud, mais qui oserait dire que Daniel ne s'affirme pas ?

LE MÊME HOMME : Mais en votre présence, il se fait absence. Il est très silencieux et très effacé, il ne va pas oser...

ARNAUD : Si c'était justifié et nécessaire, rien ne pourrait l'empêcher d'oser mais il est en effet discret, il s'adapte à un ensemble et il sent : comment puis-je participer à l'œuvre collective dont Arnaud est l'initiateur et dont Arnaud demeure l'âme ? Je n'ai certes pas l'impression d'avoir devant moi quelqu'un qui n'existe plus par excès de respect ! Il y a dans la célèbre, mais délicate, relation entre maître et disciple un point un peu plus délicat : les circonstances (ou le *karma)* ont fait que certains d'entre vous ont développé une relation plus intime avec Arnaud, en dehors des méditations guidées et des réunions – cela a été votre cas puisque vous êtes venu en France très tôt et que vous avez participé de très près au premier accueil d'Arnaud au Québec il y a vingt ans. Jusqu'où doit aller cette relation de fils à père ? C'est important, aussi bien ici qu'en France, car il y a une inégalité apparente. J'ai particulièrement accueilli certains Québécois qui venaient en France comme j'ai été accueilli autrefois en Inde en tant que visiteur venu d'un autre pays. C'est un fait : j'ai, par exemple, emmené certains Québécois visiter chez nous de vieux villages, ce qui crée un autre type de relation avec Arnaud. Jusqu'où cela vous donne-t-il le droit d'aller ensuite ? Très souvent, quand on a un peu reçu dans ce domaine, on veut encore plus. Certains Français qui ont eu une relation avec Arnaud qui en ferait pâlir d'autres de jalousie se plaignent qu'Arnaud ne s'intéresse pas à eux. Ici, à part le thé où nous parlons de choses et d'autres, la seule relation que vous ayez tous vraiment avec Arnaud est celle de disciple, engagé sur la voie, écoutant Arnaud dire des choses qui vous importent. Et, en même temps, vous savez qu'Arnaud essaie dans toute la mesure du possible de savoir à qui il s'adresse, s'il s'agit d'un célibataire ou d'un homme marié, d'un homosexuel ou d'un hétérosexuel, et si cette personne a vécu une grande tragédie. Le cadre est assez clair. Mais pour certains, cela peut créer une difficulté : j'arrive mal à me situer dans ma relation avec Arnaud. J'ai constaté que ma relation de complicité avec Arnaud en dehors des réunions fait que je ne sais plus trop jusqu'où je devrais aller dans cet élan d'intimité avec lui. Un fils sent qu'il peut encore demander à son père même s'il est adulte. Vous voyez ce que je veux dire ?

LE MÊME HOMME : Le fait que vous ne répondiez plus au courrier est pour moi une perte[1]*. Je dois parler avec vous de choses très intimes devant les autres alors que normalement je le ferais par écrit et j'attendrais de vous une réponse paternelle et plus personnelle.*

ARNAUD : Vous pouvez m'écrire des lettres brèves me donnant une information sur votre vie familiale ou professionnelle. Au début de la voie, il est fondamental d'entrer dans les détails les plus concrets de votre existence. S'il n'y avait que les réunions

1. Voir note p. 89.

d'Arnaud à Mangalam, ce ne serait pas suffisant pour que vous puissiez considérer que vous êtes engagé sur une voie complète. Mais il y a les collaborateurs d'Arnaud, qui ont prouvé leur propre mise en pratique dans des conditions difficiles et savent de quoi ils parlent. L'existence les a parfois frappés très fort dans deux ou trois domaines à la fois et ils n'ont pas lâché le fil de la pratique et ils ont traversé l'épreuve en disciple. C'est cela qui les qualifie, et non le fait qu'ils aient un doctorat en lettres ou en philosophie.

Je veux dire que ceux qui font partie de l'équipe, ici ou en France, peuvent vous aider dans les détails de votre vie. Et il y a aussi beaucoup d'information dans les livres ! « Oui, mais le livre n'a pas été écrit pour moi… » Je suis sûr que si, en réponse à une lettre, je me contentais de recopier mot pour mot une page de mes livres, la personne aurait l'impression que je m'adresse personnellement à elle.

Cela fait vingt-six ans que Swâmiji ne répond plus à mes lettres et je ne me sens pas du tout trahi ni abandonné par lui. Découvrez un autre niveau de communion, moins à la surface et plus dans la profondeur. L'apparence de notre relation se mesure en nombre d'heures d'entretien ou de lettres personnelles mais l'essence est au-delà de toute mesure.

La vigilance impersonnelle

UN HOMME : Quand je pense et que « ça voit » que je pense, quand « ça s'aperçoit » que mon rythme cardiaque change un peu parce que je m'adresse à vous, qu'est-ce que c'est ?

ARNAUD : Vous pourriez aussi bien inverser et dire : quand « je vois » que « ça » pense. En fait, ce serait même plus juste de parler ainsi, parce que, comme le disait Gurdjieff, « ça » pense, « ça » regarde, « ça » ne regarde plus… sans nécessité et sans conscience suffisante. « Veiller », « être vigilant », ces termes désignent une toute autre qualité de présence et d'attention. Abordez d'abord les choses simplement : de ce que j'ai entendu, qu'est-ce que je peux faire ? Vous allez peu à peu gagner en subtilité et découvrir ce qui vous avait d'abord échappé, confirmer que ce que vous avez découvert est juste. Swâmiji m'a souvent répété que la physique d'Einstein ne prouve pas que la physique de Newton est fausse, mais elle va plus loin et plus profond dans la description de la réalité. Vous progressez de vérité en vérité.

Pour l'instant, il serait plus juste de distinguer un « moi » qui change sans arrêt et un « je » plus profond et plus réel. Nous n'envisageons pas en ce moment le thème de l'action mais celui de la recherche du centre, de la source, du cœur de la conscience d'être. Parmi toutes les formes que peut ciseler un joaillier avec de l'or, pourquoi l'une serait-elle plus représentative de l'or lui-même que les autres ? Êtes-vous quoi que ce soit qui ne change pas sans cesse ? Quoi que ce soit d'autogène qui ne dépende que de soi-même ? Il ne dépend certes pas que de vous d'avoir une bonne santé, ni d'avoir uniquement des amis ou des admirateurs. Ce qui dépend de vous, c'est la manière dont vous prenez les choses et, un pas de plus dans la subtilité, la manière dont vous ne les prenez pas. Au début de votre pratique vous n'éviterez pas la dualité du sujet et de l'objet. Peu à peu, vous allez découvrir que l'objet n'a de réalité que dans votre cerveau. Si vous fermez les yeux et vous vous bouchez les oreilles, tout l'environnement a disparu. Par l'attention, la vigilance, la pleine conscience – *awareness* et *mindfulness* – vous pouvez ne plus vous identifier à toutes ces formes qui se succèdent dans le cerveau.

Mais il y a un point un peu plus subtil, dont vous n'êtes pas tenu d'avoir tout de suite compris tous les aspects et toutes les nuances : c'est l'insistance sur « l'observateur abstrait » dans la terminologie bouddhiste. Ce thème est approfondi dans le livre *Dialogue à deux voies* coproduit par Lama Denys Teundroup et moi-même. Lama Denys précise qu'au début « l'observateur abstrait » est celui qui a su s'abstraire du courant des formes et qu'ensuite on fait abstraction de l'observateur : une observation sans un observateur. C'est la même idée que la différence soulignée par Swâmiji entre « Je regarde l'arbre » ou « L'arbre est regardé ». Si vous tentez une fois cette expérience, sans conviction en vous disant que ce n'est pas ça qui résoudra vos problèmes, vous n'irez pas loin. Essayez loyalement de vérifier le contenu d'une telle parole. « *Je* regarde le bouquet » et je suis là avec tout mon arrière-plan, tout mon passé, tout ce qui est associé aux fleurs en moi : les fleurs très bon marché que maman achetait parce que nous n'avions pas d'argent alors que j'aurais voulu que ma mère achète les plus belles fleurs ; certains trouvent les chrysanthèmes tristes parce que ce sont des fleurs associées aux cimetières alors qu'au Japon c'est une fleur très appréciée. C'est toujours subjectif. Et, de même que vous ne voyez pas *le* bouquet mais *votre* bouquet, celui de votre mental et de vos projections, vous ne vivez pas dans *le* monde mais dans *votre* monde. Si je vis « Le bouquet est regardé », le dynamisme est inverse et je ne suis plus qu'accueil. Ce n'est plus moi qui commente et projette mon discours sur le bouquet « Les fleurs sont trop serrées, il n'y en a pas assez de jaunes ». Le bouquet proclame : je suis ce que je suis. Essayez, réessayez et réessayez encore ! Vous concevez que pour apprendre à jouer décemment au tennis il faut s'exercer plus d'une fois. Si *moi, je*, j'observe tout ce qui s'agite en moi, ce n'est pas une observation complètement pure. La conscience témoin impartiale, impersonnelle, non duelle *(sakshin* en sanscrit) nous est très étrangère parce que nous avons toujours fonctionné à partir de l'ego. Essayez de purifier votre attention et choisissez un support simple un jour où vous êtes naturellement calme : pas « j'observe le va-et-vient du souffle », mais « le va-et-vient du souffle est observé ». Puis, un pas de plus, pas observer mais être le souffle. C'est peut-être incompréhensible au premier abord mais c'est fondamental. Pour l'instant vous pouvez encore distinguer le vrai « je » de la succession des réactions mécaniques : « ça veut », « ça refuse », « ça se réjouit » ou « ça s'attriste ».

Le personnage de l'ambitieux

UN HOMME : J'ai récemment fait la liste de mes multiples personnages intérieurs et celui de l'ambitieux est le dernier que j'ai identifié. La semaine dernière, on m'a invité à poser ma candidature pour un poste de gestion qui se situe à deux niveaux hiérarchiques de plus que le poste que j'occupe

actuellement. Je vois bien aujourd'hui que le personnage de l'ambitieux est bien vivant en moi.
J'ai réussi à m'affirmer davantage au cours des dernières années et je vois dans cette promotion une occasion de pousser plus loin cette affirmation, mais je ne veux pas être dévoré par le travail. Jusqu'où aller ?

ARNAUD : Pourquoi ne pas saisir cette offre de promotion si c'est un moyen d'existence qui ne compromet ni votre intégrité ni votre dignité ? Il n'y a pas d'empêchement à être sur la voie et à devenir Premier ministre du Canada ! Tout dépend de l'attitude intérieure. Des souverains ont été des sages. C'est à ce « je » plus réel qui donne cohésion et cohérence à notre existence d'apprécier ce qui est juste ou non. Si cette ambition vous anime aujourd'hui, vous devez en tenir compte. Vous n'êtes pas encore un nouveau Ramana Maharshi. Si votre existence est cohérente, vous constatez que le personnage de l'ambitieux est un de ceux qui la composent.

En ce qui concerne le vocabulaire, il est selon moi beaucoup plus fructueux pour progresser de parler de l'ambitieux plutôt que de l'ambition. Quand nous disons que nous *avons* de l'ambition – comme nous affirmerions avoir des intérêts spirituels ou une grande tendresse pour nos enfants – nous avons l'impression d'être unifié, d'être possesseur de différents avoirs. Vous serez plus aidé si vous vous exprimez en reconnaissant : « Je découvre en moi des personnages contradictoires dont les intérêts ne sont pas les mêmes. » De temps en temps cet ambitieux occupe le devant de la scène et tous les autres sont refoulés dans la coulisse ou, au contraire, il disparaît et un autre personnage le remplace sur le devant de la scène. Quand deux personnages se partagent le devant de la scène en même temps, ou bien ils sont facilement complices comme le « mystique » peut être complice avec « l'idéaliste », ou alors ils ne s'entendent pas, comme le « mystique » et « l'ambitieux professionnel » dont les intérêts et les valeurs risquent de s'opposer. Tous ces personnages cohabitent pourtant en nous ! Ce sont des *vasanas*, des dynamismes latents réveillés par les circonstances.

Toute notre complexité doit être de mieux en mieux vue. L'ambition peut correspondre à une réalité, aujourd'hui, pour vous, dont vous ne pouvez pas faire l'économie. Mais serez-vous l'esclave de ce personnage avide de réussite professionnelle ou est-ce que vous l'assumerez avec dignité et liberté ? C'est toute la différence ! Ce personnage deviendra-t-il le tyran de tous les autres ou leur laissera-t-il une place pour qu'ils puissent eux aussi s'exprimer et s'accomplir ? La vraie liberté, celle qui nous rend disponible, qui nous permet de vivre le ici et maintenant et qui relativise ce qui est relatif s'exprime par : « J'ai fait ce que j'avais à faire, j'ai reçu ce que j'avais à recevoir et j'ai donné ce que j'avais à donner. » Je me souviens de l'époque où un Arnaud lui aussi ambitieux allait se faire faire des costumes sur mesure chez un grand tailleur, regardait ses propres photos dans les journaux de télévision et, passant à l'antenne le soir, était reconnu dans la rue le lendemain. Il fallait que je vive ces quelques années de réussite mais, en même temps, je ne pouvais pas en être complètement dupe, parce que je portais en moi l'image de Swâmi Ramdas, de

Kangyur Rimpoché et de Swâmiji. Il a fallu que je passe par là pour qu'aujourd'hui tous ces désirs soient tombés d'eux-mêmes. Certes, c'est un thème délicat mais le réalisme fait partie de votre chemin pour être libre. Par contre, vous allez essayer de vivre ces accomplissements avec le plus de conscience possible et non pas en esclave de vos pulsions.

Pour celui qui en a la capacité, c'est une ambition noble de devenir un grand chirurgien ou un homme politique influent. Mais, je le dis à tous, ne laissez pas le personnage de l'ambitieux étouffer en vous l'époux, le père, l'homme de cœur ni le disciple.

On oublie souvent que, dans une société, il y aura toujours des intellectuels, des hommes d'affaires, des gens qui préfèrent la recherche scientifique même s'ils sont mal payés et d'autres qui ne pensent qu'à acheter, à revendre et à faire de l'argent. La vie en société l'exige.

L'ambition peut nous conduire à avoir dans la société un poids, une autorité et des moyens que nous pouvons mettre soit au service d'une réussite toujours plus brillante soit au service de la sagesse et de la compassion. J'ai connu en Inde un maharaja qui avait une très grande fortune qui se sentait tenu de distribuer de la nourriture à deux mille personnes à l'occasion de chaque fête religieuse et de financer la construction d'un temple. J'ai connu des hommes d'affaires généreux en France mais, en Inde, certaines personnes ne donnent pas dix pour cent de leurs revenus mais la moitié ! Il y en avait autour de Mâ Anandamayî. C'est un aspect de la réalité aussi.

Je ne vous mentirai pas. Je ne peux pas vous dire qu'Arnaud a réalisé des émissions sur la sagesse des

Tibétains, les ashrams hindous, les confréries soufies uniquement pour servir le *dharma*. J'ai aussi filmé pour qu'on m'admire, pour gagner de l'argent et pour la fierté de réussir. À l'époque, je regardais les critiques dans les journaux du lendemain de chaque émission. Si j'avais une bonne critique, des confrères célèbres qui ne me regardaient même pas quelques jours auparavant me saluaient tout à coup très chaleureusement. Ces succès bien relatifs font plaisir mais il faut les gérer.

Si vous avez honte de gagner de l'argent ou d'obtenir du succès, vous ne pouvez pas être unifié. Si vous briguez un poste important tout en pensant que cela relève du pouvoir dont le sage est complètement libre, vous vous placez dans une situation qui n'est plus véridique et à partir de laquelle vous ne pouvez plus progresser. Si vous voulez être libre à soixante ans, acceptez qu'à quarante ans vous ne l'êtes pas.

Malaises à l'égard du maître

UNE FEMME : Lorsque M. Lee est venu pour la première fois au Québec, je lui avais demandé une photo de lui. Un an plus tard, Édith m'a contactée pour me donner la photo que j'avais demandée et je l'ai placée dans la salle de méditation. J'ai vite ressenti un grand malaise avec cette photo et j'ai décidé de la regarder pour comprendre ce malaise. J'ai vu que Lee représentait pour moi la séduction, dans le sens que j'aurais voulu qu'il me remarque, qu'il me regarde avec un peu d'admiration, et une émotion très forte est montée. J'ai porté la blessure de ne pas avoir pu séduire mon père et j'ai beaucoup utilisé la séduction dans mes relations. J'ai été soulagée quand j'ai accueilli le fait qu'il s'agissait de l'enfant qui n'a pas été reconnue par son père, mais j'ai encore de la difficulté à regarder la photo de M. Lee. J'ai un désir profond d'être naturelle et de quitter l'enfant qui n'utilisait que la séduction comme mode de relation, mais je suis mal à l'aise auprès de gens que je ne peux séduire.

ARNAUD : Ne reniez pas votre ressenti ! Voyez, expérimentez et devenez libre. C'est possible. Un ressenti qui a été vraiment vécu sans l'interférence du mental perd son pouvoir. Le mental confond toujours prendre appui sur la vérité et prendre une décision pour modifier la réalité.

En ce qui concerne Lee, il a montré une capacité exceptionnelle et rarissime d'être en communion avec des disciples d'un autre maître que lui. Mais, lorsque je lui ai rendu visite dans sa communauté en Arizona et que j'ai répondu un soir aux questions, j'ai découvert les mêmes préoccupations : « Ça fait vingt ans que je connais Lee et je n'ai pas beaucoup progressé... » « Lee prétend qu'il nous aime, mais j'ai la preuve qu'il ne m'aime pas. » Je me sentais en terrain connu !

Utilisez Lee pour progresser et devenir plus adulte. Vous ne risquez rien ! Il saura utiliser tout ce que vous projetez sur lui dans le sens d'une synthèse avec la voie sur laquelle vous êtes engagée. Si votre cœur est touché par Lee, si c'est un regard de Lee dont vous vous souvenez et qui vous inspire, une parole de lui, c'est parfait ! Ce que vous projetez sur lui, ce que vous ressentez pour lui, sont des jalons sur le chemin de la connaissance de vous-même.

Souvenez-vous toujours de ces mots qu'a prononcés un soufi invité à une de nos assemblées générales : « Mon maître n'est pas le plus grand, ma voie n'est pas la meilleure. » Mais peut-être la voie que nous proposons et qui se réclame de Swâmi Prajnânpad est-elle votre voie. Ceux qui vous la transmettent sont avant tout des disciples au cœur de leur cœur, redevables à leur propre maître et à la tradition. Ils sont redevables en ce sens qu'ils sont convaincus que la pire chose qui pourrait leur arriver c'est de ne plus être en communion avec Swâmiji. Votre garantie c'est que Mangalam n'est pas avant tout votre relation avec Arnaud mais la relation d'Arnaud avec Swâmiji et tous les autres maîtres qui lui ont donné leur bénédiction. Non seulement ça ne vous enlève rien, mais c'est votre garantie. N'importe quoi peut se produire si celui ou celle qui transmet ne vit pas cet effacement, cette soumission à Cela ou à Celui au service de qui nous sommes tous.

UNE FEMME : Vous avez parlé hier d'un événement à l'ashram de Swâmiji qui s'est produit au moment prévu pour le pranam *du soir et que vous lui en vouliez. Il me semble que je vis beaucoup ce genre de dilemme. Je l'ai ressenti toute la semaine. J'ai mis le doigt sur le fait que quand ma mère faisait quelque chose qui me jetait dans la confusion, je me disais que ma mère ne m'aimait pas assez pour me comprendre et ça me séparait d'elle. J'ai occulté cette séparation et je n'ai tenté que de séduire ma mère, au moins jusqu'à l'adolescence. J'ai vécu tout cela cette semaine dans ma relation avec Éric. Juste avant votre arrivée, j'ai fait un séjour de cinq jours auprès d'Éric et vers la fin, certaines interventions d'Éric ont fait monter en moi cette même confusion. J'ai bien senti quelque chose émerger qui était de l'ordre du rejet d'Éric, ce qui s'est confirmé par la suite. J'ai essayé de travailler sur ce rejet en réfléchissant à ma relation avec ma mère, mais j'ai vécu mon conflit avec Éric au thé. Je fais comme s'il n'existait pas, je ne l'ai pas salué. Je me sens incapable de dépasser le rejet et de faire le pont avec le fait que je sais bien au fond qu'Éric m'aime.*

ARNAUD : Vous le savez vraiment ou vous aimeriez le savoir ? Ce n'est pas pareil. Je sens ou je ne sens pas. Quand vous êtes enlisée dans cette situation de frustration et de rejet dans laquelle toute votre problématique personnelle inconsciente est impliquée, sachez que tous les êtres portent en eux leur propre part d'infantilisme. Elle existe chez le Premier ministre comme chez vous. Ce n'est pas parce que nous offrons une façade honorable dans l'existence que nous sommes libres de ces mécanismes. Quand nous rejetons le maître, il suffirait qu'il vienne spécialement à nous et nous dise la phrase habile qui peut nous toucher pour qu'en cinq minutes nous oubliions complètement que nous lui en avons voulu et qu'il devienne à nouveau l'objet de notre admiration et de notre amour. Naturellement, les maîtres diffèrent en apparence : un maître est corpulent, un autre est maigre, l'un parle beaucoup et un autre peu, un maître a l'air débonnaire alors qu'un autre est très strict – j'ai un peu tout observé durant mes années de rencontres. Ces différences correspondent ou non à nos attentes et à notre sensibilité personnelle. Votre malaise ne vient pas d'Éric même si, par son tempérament, Éric fait lever certains types de refus comme Arnaud en fait lever d'autres. Ça vient de vous. Tant que vous chercherez à améliorer le maître, vous passez à côté ! Les choses étant ce qu'elles sont, comment vais-je en tirer profit ? Pourquoi en vouliez-vous à Éric ?

LA MÊME FEMME : Je lui en voulais de m'avoir fait vivre de la confusion.

ARNAUD : Cela peut se produire. Est-ce que le maître ou l'instructeur a délibérément cherché à créer la confusion en vous, auquel cas, qu'allez-vous faire de cette confusion ? Il vous est montré que vous êtes encore susceptible de confusion. Tout n'est pas clair tout de suite mais, quand vous connaissez parfaitement quelque chose, votre instructeur lui-même ne peut plus vous troubler. Je sais par expérience qu'il est très douloureux de réaliser qu'on est venu pour voir plus clair et qu'on ne comprend plus ce qu'on croyait avoir compris. La confusion est horriblement pénible et j'en ai un très mauvais souvenir. Nous avons tellement besoin de voir clair, d'avoir des certitudes et des points d'appui solides ! Qu'est-ce que j'aurais pu faire ? Qu'est-ce qu'il a voulu dire ?

Si des paroles et des contradictions apparentes nous mettent dans la confusion, c'est que nous sommes susceptibles d'être mis dans la confusion. Nous avons entendu beaucoup de belles paroles sans les avoir vérifiées et nous n'avons pas une expérience suffisante de la pratique.

LA MÊME FEMME : Je me demande si je devrais aller voir Éric au thé ?

ARNAUD : Vous irez voir Éric au thé quand vous aurez déjà accompli un travail personnel. Utilisez votre intelligence. Commencez par voir pourquoi vous en voulez à Éric ? Parce qu'il a prononcé une parole qui vous a été, à vous, insupportable. Puis, accomplissez un « zoom arrière ». Voyez, souvenez-vous de ce que vous avez vécu d'heureux avec Éric, de ce que vous avez déjà reçu de lui, et l'agacement se transformera en gratitude. Le *pranam* devant Swâmiji ne me permettait pas de rester à ruminer ma négativité dans ma petite chambre. Nos réactions mécaniques ne disparaissent pas magiquement en face du maître. Il suffit que celui-ci « presse le bon bouton » et l'émotion négative s'impose en fonction de nos prédispositions inconscientes.

Le « lâcher-prise »

UNE FEMME : Ma question touche le lâcher-prise. Face à une décision que j'ai à prendre, vous m'avez dit il y a quelques jours de préparer la décision puis de lâcher prise. J'ai essayé de lâcher prise, mais ce qui monte c'est la non-confiance. Pour lâcher prise, il faut se sentir en confiance.

ARNAUD : En confiance par rapport à quoi ?

LA MÊME FEMME : Par rapport à la vie.

ARNAUD : Essayez d'être plus claire : vous faites très souvent confiance à la vie ! Si vous ne pouviez pas du tout faire confiance à la vie, vous vous seriez suicidée ou vous seriez en psychiatrie. Sachez bien quel sens précis et conscient vous donnez à ces mots bien concrets : faire confiance à la vie. Il s'agit d'un lâcher-prise intérieur. Quand ce lâcher-prise intérieur a été accompli, vous verrez quelle action va s'imposer à vous à partir d'une sagesse profonde rarement sollicitée. Soyez très claire sur ce point. Nous avons l'impression que si la grange a pris feu et que nous lâchons prise, nous devons laisser brûler toute la maison. Le célèbre « lâcher-prise » est le visage non théiste du *complete surrender to God*, l'abandon complet à la Providence divine. Swâmi Ramdas nous disait souvent que Dieu n'abandonne jamais celui qui se donne complètement à lui. La réalisation de Ramdas était si évidente que je prenais cette parole au sérieux. Mais arrivait une facture plus élevée que je n'avais prévu : qui va signer le chèque ? Dieu lui-même ou va-t-Il le faire signer par un ange ou un archange ? Tout devenait confus et douloureux, et je ne comprenais plus. Il s'agit du lâcher-prise intérieur : je cesse de refuser ce qui est, en moi comme au-dehors. « Oui », c'est le mot magique, amen, Aum. Ne vous inquiétez pas. Tout ce qui peut être fait d'intelligent et d'utile, vous le ferez d'autant plus lucidement que l'ego aura capitulé devant l'inexorable vérité des faits.

LA MÊME FEMME : Je vais poser ma question autrement. Dans l'éducation religieuse que j'ai eue on nous disait que Dieu est partout. Est-ce qu'on peut considérer que tous les détails de notre existence sont orchestrés par une conscience bienveillante ?

ARNAUD : Dieu est partout mais Il n'est pas limité par les choses limitées. Dieu est partout mais vous risquez de vous façonner une idée de Dieu qui rendra impossible cette réalisation. Même si l'Évangile de

Thomas dit « Fends la pierre et tu Me trouveras » et que les grands mystiques ont vu Dieu en tout, vous ne le voyez pas. Vous ne voyez pas non plus les protons, les neutrons et les électrons. Tout le monde admet tout de suite qu'il y a des protons et des neutrons dans l'uranium mais il y en a aussi dans le camembert. Nous ne voyons pas cette constitution de la matière. Dieu est partout mais ça ne saute pas aux yeux. C'est pourquoi l'épître aux Hébreux définit la foi comme étant la certitude des choses invisibles.

Je comprends parfaitement votre question et elle a été la mienne. La manière de s'exprimer diffère selon les voies. Ramdas enseignait aussi : « Tant que le dévot répète : Oh ! Dieu ! Je t'appartiens, c'est la première étape. La voie commence vraiment quand c'est Dieu qui dit : tu m'appartiens. » Que pouvons-nous faire d'une parole pareille ? Voyez ce qui peut vous aider aujourd'hui. Pour l'instant, vous êtes engagée sur une certaine voie et Arnaud vous dit que l'idée de soumission à la Providence a une très grande valeur. La sagesse de Dieu est partout, y compris dans ce qui nous fait mal au premier abord. Dieu est bon mais il n'est pas gentil. Vous apprendrez peu à peu à accepter tout comme ayant une valeur positive qui vous échappe d'abord. « Toute chose concourt au bien de ceux qui aiment Dieu. »

Marie écoute la parole la plus stupéfiante qui puisse être pour une femme juive : « Tu vas mettre au monde le Messie » et elle répond simplement : « Je suis la servante du Seigneur, qu'il me soit fait selon Ta parole. » Si vous voyez la volonté de Dieu dans ce qui vous convient et la volonté de Satan dans ce qui ne vous convient pas, vous n'émergerez jamais du péché originel, c'est-à-dire notre opposition personnelle subjective du bien et du mal. Mais cette soumission ne vous interdit nullement de chercher qui peut vous aider à sortir de la confusion et vous dire les mots qui vont vous éclairer.

Amen, qu'il en soit ainsi, ainsi soit-il. « Mon Dieu, faites que mon fils qui n'a jamais étudié soit reçu à son examen, amen » : je donne un ordre à Dieu, et je termine par *amen !* Or, *amen* veut dire ainsi soit-il, c'est-à-dire oui à ce qui a été, oui à ce qui est et oui à ce qui sera. C'est une des premières bases à revoir : on m'a enseigné à demander à Dieu. Comme je sais très bien ce qui est bon et ce qui est mauvais, je Lui demande de m'éviter ce qui est mauvais et Il m'envoie une maladie. Qu'est-ce que c'est que ce Dieu ? Vous ne vous êtes pas rendu compte que cette maladie est ce qui pouvait advenir de plus précieux pour vous ! Combien de fois vous le vérifierez ! Ne l'oubliez plus : ce qui me fait gémir sur le moment est une bénédiction déguisée, *a blessing in disguise* selon l'expression de Swâmiji. Tout concourt au bien de ceux qui aiment Dieu. Le lâcher-prise est l'abandon à la Providence divine. Dieu m'envoie la maladie et je l'accueille comme venant de Dieu. Sinon, vous prétendez que vous voyez plus clair que Dieu qui se trompe en vous envoyant une maladie. Si ce que je vous dis là vous est insupportable, abandonnez la voie religieuse et tenez-vous-en au vocabulaire non dualiste de Swâmiji. Une dame dit à son amie : « J'aimerais bien voir un miracle. Tu te rends compte si Dieu faisait vraiment ce que Lui demande notre curé dans ses prières ? » L'autre dame répond : « Le vrai miracle serait que notre curé fasse ce que Dieu lui demande. »

Mais cette soumission qu'on a tant reprochée à l'Islam ne nous rend ni insensibles, ni inhumains. Il est inévitable, dans une famille spirituelle un peu vaste comme la nôtre, que tel ou tel d'entre nous vive tel ou tel événement, même douloureux. Nous pouvons le ressentir et communier avec celui ou celle qui est éprouvé. Il est inévitable aussi que certains nous quittent. Robert Cloutier, que j'ai longtemps connu et que j'avais accueilli en France, n'est plus là. Michelle Lacerte, que je connaissais aussi et avec qui je correspondais, a beaucoup lutté contre son cancer et son cancer l'a emportée. C'est la volonté de Dieu mais, même au nom de la sagesse ou des grandes valeurs, ne nions pas notre sensibilité. Notre soumission ne doit pas devenir inhumaine. Nous sommes conscients qu'il y a la naissance et qu'il y a la mort – et qu'un être humain avec ses joies et ses peines nous a quittés.

Réunion du soir

L'ÉTHIQUE PROFESSIONNELLE

UNE FEMME : Cet après-midi, une émotion que je croyais bien réglée est montée très fortement ; je me suis alors rendu compte qu'elle était plutôt refoulée. Je m'explique : il y a à peu près cinq ans, j'ai consulté un professionnel rencontrant Arnaud de longue date ; je me suis abandonnée à ses soins et j'ai été séduite sexuellement. Je me sentais vraiment en confiance croyant que, non seulement j'étais chez un professionnel, mais aussi chez quelqu'un qui se réclamait de l'enseignement d'Arnaud. Cette chose-là m'a bouleversée. Ce que je ne comprends pas c'est que la peur de l'abandon est encore là au point que je n'irais même pas voir un thérapeute car j'ai peur que la même chose se reproduise.

ARNAUD : Laissez-moi d'abord vous dire que toute personne se réclamant, même sincèrement, de ce que je transmets n'est pas au bout de son propre chemin vers la sagesse. Être engagé sur cette voie n'implique pas être « cautionné » par Arnaud dans toutes ses activités, loin de là. Je saisis l'occasion de votre intervention pour faire une mise au point d'ordre général. Nous accueillons à Hauteville – et c'est aussi le cas à Mangalam – des personnes qui exercent une profession dans le domaine médical ou paramédical (médecins, kinésithérapeutes, professeurs de yoga, psychothérapeutes). Je fais une nette distinction entre deux statuts. Très peu nombreux sont ceux et celles qui enseignent sous ma responsabilité – comme c'est le cas d'Éric dont j'ai testé le sérieux et la fiabilité pendant des années –, que je cautionne et dont le comportement m'engage. Mais le plus souvent, vous rencontrerez des personnes qui ne sont pas engagées sur la voie avec la même intensité. Hauteville et la relation qu'elles entretiennent avec moi n'est pas au cœur de leur existence et leur comportement n'est pas exemplaire de la voie. Certains thérapeutes sont venus à Hauteville une fois, deux fois peut-être et on ne les revoit plus mais ils mentionnent « élèves d'Arnaud Desjardins » sur leur prospectus – même si je suis en désaccord avec la manière dont ils exercent leur activité.

Maintenant, laissez-moi vous dire aussi, même si je suis en communion avec votre blessure, qu'un être humain peut être à la fois désireux de progresser et encore défaillant dans un domaine ou un autre. Une faute évidente dans le cadre de l'éthique professionnelle n'implique pas que l'être entier doive être condamné. Peut-être a-t-il aussi souvent fait preuve de générosité, d'amour désintéressé, de non-égoïsme. Condamnez l'erreur, ne condamnez pas impitoyablement celui qui l'a commise. Malgré votre déception normale, naturelle et bien compréhensible, essayez de m'entendre avec un cœur et un esprit ouverts et réceptifs. Oui, il est possible et même fréquent qu'un homme ou une femme faisant preuve de sincérité, intégrité et probité dans son engagement sur la voie, conserve en même temps une faiblesse. Cette faiblesse n'est pas dépassée si facilement et il arrive parfois qu'elle se manifeste dans le domaine professionnel, apparaissant comme une défaillance par rapport à l'éthique de la profession. Il est vrai qu'il existe des situations qui confèrent aux hommes un certain pouvoir de séduction sur une femme qui dépasse le cadre de la sympathie, du charme ou même d'une attirance maîtrisée. Et il est normal, en effet, qu'il y ait des règles d'éthique dans un certain nombre de professions.

Cependant, ne soyons pas trop rapides pour juger fondamentalement un être ! Dans un domaine, son comportement n'a pas été conforme au *dharma*, c'est certain. Mais il existe bien d'autres faiblesses humaines, moins choquantes en apparence et moins sévèrement condamnées par l'opinion que les relations sexuelles entre soignant et soignée. Nous pouvons être, par exemple, sincèrement engagés sur la voie mais notre faiblesse c'est que nous nous énervons devant nos enfants, nous crions devant eux. C'est un comportement lui aussi néfaste pour l'autre – il n'est pas juste de faire souffrir nos enfants parce que nous ne parvenons pas à contrôler nos propres émotions – mais les émotions des parents ne sont pas régies par un code légal qui puisse amener à plaider devant un tribunal.

Maintenant, revenons à vous. Vous avez eu une attitude de confiance, d'abandon puis vous vous êtes sentie trahie. Nous nous sommes souvent sentis trahis lorsque nous avions six mois, deux ans, trois ans et pas seulement trente ou quarante ans. Mais je suis d'accord avec vous, c'est un peu plus délicat si votre confiance était renforcée par l'idée « Il est engagé auprès d'Arnaud Desjardins ». Cela ne vous fera pas progresser si revient constamment : « il (ou elle) n'aurait pas dû ». Ce qui devient intéressant, c'est que vous aviez cru qu'une émotion s'était dissipée et que celle-ci est revenue. Notre psychisme est très complexe : il y a des strates plus ou moins conscientes, subconscientes, inconscientes et chaque niveau s'exprime d'une manière différente. Les *lyings* ont abondamment confirmé cette vérité. Par exemple, si on laisse vraiment sortir le cri des entrailles sans le contrôle de la raison « Salaud, salaud, salaud ! », dans le même *lying* sortent aussi des cris d'amour : « Salaud, salaud, mais je t'aime, moi ! » Pour la même personne, suivant à quel niveau elle nous a touchés, il y a de l'amour et de la haine. Nous pouvons être très contradictoires. Très ! Dans le domaine des attirances, quelqu'un nous plaît et en même temps nous le critiquons, lui en voulons. Je vous parle de manière générale mais votre psychisme est complexe et il vous faudra longtemps pour que tous ses mécanismes deviennent clairs à vos propres yeux.

Que pouvez-vous tenter pour éviter de patauger, de vous vautrer dans votre malaise, pour progresser vers plus de sagesse ? Vous faites le constat qu'une émotion que vous croyiez disparue est réapparue. C'est la vérité. Ce qui s'est produit et que vous avez senti comme une trahison de votre confiance, vous ne l'avez pas complètement intégré, assimilé. C'est simplement passé quelque temps au second plan. Et donc, dans certaines circonstances, la vieille émotion se réveille. Parfois vieille d'il y a trente ou quarante ans, parfois vieille d'il y a quelques mois ou quelques heures. Qu'est-ce qui a pu causer ce réveil d'émotion ?

LA MÊME FEMME : Lors d'une réunion avec Édith, il y a eu une question qui a réveillé ce souvenir et pourtant elle n'avait aucun rapport avec ça !

ARNAUD : Ah ! non ? Il est toujours intéressant de voir comment se font les connexions. Tout d'un coup réapparaît un malaise qui avait disparu depuis quinze jours ou depuis cinq ans. Vous ne voyez pas le lien direct et pourtant, comme vous le dites, une question posée à Édith et le malaise est revenu. Essayez de comprendre, intéressez-vous au phénomène, au lieu de sentir uniquement : « c'est pénible, c'est décevant ». Que pouvez-vous en faire pour progresser en maturité, au-delà des émotions ? Ce qui est important, c'est de comprendre cette connexion dans la mesure où c'est possible et non pas occuper vos journées à ressasser le refus de ce qui a été. Avec l'habitude, vous verrez de plus en plus facilement et lucidement ce qui se passe en vous. Tout ce qui peut nous aider à mieux nous connaître dans les aspects de nous que nous ignorons encore, la manière dont fonctionne notre monde émotionnel et mental, est précieux. Puis, peu à peu, ce qui est, non pas profondément inconscient mais subconscient devient de plus en plus clair. Cette véritable connaissance de soi est une part immense de la voie et elle s'approfondit quand des opportunités comme celle-ci nous sont données. Une vieille émotion de déception, de trahison, une vieille blessure est réveillée par les circonstances actuelles.

LA MÊME FEMME : Qu'est-ce que je fais maintenant ? C'est comme si j'avais quelque chose de très chaud dans la main et je ne sais pas quoi faire avec. C'est là.

ARNAUD : C'est là.

LA MÊME FEMME : C'est là oui, mais je voudrais le cracher, je voudrais le donner ou je voudrais le déposer.

ARNAUD : Essayez d'abord de ne pas juger, de ne pas condamner. Je ne vous dis pas cela au profit de l'autre mais à votre profit. Vous n'êtes pas magistrat ni présidente du Conseil de l'ordre des psychothérapeutes, kinésithérapeutes ou autres personnes ayant une relation avec des patients. Passez du monde du jugement au monde de la compréhension. Chacun a sa faiblesse et nous avons la nôtre. « On voit la paille qui est dans l'œil du voisin, on ne voit pas la poutre qui est dans le sien », dit l'Évangile. L'autre a sûrement ses blessures d'autrefois, son psychisme, ses émotions, son inconscient. Tant qu'on condamne, on ne peut pas comprendre. Comprendre avec compassion. Et aussi vous comprendre vous-même avec compassion pour votre malaise et vos propres faiblesses, dans tel ou tel domaine. Si vous essayez de rejeter l'émotion, c'est comme ce jeu de raquette avec la balle fixée par un élastique qui revient d'autant plus fort qu'on la rejette plus loin. Vous ne pouvez pas rejeter et vous n'y arriverez jamais par le conflit mais vous pouvez émerger de ce magma des émotions et des pensées en commençant par vous y intéresser : « Je ressens cette émotion : ah ! oui, ah ! oui, elle n'a pas encore disparu. » Ne laissez pas, sans rien tenter, des pensées qui sont encore teintées d'émotions mener le jeu, bien que celles-ci nous paraissent sensées, rationnelles, raisonnables alors qu'elles ne sont qu'interprétations subjectives et nous maintiennent dans notre monde, fort différent du monde réel. Acceptez. Plus vous acceptez, moins vous êtes affectée.

Pourquoi se fatiguer à essayer de rejeter un malaise alors que vous n'y arrivez pas ? Vous êtes troublée, cherchez à connaître les tenants et aboutissants de ce trouble en l'expérimentant consciemment. Parfois cela peut aider et, avec un peu d'habitude, on peut le faire seul, sans la présence d'un thérapeute, de laisser s'exprimer, de laisser pleurer votre propre profondeur, si les conditions le permettent, pas si des enfants jouent dans la chambre à côté. Cela pourrait correspondre à ce que vous vouliez dire par : « je voudrais le cracher ». Il n'y a plus d'énergie accumulée, comme dans un ressort qui s'est détendu. C'est une possibilité. Mais il faut lâcher la tête, oser s'abandonner non plus à quelqu'un d'autre mais à sa propre réaction.

LA MÊME FEMME : Arnaud, c'est pas la tête, c'est le cœur !

ARNAUD : La tête intervient aussi : elle pense. À partir d'une émotion, d'un trouble, d'un malaise, la tête ne peut plus appréhender la vérité. Nos pensées ont une apparence rationnelle mais elles ne le sont pas, elles fabriquent une fausse réalité qui leur est propre. Si vous les laissez mener le jeu, elles entretiennent l'émotion. Si vous vivez et exprimez celle-ci, vous cessez de comprimer le ressort, il se détend, libère l'énergie accumulée et réprimée. Ensuite vous apprenez à transformer cette énergie négative au lieu de la dissiper par l'expression.

Et maintenant, essayez de comprendre aussi – mais pour comprendre il faut conserver un cœur et un esprit ouverts : « Quelle a été ma part à moi dans cet événement ? » Distinguons le cas d'un colosse qui viole une fille de treize ans aidé par deux copains et les délits de déontologie professionnelle qui, parfois, conduisent devant des tribunaux. Il y a eu des contacts, des attouchements, ou plus encore, entre un psychothérapeute et une patiente ou entre un kinésithérapeute et une patiente. Comment la patiente s'est-elle située elle-même dans l'évolution de la relation ? Cela peut être très subtil donc très intéressant à voir. « Quelle a été mon attitude à ce moment-là ? Qu'est-ce qui m'a empêchée de me situer, moi, et de dire clairement non ? »

Je connais un peu le sujet. Le président de l'ordre des psychothérapeutes en France était venu me voir au sujet d'un « viol psychique » accompli par un professionnel que nous connaissions tous les deux. Toute personne qui utilise une forme ou une autre de prestige ou d'ascendant pour avoir une relation sexuelle complète ou partielle avec quelqu'un d'autre est considérée juridiquement comme accomplissant un viol psychique, qu'il s'agisse du professeur et de l'admiration que lui portent certaines de ses élèves, d'un médecin et de son ascendant sur une patiente. Mais, si vous voulez vraiment vous connaître et vous comprendre, il faut que vous ayez un désir de vérité absolu. « Qu'est-ce qui s'est vraiment passé ? Comment ai-je moi-même participé au déroulement de cette rencontre ? » Cherchez ! Ne restez pas à la surface. C'est tellement important de découvrir des aspects de nous que nous ne connaissons pas et qui ne sont pas évidents tout de suite.

Voici un exemple moins choquant. Tant de personnes commencent une thérapie en affirmant : « Moi au moins il y a une chose sûre, j'ai eu une enfance heureuse, une bonne relation avec mes deux parents qui s'entendaient bien. » Et, après quelques séances, ce ne sont que souvenirs de disputes des parents, de désarroi enfantin, le contraire de ce que la personne avait sincèrement présenté comme véridique. Nous sommes inconnus et mystérieux à nos propres yeux. Soyez exigeante : « Je veux la vérité, rien que la vérité, toute la vérité sur moi-même. » Et c'est cette vérité qui libère. L'Évangile nous promet : « Vous connaîtrez la vérité et la vérité vous rendra libres. » Il y a une joie et un émerveillement particuliers à faire des découvertes en vous-même. « J'ai vu ce que je n'avais pas vu jusqu'alors. »

Pour les musulmans, la vérité c'est que Mohammed est le sceau des prophètes et que le Christ n'a jamais été crucifié. Pour les chrétiens, la vérité, c'est que Mohammed est un homme peut-être très respectable mais qu'il n'y a rien à rajouter à la Révélation qui culmine avec l'incarnation même du Verbe-Fils éternellement engendré de Dieu. Trop souvent, cette vérité théologique, loin de nous rendre libre, nous emprisonne dans un mental de chrétien qui nous met inévitablement en conflit avec un mental de musulman. Si on entend la vérité à ce niveau-là, malgré la sincérité de la foi, les divisions demeurent, fût-ce à l'intérieur même du christianisme : les orthodoxes ont une vérité, les catholiques en ont une autre. Au niveau de la vérité ultime, il n'y a plus d'opposition de dogmes formulés.

Mais vous pouvez aussi entendre « la vérité vous rendra libre » à un niveau plus proche. Seule la vérité au sens de « ce qui est réellement » libère. Et la vérité, nous ne la connaissons pas car nous vivons perdus dans les illusions, les interprétations, les projections de l'inconscient.

Il est également écrit dans l'Évangile : « Ne jugez pas, sinon vous ne sortirez pas du monde du jugement », vous vous sentirez jugé par les autres et vous vous jugerez vous-même. Tant que vous n'êtes pas magistrat et qu'il n'est pas de votre rôle de prononcer des sentences, essayez de comprendre et d'aimer vos « ennemis ». Il a cette faiblesse, j'ai aussi les miennes même si sa faiblesse prend une forme plus spectaculaire que celle des miennes. C'est ainsi que vous progresserez.

La fermeté dans l'éducation

UNE FEMME : Je suis la mère d'un petit garçon de six ans, je travaille beaucoup avec des enfants et j'ai de la facilité à entrer dans leur monde. Je sais que j'ai fait des erreurs et que j'en ferai d'autres, peut-être moins cependant. J'aimerais que vous m'éclairiez un peu sur la place que doit prendre la discipline dans l'éducation des enfants, par rapport à l'amour, à la compréhension ; autant avec mon enfant que ceux avec qui je travaille.

ARNAUD : Votre enfant, vous l'élevez seule ? Est-ce que le père est présent ?

LA MÊME FEMME : Je vis seule avec mon fils. Je ne vis plus avec le père, mais nous avons repris une relation ensemble sans vivre sous le même toit. Nous nous voyons les fins de semaine et il demeure présent à son fils.

ARNAUD : Il est souhaitable qu'il n'y ait pas de divergences trop importantes entre les conceptions pédagogiques de la mère et celles du père, même si ces différences ne paraissent pas graves aux parents. Bien qu'il y ait différentes manières sensées de voir les situations, cela désoriente beaucoup l'enfant car il a besoin pendant longtemps du plus de cohérence possible. Je vous dis tout de suite, une fermeté est nécessaire. Ne justifiez pas ce qui est trop souvent une démission, une défaillance, par de belles formules : « Oh ! Faut surtout pas le traumatiser, faut pas le brimer, faut pas l'empêcher de s'épanouir, faut pas lui donner une éducation répressive, faut pas l'empêcher de vivre. » D'accord, mais une fermeté est indispensable. Indispensable. L'enfant a tout à apprendre, il ne sait rien et si on ne lui montrait pas peu à peu les faits, leurs causes et leurs conséquences, il pourrait commettre des erreurs graves et qui seraient, pour commencer, à son détriment.

La question est de savoir si j'impose simplement à mon enfant mes idées et qu'il entendra le contraire ailleurs ou si je lui apprends à voir ce qui est tel que c'est ? Peu à peu, petit à petit, vous lui expliquez ce qui est indispensable à connaître pour vivre en société. « Notre liberté s'arrête là où commence la liberté de l'autre. » Votre garçon n'est pas libre de jouer du tambour et de la trompette une partie de la nuit alors que vous avez des voisins proches. Commencez avec des exemples qui soient à 100 % convaincants. Vous ne laisserez pas les enfants sauter par la fenêtre pour jouer aux parachutistes avec des parapluies !

LA MÊME FEMME : J'ai un exemple à vous apporter. Lorsque je lui demande de ramasser ses jouets, il me répond : « Ramasse-les toi ! » Moi, ça me déconcerte et je me vois dans l'obligation de lui dire : « Non, je te demande de les ramasser, je veux que tu les ramasses ! » Il commence à avoir tendance à me répondre de cette façon-là et je n'accepte pas ça.

ARNAUD : J'entends bien des témoignages semblables montrant combien le contexte a changé par rapport à une enfance de ma génération. On m'aurait dit « ramasse tes jouets » et si j'avais répondu « je les ramasserai tout à l'heure ! » c'eût été le comble de l'audace et de l'opposition à l'autorité *(rires)*. C'est un constat qu'il y a maintenant des enfants qui donnent des ordres aux parents.

Vous pouvez être ferme mais, en même temps, que l'enfant se sente aimé. Qu'il ne sente pas tout d'un coup que maman le rejette et que cela ne devienne pas une affaire de conflit entre ego. « Si je pleure, si je crie, si je boude, maman va céder. » Surtout ne cédez pas en ramassant les jouets pour éviter les drames et les cris. Je ne connais pas le contexte ni le type de sensibilité de l'enfant, je ne connais pas les causes profondes à l'œuvre derrière les effets. L'effet, c'est que nous constatons qu'il répond « Ramasse-les toi-même » lorsque vous lui demandez de ramasser ses jouets. Mais qu'est-ce qui fait qu'il n'a pas envie de faire plaisir à sa maman ? Qu'est-ce qui fait qu'il refuse ? C'est cela qu'il faut essayer de comprendre – en psychologue, pas en juge. Si on ne considère que les effets et non les causes, l'éducation reste très superficielle. Un enfant devient grossier : ce n'est pas la grossièreté qu'il faut soigner, c'est la souffrance, le conflit intime qui s'expriment par la grossièreté – ou peut-être s'agit-il de l'influence d'un copain d'école qu'il admire et qui est lui-même très grossier.

J'ignore si c'est vrai mais on raconte qu'une dame avait demandé à Sigmund Freud : « Avec tout ce que vous expliquez sur les traumatismes de l'enfance, comment faut-il éduquer un enfant ? » Et Freud a répondu : « De toute façon, vous ne ferez que des erreurs ! » Il est aisé de donner des conseils d'éducation mais vous ne pouvez pas éduquer un enfant avec un manuel de psychologie infantile à la main lorsqu'il dit une grossièreté. C'est toujours autre chose que ce qu'on a prévu parce qu'un être humain ne se réduit pas à une machine dont vous avez le mode d'emploi. Faute de pouvoir entrer dans tous les détails, je ne peux vous donner qu'une réponse générale : en affirmant que la fermeté est indispensable, ce qui ne veut pas dire la sévérité glaciale. Je vous transmets une maxime de

Swâmi Prajnânpad : *« Be strong but not hard, firm but not severe »*, « soyez fort mais pas dur, ferme mais pas sévère ». Mais quand vient le moment d'appliquer ce principe, vous pouvez être dans le doute.

Lorsque j'étais assistant à la télévision, je me souviens d'avoir participé à une émission sur le monde du cirque. J'ai pu alors échanger avec un dompteur qui m'a expliqué qu'il y a deux écoles de dressage : le domptage en férocité et le domptage en douceur. Dans l'une, le dompteur doit montrer qu'il est le maître, terrifier l'animal, car, chez les animaux, il y a ce qu'on appelle « le mâle dominant » qui impose sa loi : c'est le domptage en férocité. Et puis il y a le domptage en douceur. Choisissez selon quelle école vous voulez dresser vos enfants. Il y eut une époque où on dressait les enfants en férocité. Punitions corporelles, privations, sévices – puisqu'il s'agissait de sévir. Aujourd'hui la mode est au dressage en douceur : « Oh ! excuse-moi de t'avoir demandé de ranger ta chambre, je ne voulais pas dire ça, non, non ; je vais ranger ta chambre, ne m'en veux pas ! » *(Rire général).* C est très délicat et je comprends très bien ce genre de question. J'ai eu deux enfants qui n'étaient pas des réincarnations du Bouddha ! Mais je vous affirme qu'une fermeté sans émotion est acceptée. Par contre, l'enfant sait lorsqu'une gifle part pour vous soulager *vous*, comme vous auriez donné un coup de pied dans une porte. Quand la gifle est une réaction ce n'est pas de l'éducation, c'est du défoulement. Par contre, si le geste émane du calme, il est accepté.

Au moment où vous intervenez, êtes-vous en communion avec l'enfant et celui-ci se sentira-t-il aimé ? Oui, soyez en communion avec lui, en communion avec tout ce qui vous apparaît comme fâcheux et que vous allez essayer de redresser, mais qu'il se sente aimé inconditionnellement. Pleine d'amour, mais pas faible. Je vous l'accorde, c'est plus facile à dire qu'à mettre en pratique.

Dixième jour

29 octobre

Réunion du matin

LA SPONTANÉITÉ

UNE FEMME : À la fin de la rencontre en petit groupe avec Véronique hier, elle m'a prise dans ses bras et j'ai eu le réflexe de l'embrasser. J'ai bien reçu le fait qu'elle m'ait prise dans ses bras, mais le fait de l'avoir embrassée a fait naître en moi un doute. Quand je suis avec une personne qui a une autorité, je doute de gestes que je peux faire vers l'autre. Ça m'est déjà arrivé avec Éric et j'ai eu honte de moi. Quelle est la place pour la spontanéité ?

ARNAUD : La spontanéité est ce vers quoi vous allez. Vous passerez du doute à la spontanéité et, si un acte ou un geste est mal ressenti, vous ne vous sentirez pas en faute. Peut-être pouvez-vous reconnaître l'émotion d'autrefois à la source de ce doute. Il est très probable que vous ayez eu comme enfant des attitudes spontanées qui vous paraissaient justes et qu'on vous a rabrouée. Pour pouvoir montrer à un enfant qu'il a fait une erreur, il faut d'abord le mettre en mesure d'entendre, le rassurer, mais les parents vont trop vite et ne prennent pas ces précautions : « Tu n'as pas à faire cela ! Tu ne te rends pas compte ! Quelle sottise ! »

Être à l'aise

C'est toujours la même et unique clé : n'entrez pas en conflit avec la vérité. Aujourd'hui, vous n'êtes pas toujours à l'aise ; en ce moment même, vous vous sentez un peu gênée : oui ! Peu à peu vous irez vers l'aisance et le naturel. Swâmiji utilisait l'expression *at easeness*, moins prestigieuse que « libération » ou *atma darshan*, le fait d'être à l'aise, tout simplement, même si la situation paraît gênante. Je ne connais pas tout, je ne sais pas tout, je suis dans un milieu dont je ne connais pas les usages : eh bien, d'accord, c'est ainsi. Nous sommes en décalage presque permanent avec la vérité : je ne sais pas si je peux embrasser ou non et je devrais savoir. Non ! Je ne sais pas : c'est ma vérité à l'instant même.

Dans certains contextes, les usages sont très différents des nôtres. En Inde, par exemple, on ne se touche pas. Même assis serrés comme des sardines dans une boîte, il faut être sûr qu'il y a deux millimètres entre votre genou et celui du voisin. Les musulmans se prennent volontiers dans les bras et s'embrassent. Beaucoup de gens embrassent trois fois : vous embrassez sur deux joues et vous vous rendez compte que l'autre personne amorce un troisième mouvement que vous n'aviez pas prévu. Ce n'est pas grave, et de telles situations sont inévitables. Je ne me sens pas à l'aise ?

D'accord, je ne me sens pas à l'aise. C'est seulement ainsi que l'aisance peut venir. Il ne s'agit pas de se dire que votre hésitation est très bien comme ça : ce n'est ni bien ni mal. Si vous n'entrez plus en conflit avec votre malaise, cette détente va grandir et imprégner toutes les situations. En particulier, vous vous sentirez plus à l'aise si vous faites une erreur. Si vous êtes détendue et souriante au lieu d'être gênée, votre « erreur » se dissipera tout de suite. N'en faites pas un problème, ne cherchez pas à être infaillible. Acceptez complètement que vous n'êtes pas comme certaines héroïnes de films qui promènent leur sourire vainqueur du générique de début au générique de fin. Mais aujourd'hui si vous vous mettez un tant soit peu en porte-à-faux avec la situation, ça devient gênant pour vous. Et si vous vous mettez en porte-à-faux avec le fait que c'est gênant, ça devient franchement gênant. Et si vous vous mettez en porte-à-faux avec le fait que ça devient franchement gênant, c'est pire encore – si bien qu'un petit incident devient un cauchemar.

Certains maîtres ont une adaptabilité immédiate qui surprend parfois leurs disciples. Personne n'a jamais serré la main d'un rimpoché jusqu'à ce qu'il voyage en Amérique. Même s'il n'a jamais fait ce geste, en une seconde, le rimpoché vous prend la main et la serre… et les lamas autour de lui sont sidérés. Il y a même certains usages établis à Hauteville qui font qu'un visiteur qui ne les connaît pas pourra avoir un comportement qui surprend les habitués : ici, ça ne se fait pas ! Mais justement, vous avez la garantie que vous serez complètement reconnue, comprise et acceptée, même si vous avez un comportement tant soit peu inhabituel par rapport au contexte dans lequel s'exprime physiquement le Français moyen par rapport au Québécois moyen. Il n'y a pas de problème ! Le seul problème est le décalage que nous créons. La vérité n'est pas « je n'aurais pas dû » mais « je l'ai fait ! ». Exercez-vous. Nous refusons d'avoir dit ce que nous avons dit ou même d'être en train de dire ce que nous disons, et c'est ce refus qui crée le malaise.

Lors de notre première rencontre cette année, je ne comprenais pas comment fonctionnait le micro et je n'arrivais pas à le fixer sur mon vêtement. J'ai donc demandé de l'aide à Éric. Si je m'étais dit : « Ça y est, je suis grotesque ! Je perds tout mon crédit, ils ne vont voir qu'une chose c'est ma maladresse… » vous imaginez ce que ce genre de pensées inutiles aurait pu créer ! Exercez-vous sur des petites situations et vous allez voir des résultats encourageants. L'important est de ne pas entrer en conflit, quitte à admettre que vous avez fait quelque chose d'erroné, si c'est le cas, et de voir comment vous pouvez rectifier par la suite si c'est nécessaire. Supprimez peu à peu, avec la pratique, le décalage entre ce qui a été et ce que vous auriez voulu qui soit.

L'OUVERTURE DU CŒUR

UNE FEMME : Je vais prendre ma retraite dans quelques mois, ce que je vis comme étant très heureux. Je me suis demandé quel conseil vous pourriez me donner pour cette nouvelle étape de vie, et ce qui est monté c'est : be happy ! Je me suis dit : Oh ! Non ! Ça recommence ! C'était la dernière chose que je voulais entendre. Ça me ramène au ressenti, qui est l'aspect avec lequel j'ai le plus de difficulté.

Je vois bien que j'ai toujours évité de ressentir. Il y a longtemps que je le sais et j'ai beaucoup travaillé pour essayer d'ouvrir mon cœur, et je sens qu'il y a une brèche que je veux maintenir ouverte. Je sens que c'est capital.

ARNAUD : Toute l'habileté sera de vous ouvrir à la fermeture si celle-ci se produit. J'accueille cette fermeture, décevante au premier abord, et de nouveau le cœur s'ouvre. Des mécanismes très complexes et que nous ne connaissons qu'en partie produisent en nous ces jeux d'actions et de réactions. Accueillez ce cœur fermé plutôt que de regretter le cœur ouvert de la semaine dernière. Être heureux, c'est être heureux. Ce n'est pas être fou de joie ni déjà connaître la béatitude divine du *samadhi*, c'est être heureux : pas malheureuse, pas soucieuse, pas inquiète, en paix, disponible, prête à sourire.

Évitez une erreur très courante. Le cœur s'est ouvert, par exemple lors d'un séjour dans un ashram : quelle merveille ! Mais ce n'est pas définitif. Il y a deux jours, nous prenions le thé dehors et maintenant il fait froid et il neige : où le beau temps est-il passé ? Des phénomènes similaires se produisent en nous : où est passé cet état heureux ? Nous nous laissons surprendre, dérouter – et nous refusons. À ce niveau-là, votre équanimité n'est pas encore stable et votre état intérieur relève toujours du balancier qui oscille entre les opposés – *the swing of the pendulum.* Dans l'axe, il n'y a pas de contraire. Vous me direz qu'il y a un contraire à l'état de paix parce que celui-ci a disparu ! Acceptez qu'il ait disparu, choisissez ce qui est. C'est à vous de faire la paix. Le préalable est que, en ce qui concerne ce qui est, ici et maintenant, vous n'avez pas le choix de toute façon. Est-ce que je peux choisir entre la douce chaleur qui permet de prendre le thé dehors et ce temps gris et froid ? C'est vrai aussi pour tout ce qui apparaît à l'intérieur de nous.

Vous admettez qu'on peut vivre, demeurer disponible, sourire et même rire d'une histoire drôle tout en ressentant une douleur physique si cette douleur n'est pas insupportable : j'ai mal, je fais ce qu'il faut pour soigner la douleur mais je ne m'identifie pas complètement à celle-ci et elle ne m'empêche pas de lire un livre que je trouve intéressant. Beaucoup d'états intérieurs émotionnels seraient aisément supportables si nous ne les refusions pas immédiatement. Il se peut que l'état émotionnel non satisfaisant dure *un peu*. Qu'il dure ! Je sais qu'il ne va pas durer *toujours*. Ce n'est pas parce que je dis oui et que j'accepte le fait que le beau temps ait été remplacé par un temps froid et neigeux qu'à l'instant même la température montera de quinze degrés et que la neige disparaîtra ! Mais on peut porter un malaise au lieu d'être emporté par ce malaise. Ce malaise n'est ni éternel ni immuable et il n'est pas la réalité ultime. Apprivoisez cette souffrance, n'en ayez pas peur – le cœur qui s'est refermé est une modalité de la souffrance. Quand nous sommes malheureux, nous avons tellement besoin d'être aimés ! Pourquoi ne pourriez-vous pas vous aimer vous-même et donner un peu d'amour à ce cœur serré, noué ou fermé ?

Comment devriez-vous utiliser ce temps libre de la retraite ? Je n'ai pas à projeter mes désirs sur vous en vous suggérant de faire ce que je voudrais faire et que je ne peux pas faire – ce qui est pourtant classique ! Demandez-vous plutôt ce que vous pouvez faire pour utiliser au mieux ces conditions nouvelles afin de donner un sens et une richesse à votre existence. Que pouvez-vous faire pour vous ? Que pouvez-vous faire pour d'autres ? Voyez si, par votre existence, vous pouvez diminuer la souffrance d'une, de dix ou de trois mille personnes. Ne vous dites pas que votre existence finit : c'est une autre existence qui commence. Ne regardez pas dans le rétroviseur, vous avez votre avenir devant vous.

La pratique possible dans l'insomnie

UN HOMME : J'aimerais savoir d'où vient l'illusion qu'il est plus difficile de mettre en pratique pendant la nuit. Depuis le début du séjour, je me réveille très souvent la nuit parce que mon matelas est très inconfortable et je n'ai pas encore réussi à accepter cette situation après cinq nuits.

ARNAUD : Pouvez-vous modifier cette situation ?

LE MÊME HOMME : Non. Il m'apparaît que la pratique est plus difficile au milieu de la nuit.

ARNAUD : C'est plus difficile la nuit d'abord parce que nous n'aimons pas les insomnies et que nous les refusons. La capacité de vigilance est moins grande quand nous sommes à moitié réveillé. Ces situations se présenteront moins souvent quand vous aurez mieux intégré l'enseignement, mais n'auront pas encore complètement disparu après des années de pratique. Il arrive que vous croyiez sincèrement avoir accueilli une grosse contrariété et que cette contrariété vous réveille : c'est donc qu'elle n'a pas été complètement acceptée. L'insomnie nous donne l'impression que nous n'avons plus aucun pouvoir sur les pensées. L'habileté est de toujours choisir ce qui est mais l'habileté peut aussi être de se lever si on ne dort pas plutôt que de se débattre dans le refus. Quand j'avais des insomnies, j'enchaînais un certain nombre de postures de yoga au lieu d'essayer de dormir et de me mettre en conflit avec le fait de ne pas y arriver. Finalement, je me sentais bien dans ma peau, je me recouchais détendu sans être obsédé par l'idée de dormir et, naturellement, je me rendormais. La nuit en effet, le malaise devient plus fort et nous avons moins d'habileté à être « activement passif » : nous avons tous l'occasion d'observer ce phénomène.

Il y a aussi un aspect de l'existence qui est vrai autant pour un homme que pour une femme quand il y a une vie de couple et qu'on dort dans le même lit : est-ce que je réveille l'autre qui dort tranquillement pour lui dire que je suis mal, ou est-ce que je reste seul avec ma demande qu'on vienne à mon secours parce que je suis malheureux ? Ce sont des moments parfois difficiles qui font partie de la voie. Un long voyage est fait de zones désertiques, de zones marécageuses, de moments où on conduit dans le brouillard et où il faut y rouler très lentement, de passages où il y a du verglas et où il ne faut pas déraper. L'existence est un pèlerinage dont le but n'est ni Chartres ni Saint-Jacques-de-Compostelle mais une Réalité qui règne déjà au cœur de nous-même. *Marg* en sanscrit est un mot très concret signifiant *la route*. Quand on est motivé pour avancer sur une route, on ne se laisse pas arrêter par les obstacles : ils font partie de l'aventure et on y consent. Cela fait partie de la mentalité de l'explorateur de faire face à l'imprévu, de rencontrer des contretemps, de traverser des épreuves – un explorateur serait certainement déçu de ne voyager que sur une belle autoroute bordée de restaurants ! Les insomnies font partie du chemin, mais elles prennent un tout autre sens si nous avons cette attitude d'aventurier intrépide.

Un texte de Thérèse d'Avila, écrit à l'époque des grandes découvertes où les « conquistadores » pillaient l'Amérique du Sud ou le Mexique pour ramener des cargaisons d'or à la couronne espagnole, m'avait beaucoup inspiré : « Aventuriers, ô conquérants des Amériques, au prix d'épreuves bien plus intenses que les vôtres, j'ai découvert un monde toujours nouveau parce qu'il est éternel. Osez me suivre, et vous verrez ! » Quelle audace superbe.

Dans les voyages un peu aventureux, il y a des épreuves mais les héros vaillants préfèrent s'engager dans l'aventure plutôt que de rester dans leur petit village. Si vous avez cet esprit intrépide, vous admettrez beaucoup plus facilement les difficultés. C'est un changement radical d'approche et c'est ce que je peux dire parce que je l'ai expérimenté et vérifié. Oui, l'insomnie est pénible et on a une vigilance moins fine la nuit que si on est bien éveillé. Si vous êtes réveillé, choisissez d'être réveillé : c'est encore comme ça que vous vous rendormirez le mieux et que vous serez moins fatigué le matin. Vous n'aurez peut-être pas beaucoup dormi mais vous ne vous serez pas épuisé à ne pas dormir. Acceptez que vous ne dormez pas, détendez-vous, pratiquez la relaxation. Si vous êtes réveillé suffisamment pour être mécontent d'être réveillé mais encore somnolent, il n'y a que du désagrément.

Vous vous surprendrez longtemps, mais de moins en moins souvent, à faire l'erreur du refus et du conflit. L'acceptation est le préalable à toute la pratique. Autrement, c'est comme si vous vous acharniez à faire démarrer votre voiture en appuyant sur l'accélérateur mais en ayant oublié de mettre la clé de contact.

LE DÉSACCORD ENTRE LES PARENTS

UN HOMME : J'aimerais aborder le sujet de l'éducation des enfants. Je suis le père d'une petite fille de dix ans. Vous avez parlé de l'importance d'avoir une certaine fermeté dans l'éducation des enfants, avec l'a priori que les parents s'entendent sur la façon d'élever l'enfant.

ARNAUD : Autant que possible.

LE MÊME HOMME : Vous avez aussi parlé d'un de vos souvenirs où Swâmiji avait beaucoup insisté sur le fait qu'il était inacceptable d'élever la voix envers votre épouse devant les enfants.

ARNAUD : Swâmiji ne me l'aurait sûrement pas écrit de manière aussi impitoyable quelques années plus tôt : il fallait que je puisse l'entendre.

LE MÊME HOMME : Moi et mon épouse ne nous entendons pas sur l'éducation de notre fille. J'ai tendance à être plus ferme et à mettre davantage de limites qu'elle, ce qui amène souvent des désaccords qui se produisent devant notre fille. Comment puis-je me situer pour exercer mon rôle de père de façon juste tout en étant bienveillant envers mon épouse et tout en progressant sur la voie ?

ARNAUD : Ne vous demandez pas quelque chose de très beau mais d'irréaliste. « Je vais maintenir une bonne entente avec mon épouse tout en étant ferme avec ma fille » : est-ce immédiatement réalisable compte tenu du contexte ? Encore une fois, nous n'avons à admettre que la vérité du passé et du présent – laissons le futur libre. En soi la mésentente entre un père et une mère concernant l'éducation des enfants n'est pas ce qui est de plus heureux mais prenez appui sur ce qui est, pas sur ce qui devrait être. Essayez de voir, à ce niveau, s'il n'y a pas des points d'entente sur lesquels vous avez la même conception. Nous oublions souvent de mettre les points d'entente en valeur parce qu'ils sont tacites et nous ne voyons que les mésententes. Concentrez d'abord votre action de père et de mère sur les points où vous êtes d'accord. Cela créera une certaine détente et vous saurez voir ce que vous pouvez apporter ensemble d'éducatif et d'édifiant à votre enfant.

Il arrive que la réalité telle qu'elle est nous paraisse si grave que nous oublions complètement la vérité. La vérité, c'est : dans ce contexte, qu'est-ce que je peux tout de suite ? Et, en dehors des actions possibles, vous pouvez toujours prendre appui sur cette situation pour progresser intérieurement puisqu'on ne peut progresser que par le oui, l'adhésion et le non-conflit. Vous pouvez être certain que si vous progressez en profondeur, si vous devenez, vous, plus libre et détendu, votre fille en bénéficiera. Même si nous avons commis des erreurs graves dans le passé, il se peut qu'au moment où notre enfant de seize ans traverse une grande crise de révolte, nous ayons à ce moment-là une habileté que nous n'aurions pas eue si nous n'avions pas progressé et pris appui sur l'adhésion à ce qui a été.

Mon compagnon afghan m'avait ainsi traduit une question d'un maître soufi : « Si on plante des *si* et des *quand*, qu'est-ce qui pousse ? » J'avais répondu : « Des illusions. » Le maître a corrigé : « Il ne pousse *rien.* » Il n'y a que le jeu du mental. Vient un moment où la question n'est plus « est-ce que c'est heureux ou malheureux ? » mais plutôt « c'est ou ce n'est pas ? ». Vous capitulez devant ce qui est. Cette défaite est votre victoire, parce que vous cessez d'être une machine à réagir, à vous mettre en porte-à-faux avec le réel de l'instant et à projeter votre monde sur le monde. Parfois, on ne peut rien faire. L'amour d'un père ou d'une mère ne peut pas toujours empêcher un enfant de mourir de leucémie. Nous ne sommes pas le maître des événements et nous ne pouvons pas exiger de l'existence que notre fille s'épanouisse dans le bonheur, l'équilibre et l'harmonie. De grandes forces sont à l'œuvre et chacun apporte à la naissance la nature et le caractère qui détermineront son destin. La non-capitulation devant la vérité ne changera rien aux choses, elle ne fera que vous rendre plus maladroit.

Concrètement, cela veut dire que vous prenez toujours appui sur ce qui est et non pas sur ce qui devrait être. Ensuite, appliquez cette indication : sur quoi êtes-vous tous deux d'accord ? En identifiant ces points, vous pourrez au moins porter un témoignage commun. À propos des discussions, Swâmiji disait *have a friendly talk* – ayez une discussion amicale – *be a little intelligent and sympathetic* – soyez un peu intelligent avec un peu de sympathie. On s'aperçoit qu'on n'a pas de sympathie parce que l'autre ne comprend pas et que nous voudrions bien qu'elle comprenne et qu'elle change. Entrer en communion malgré la différence n'est pas facile, mais tentez-le en étant ouvert à l'autre et sans vouloir à tout prix lui imposer vos idées. Si l'autre se sent mis en cause et agressé, il se fermera, il se défendra inévitablement et ne pourra ni vous écouter ni vous entendre. Si on est habile, on peut gagner un peu de terrain, en plus des points d'entente qui existent naturellement. *How to make the best out of the worst* – comment tirer le meilleur parti de ce qui nous paraît être le pire ? Une fois qu'on aura déclaré qu'il est de beaucoup préférable qu'il y ait une grande harmonie entre le père et la mère, comment pouvez-vous prendre appui sur la réalité présente de cette non-harmonie pour essayer de « faire le mieux » à partir du pire ? Si je comprends, vous avez des discussions et des désaccords, mais vous n'allez pas jusqu'aux insultes mutuelles devant l'enfant ?

LE MÊME HOMME : Non, mais les discussions peuvent être très intenses et il va arriver que notre fille manipule la situation à son avantage.

ARNAUD : Le monde est fait de ça et nous sommes tous obligés de nous adapter. Nous ne pouvons pas conduire sur une route enneigée exactement comme nous conduirions sur une route parfaitement sèche. Pourquoi nous adaptons-nous facilement dans certaines circonstances et pas dans d'autres ? Le mental admet que nous ne pouvons demander à la neige d'arrêter de tomber mais, quand il s'agit du comportement d'un être humain, nous persistons à prétendre

« qu'il pourrait bien agir autrement ». Et c'est à partir de ce « il pourrait bien » que nous cessons de nous adapter.

Un être humain qui n'a pas mené à bien un réel travail de connaissance de soi et de vigilance fonctionne à partir de mécanismes, ayant leur source dans l'inconscient, qu'il s'agisse des influences, au sens large, qui se sont exercées sur lui ou d'empreintes des traumatismes d'autrefois. Swâmiji m'a raconté une histoire concernant Socrate. Socrate était marié avec Xanthippe et il est connu que cette femme était le cauchemar des disciples. Quand on demandait à Socrate comment il faisait pour vivre avec une telle épouse, il répondait que cela lui permettait de tester où il en était de sa propre sagesse. Un jour, alors que Socrate et quelques disciples étaient à table, une poule affolée entre par la fenêtre et s'abat dans la soupière. Tout le monde est éclaboussé mais en rit. Quelques jours plus tard, Xanthippe arrive furieuse et, dans sa colère, elle casse la soupière sur la table, éclaboussant les uns et les autres. Comme les disciples le prennent fort mal, Socrate leur demande : pourquoi avez-vous tellement ri lors de l'incident de la poule ? Ils répondent : ce n'est pas du tout la même chose ! Socrate corrige : si, c'est la même chose ! Le poulet ne pouvait pas faire autrement et Xanthippe non plus avec sa nature, son tempérament et ses blessures profondes. Il est faux de penser que la poule ne pouvait pas se contrôler mais que Xanthippe le pouvait. Cela dit, je ne suis pas plus en train de comparer votre épouse à Xanthippe que ne le faisait Swâmiji avec la mienne !

Cette histoire illustre à quel point la conviction est ancrée en nous que les autres pourraient penser ou agir autrement. Cherchez les points où vous êtes d'accord tous les deux et où vous pourrez montrer une unanimité en face de vos enfants. Ce sera déjà très précieux.

« DIEU SEUL EST BON »

UN HOMME : Cette semaine, vous avez donné un sens particulier à une parole de l'Évangile : Dieu seul est bon. Je ne comprenais pas cette parole et ça m'offusquait de penser que peut-être je n'étais pas bon. Vous avez ensuite expliqué que c'est à travers nous que se transmet la volonté de Dieu, ce qui m'a beaucoup touché.

ARNAUD : Si on lit les Évangiles, même sans connaître l'araméen, l'hébreu ou le grec, on se rend compte qu'ils transmettent des enseignements très cohérents et très clairs. Cette parole de Jésus est importante : « Ne m'appelle pas "bon", Dieu seul est bon. » Nous pouvons devenir les instruments de ce Dieu « en qui nous avons l'Être, le Mouvement et la Vie ». C'est une manière de s'exprimer qui ne sera jamais celle d'un bouddhiste. N'oubliez pas que vous pouvez faire le même voyage par la route, par le train ou par l'avion. Il y a des différences, mais tout le monde arrive au même endroit : l'amour, d'autres diront la compassion.

Par nous-même et sans aucune discipline spirituelle, nous fonctionnons à partir de nos conceptions individuelles de ce qui est bon ou mauvais. Le même maître que certains admirent et applaudissent sera haï par d'autres et considéré comme un incapable. Il y a tellement de contradictions entre les êtres humains sur ce qui est vraiment bien ou mal. Pour Lénine, le bien était d'extirper complètement la religion de la Russie. Ce n'était évidemment pas le point de vue des moines et du clergé orthodoxe.

Si nous avons comme visée spirituelle de « vivre sous le regard de Dieu », quelque chose va changer en profondeur. À partir de cette soumission, l'origine de nos comportements ne sera plus la même. Nous pouvons en effet aimer de l'amour de Dieu ou être bon de la bonté de Dieu. Qu'est-ce qui manque à ma réponse ?

Les miracles de l'Évangile

LE MÊME HOMME : J'aimerais connaître la signification des miracles de guérison physique qui sont décrits dans les Évangiles.

ARNAUD : L'Évangile fait en effet allusion à des miracles physiques. Devons-nous les considérer comme des miracles physiques ou comme des expressions figurées ? Le texte nous dit que Lazare qui est sorti de son tombeau avait déjà commencé à sentir mauvais. C'était donc un décès avancé. Suis-je vraiment tenu de croire qu'un cadavre est sorti de son tombeau ? Certaines guérisons incompréhensibles et très rapides se produisent de temps en temps dans les pays où l'on trouve encore des héros de la mystique, de la prière et du don de soi à Dieu. Tous affirment qu'ils ne sont pas les auteurs des miracles : des miracles s'accomplissent à travers eux. Une bonne part de ces miracles sont imaginés par la dévotion des fidèles mais un certain nombre sont vrais – et j'en ai parfois moi-même été témoin – mais ce n'est pas le plus important et, surtout, en quoi cela peut-il vous aider personnellement ? Par contre, revenons à des idées fondamentales qui peuvent nourrir notre cheminement : « Laissez les morts ensevelir leurs morts », dit Jésus. Cela signifie que les vivants, d'une certaine manière, sont morts. Quand le fils de l'enfant prodigue revient, le père proclame : « Réjouissons-nous, mon fils était mort et il est revenu à la vie. » Le mot *mort* et le mot *vie* sont donc employés dans un sens différent de l'ordinaire. On dit que Lazare était mort mais peut-être était-il mort spirituellement et le Christ lui a-t-il donné la véritable vie, la vie éternelle, l'éternel présent.

Vous connaissez aussi cette parole : « Ils ont des oreilles pour ne point entendre et des yeux pour ne point voir. » Ou encore : « Tu vois la paille qui est dans l'œil du voisin et tu ne vois pas la poutre qui est dans le tien. » Certes, le Christ dit : « Les sourds entendent, les aveugles voient et les paralysés marchent » mais ce sont des expressions qui ont été abondamment employées au sens symbolique. Il n'a pas donné des diagnostics médicaux précis concernant ses miracles ! D'une certaine manière, l'être humain livré à lui-même est paralysé. Il ne peut pas faire le bien qu'il voudrait faire, il n'a pas la maîtrise de son existence et il est dépendant des autres comme le paralysé. Si vous interprétez les miracles de cette manière, vous êtes directement impliqué.

À propos d'un paralysé, le Christ dit « Ouvre-toi » – *ephphatha* en hébreu : c'est éloquent ! Aux bains guérissants de Silohé, il y a un paralytique qui vient depuis vingt ans et qui se plaint qu'il ne peut descendre dans l'eau. La première parole du Christ est : « Veux-tu guérir ? » Comment se fait-il concrètement qu'il vienne depuis vingt ans et qu'il n'ait jamais réussi à descendre dans le bain ? Voulons-nous guérir ? Voulons-nous changer et échapper à notre mental et à nos erreurs ? Nous serons aidés si nous comprenons plusieurs des passages des Évangiles comme des indications très concrètes qui s'adressent directement à nous pour éclairer notre propre chemin. Notre guérison spirituelle est un merveilleux miracle.

Oui, quand les disciples de Jean-Baptiste demandent au Christ : « Es-tu Celui qui doit venir ? » Il répond : « Vous leur rapporterez que les aveugles voient, que les paralytiques marchent et que les sourds entendent. » Il s'agit de nous, de vous, de moi.

Le mental dont on peut se libérer

UN HOMME : Vous avez dit que, pour les hindous, il y a un sixième sens qui est la perception pour les animaux et qui est le mental pour l'homme. Ça me pose beaucoup de questions. Les hindous disent qu'il y a un mental supérieur et un mental inférieur…

ARNAUD : Les questions de vocabulaire sont toujours délicates. Un des premiers pas sur la voie consiste à préciser un vocabulaire commun au maître et au disciple. Un même mot pourra avoir un sens différent dans deux ashrams ou encore un mot sanscrit qui revient très souvent dans les paroles d'un maître peut n'être jamais utilisé dans un autre ashram. La terminologie utilisée doit être très précise. Comme nous utilisons des traductions françaises, il nous faudra être rigoureusement clairs entre nous. Éventuellement, nous pouvons utiliser un terme sanscrit comme on apprend un mot nouveau – un Tibétain qui n'a jamais connu autre chose que des torches pour s'éclairer peut-il apprendre les mots anglais *watt*, *voltage* ou *amps* ? Mais un terme sanscrit comme *manas*, le mental, peut avoir des sens différents suivant le contexte. Transmettant l'enseignement de Swâmi Prajnânpad, je traduis toujours le mot *mind* par mental. Dans l'enseignement bouddhiste tibétain transmis en anglais, le mot *mind* est toujours traduit en français par *esprit*. Nous utilisons ici une expression qui est parfaitement classique en sanscrit et qui n'est pas propre à Swâmi Prajnânpad : *manonasha* – destruction du mental. Il existe aussi un autre terme : *manolaya* – dissolution du mental. Le mot *manas* peut donc avoir des sens différents. Nous commençons avec ce mental subjectif et susceptible d'erreur et, à partir de là, nous faisons grandir une intelligence plus véridique et plus lucide.

En utilisant le mot *manonasha* – destruction du mental – nous désignons par *mental* une manière de fonctionner mensongère qui ne peut disparaître qu'au prix d'efforts bien menés. Swâmiji posait la question : « Est-ce que vous voulez être libre de l'ivresse des intoxications émotionnelles et de l'engrenage sans fin des pensées ? » Je me rends bien compte que pour l'instant je ne suis pas du tout libre. C'est vrai aussi que les hindous parlent toujours de six sens, incluant le mental. Le cadavre d'une personne qui vient de mourir conserve son anatomie mais ces instruments ne fonctionnent pas parce qu'il n'y a pas de conscience pour percevoir.

Mais si nous entendons le mot mental comme étant le sixième sens, que pourrait alors signifier l'expression *manonasha* – destruction du mental ? À ce niveau de signification, la destruction du mental correspondrait au tracé plat à l'électroencéphalogramme. Nous devons donc être encore plus précis quant au sens des termes comme esprit, mental, pensée, conscience, psychisme.

Je vois bien le genre de questions que vous posez qui faisaient aussi partie de mes préoccupations. Nous risquons de nous embrouiller dans des mots et de tout compliquer. Il nous faut un minimum de vocabulaire que peu à peu nous comprenons très bien parce que nous en avons l'expérience. Si Arnaud parle d'un mal de dent et que vous avez déjà eu mal aux dents, vous comprenez très bien ce dont il s'agit. C'est à cette clarté qu'il faut parvenir. Le mot *âme* crée des confusions à n'en plus finir quand on traduit *atman* par *âme*. Il peut y avoir une justification de philologie ou d'étymologie, mais cela génère beaucoup d'incompréhensions parce qu'en fait le mot *âme* – *psukhé* en grec – c'est le psychisme. J'ai trouvé cette précision chez un théologien orthodoxe : « Quand le Christ a dit "Mon âme est triste" il n'a pas dit "Mon esprit est triste". » L'âme, le psychisme est soit entièrement orienté vers ce qui change et qui est éphémère ou cette même âme est orientée vers la profondeur, vers l'esprit – une image assez intéressante est celle de ce miroir monté sur un axe et orientable qu'on appelait à juste titre une psyché. L'âme correspond au psychisme et n'a rien de spécialement mystique. Il est vrai que Dieu sculpta l'homme dans la terre glaise et « Il souffla et en fit une âme vivante ». Mais ne confondez pas les mots *âme* et *esprit*, ni le psychique avec le spirituel. Essayez de vous en tenir à un vocabulaire peut-être limité, mais le plus rigoureux possible. Le mental est une déformation du psychisme – de la psyché. C'est une déformation du mode de perception et de conception qui fonctionne en proposant autre chose que ce qui est – c'est la définition la plus simple. En toutes circonstances, à tous les niveaux, la vérité est unique, sans un deuxième, *without a second* et *mind creates a second* – le mental crée ce « second », dédouble ce qui est un. « Ce serait quand même plus agréable si on avait pu prendre notre dernier thé dehors... » À l'arrière-plan de l'ego, il y a : si le monde était vraiment bien fait, il correspondrait toujours à mon attente du moment. Or le monde ne correspond que rarement à mon attente du moment. Comment le pourrait-il, d'ailleurs, puisque chacun, à la surface de la planète, vit des attentes différentes. Voilà la vérité. Le chemin vers la Vérité, avec un grand V, est pavé de vérités relatives ponctuelles.

Réunion du soir

L'ILLUSION DE LA LIBERTÉ

UNE FEMME : Lors d'un entretien avec André Rochette à Hauteville, nous avons abordé mon expérience de la mort de mon fils. Il m'a dit : « De toute façon, tout est écrit. » J'ai un peu réagi et j'ai rétorqué : « Ben oui, la mort de mon fils c'était écrit, mais le deuil que j'ai traversé, pour moi, c'est un choix. Ma compréhension est que j'avais le choix de vivre le deuil, de le traverser, de prendre de la cocaïne ou de prendre autre chose. » Il m'a répondu : « Même ça, vous le portiez en vous ! » Ça m'a ébranlée ! Parce que je sers cette fausse salade-là aux personnes endeuillées qui viennent me voir dans le cadre de mon travail ; elles ne sont pas toujours bien situées dans leur choix ; j'appelle ça un choix de guérir.

ARNAUD : Vous soulevez une question qui a déjà été posée pendant ces dix jours : « Où est la liberté, où est le déterminisme ? » Cette question est débattue depuis que des hommes pensent ou philosophent. Ne vous laissez pas impressionner par une réponse tant qu'elle n'est pas devenue votre propre constat, votre propre expérience. André vous a répondu à partir d'un point de vue qui est vrai, celui de la causalité.

Partez d'un constat. Les maîtres proposent un enseignement que nous pouvons mettre en pratique et qui nous conduira vers une liberté ultime. Mais pourquoi certains êtres s'intéressent-ils à un enseignement spirituel et d'autres non ? Pourquoi certains qui s'intéressent à un enseignement spirituel s'y intéressent avec une grande intensité et s'y donnent complètement – comme les grands sages contemporains ou les mystiques – alors que d'autres mettent beaucoup moins en pratique ce qu'ils ont entendu ? Si nous étions vraiment libres, nous déciderions tous de mettre intensément en pratique afin de progresser le plus vite possible sur la voie de la connaissance de soi et de l'éveil. Donc entendez ce que vous a répondu André : oui, vous avez décidé de vivre un deuil d'une certaine manière, mais vous le portiez en vous. Exprimé ainsi, nous pouvons être d'accord.

Mais alors pourquoi tous les sages les plus éminents, depuis le Bouddha il y a 2 500 ans jusqu'à Mâ Anandamayî ou Ramana Maharshi au XXe siècle, et dans toutes les traditions, ont-ils répété « pratiquez » ? On a l'impression que les maîtres enseignent inlassablement en doctrine un déterminisme implacable mais qu'en pratique ils font tout le temps appel à notre liberté, comme si nous pouvions pratiquer si nous le voulions.

L'important, c'est la manière dont vous sentez les choses, vous ! Tant que vous avez l'impression, à partir de l'illusion de l'ego, d'avoir une certaine liberté : « Je décide de faire ou de ne pas faire ce voyage, je téléphone, je décide d'entendre cet enseignement », etc., soyez cohérente. Je ne me préoccupe pas de savoir si cette impression est illusoire ou non, c'est la manière dont vous concevez l'existence aujourd'hui. Vous, vous êtes convaincue que si vous accomplissez certaines actions, ces actions produiront certains résultats. Effectivement, il arrive que certains effets voulus se produisent et que nous obtenions le résultat escompté. Mais souvent, malgré tout ce que nous avons tenté, nous n'aboutissons pas à l'effet recherché. Votre expérience, votre vécu intime actuel n'est pas : « Il n'y a qu'un seul agissant : la Réalité ultime, ce n'est pas moi qui agis, c'est la Vie qui nous porte et sous-tend nos existences, l'Énergie qui ne dépend pas de nous et qui s'exprime à travers nous. » En Inde, vous entendriez souvent l'expression *« free from the I-am-the-doer illusion »*, « libre de l'illusion que c'est moi l'auteur des actions ». Peut-être est-ce l'expérience du sage mais, tant que ce n'est pas votre expérience à vous, la vraie réponse c'est que vous soyez fidèle à la façon dont vous sentez les choses aujourd'hui. Même si vous ne refusez pas l'idée que nous n'avons peut-être pas la liberté que nous nous attribuons, ce n'est pas la certitude sur laquelle vous fondez votre existence. Vous n'avez pas encore accompli le lâcher-prise radical et l'effacement de l'égocentrisme. Considérez que vous avez une certaine marge de liberté, notamment celle de vivre la même situation d'une manière ou d'une autre : refus, résistance, révolte, souffrance ou, au contraire, non-conflit, acceptation, soumission – et action dans la mesure où une action est possible. On en revient toujours à ce choix. L'état de conscience habituel est l'égocentrisme, la manière de percevoir l'existence à partir de *moi, ma liberté, mes actions*. Vous réaliserez que l'ego est une fausse vision, une illusion. Mais pour l'instant, nous posons toutes les questions sur le libre arbitre à partir de cette illusion de l'égocentrisme.

Par contre, la réponse au niveau ultime est que, s'il n'y a plus d'ego, la question ne se pose plus. Arthur Osborne, un disciple anglais ayant vécu dix ans, jour après jour, auprès de Ramana Maharshi, employait l'image de la TSF, la radio d'autrefois, un meuble assez imposant. Il imaginait un membre d'une tribu, vivant au centre des forêts de Bornéo et ignorant tout de la radiodiffusion, voyant une grande boîte, entendant des chansons et demandant « la dame qui est dans la boîte, est-ce qu'elle est libre de choisir les chansons qu'elle chante ou est-ce qu'on l'oblige à chanter certaines chansons ? ». Réponse : « Il n'y a pas de dame dans la boîte. »

Il est possible de s'éveiller de cet état de conscience habituel. Je ne parle pas ici seulement d'un moment d'éveil qui peut être très intense, une expérience d'un autre niveau de conscience mais qui n'est pas stabilisée parce que tous les nœuds n'ont pas été dénoués, tout l'inconscient n'a pas été purifié et, en vérité, tout reste à faire ! Certains emploient le mot « éveil » pour cette grande expérience inoubliable mais je parle ici d'un éveil stabilisé, définitif. La conscience individualisée, limitée, séparée, impermanente, moi, moi qui vieillit, n'est pas l'*atman*, n'est pas la nature de Bouddha, n'est pas la nature fondamentale de l'esprit. À partir de cet état de conscience, nous posons les questions d'une certaine manière. Si nous nous éveillons, toute notre perspective change. La question de la liberté est posée à partir de l'ego qui a la conviction, lui, de la dualité puisque c'est son expérience : il y a moi, il y a sur mes épaules ce châle, je le ferme, je l'ouvre, je le ferme, je décide de ne plus y toucher. C'est notre expérience. Mais si cette limitation de l'ego individualisé et séparé se dissout, les questions ne se posent plus, en tout cas plus du tout de la même manière.

Alors, en attendant que votre expérience vous révèle en toute certitude ce qu'est la liberté et ce qu'est l'asservissement, qu'est-ce qui vous trouble ?

LA MÊME FEMME : Je crois, bien que ça doit être intellectuel, que je porte en moi tout ce qui est arrivé dans ma vie et tout ce qui arrivera. Ça, j'y crois.

ARNAUD : Si vous le « croyez », ce n'est pas une expérience certaine. C'est une idée qui vous convient mais pas une certitude.

LA MÊME FEMME : Je ne crois pas que c'est intégré ni que c'est très bien senti mais je me dirige dans cette direction-là, en tout cas j'espère ! Ce qui me trouble, c'est que mes choix sont plus difficiles à faire depuis que l'idée « ce qui doit arriver va arriver » est là en arrière, toujours présente.

ARNAUD : Si vous étiez certaine que « ce qui doit arriver arrivera », vous lâcheriez prise complètement et les actions à accomplir s'imposeraient seconde après seconde.

LA FEMME : Je n'aurais pas de choix à faire ?

ARNAUD : Non ! Si vous étiez convaincue que vous êtes portée par le courant de l'existence, si vous saviez que de toute façon ce qui doit arriver arrivera, alors vous seriez complètement détendue, vous ne vous inquiéteriez pas pour le futur, vous vivriez rigoureusement l'instant et l'instant suivant.

Nous pouvons utiliser l'image du comédien en scène. Lorsqu'il commence à jouer le premier acte, le cinquième acte est déjà inscrit en lui et, si c'est un des grands rôles du répertoire, il sera porté pendant deux heures par le déroulement de la pièce. Il n'a aucun souci pour le futur. En jouant le premier acte, il ne se demande pas « qu'est-ce qui va se passer au cinquième acte ? » « qu'est-ce que je devrais décider pour que… ? ». Non, tout est écrit, c'est le cas de le dire. Il est totalement asservi au rôle et ne peut pas modifier à son gré les péripéties de l'intrigue, chaque réplique va être dite le moment venu telle qu'elle a été prévue et l'acteur ne peut pas se permettre de penser à autre chose. C'est ce qui permet au comédien d'être pleinement dans l'instant, entièrement détendu seconde après seconde. Et dans cet esclavage au texte et à la mise en scène, l'acteur se sent suprêmement libre. Il laisse son ego personnel dans sa loge, il joue son rôle bien qu'il ne se prenne pas vraiment pour le personnage qu'il incarne. Dans son for intérieur, il est parfaitement serein, même s'il exprime en scène de grandes souffrances. Il est d'accord pour jouer ce rôle tragique tous les soirs. À l'intérieur d'un déterminisme total se révèle une impression de liberté parfaite. Situé purement dans l'instant – pas de passé, pas de futur, pas de tension, pas de crainte, pas de décision, pas de choix – le comédien se laisse porter. C'est ce qui fait la fascination de ce métier. Lorsqu'un acteur réussit à jouer de grands rôles et qu'il est en scène pratiquement toute la soirée, il n'a plus d'ego pendant deux heures. Par contre, si au deuxième rang un spectateur fait du bruit, n'arrête pas de tousser, alors là, l'ego du comédien interfère avec le rôle. Même si vous n'avez jamais joué un grand rôle sur une scène, vous voyez bien ce que je veux dire ?

LA MÊME FEMME : Oui, tout à fait.

ARNAUD : C'est une image de la liberté. Dans le lâcher-prise, dans la perfection du ici et maintenant, le geste à faire s'impose, la réplique à dire s'impose. Cela semble paradoxal, la « libération » c'est la perte de l'illusion d'une certaine liberté. Plus nous progressons vers la liberté, moins nous avons le choix, parce que plus ce qui est juste, approprié, conforme à l'ordre des choses, nous apparaît avec une certitude d'où émane la spontanéité. Un musicien dans un orchestre symphonique n'a pas le choix, la partition a été écrite par Ludwig Van Beethoven, le chef d'orchestre impose une certaine coloration, un certain rythme, un certain style d'interprétation et, lorsque le musicien doit attaquer au violon, alto, violoncelle ou tuba, il joue ce qui est écrit sur la partition. C'est un esclavage. Et, en même temps, c'est une libération. Plus de choix, plus de problème, plus de doute, plus de poids à porter. Au contraire, la situation ordinaire de choix et de doute est douloureuse : « Est-ce que je me suis trompé ? »

Je le disais il y a quelques jours, Jean-Paul Sartre enseignait au cœur de sa philosophie existentialiste : « L'homme est condamné à la liberté. » Condamné à prendre des décisions quitte à se dire ensuite « je me suis trompé ». Condamné à faire des choix que l'avenir révèle très souvent comme erronés. La libération est la fin de cette malédiction. À mesure que l'ego s'efface, la « spontanéité » – c'est le mot qu'emploient les hindous – mène le jeu. Qu'est-ce que notre petit moi peut vraiment diriger et empêcher ? L'interdépendance est la loi, des phénomènes se succèdent dans un vaste ensemble, des causes produisent des effets et nous ne pouvons pas intervenir à notre gré pour modifier ce jeu universel des actions et des réactions.

À la fin du XIXe siècle, l'Occident s'est engagé dans la voie de la recherche scientifique et de la technologie. Il n'y avait ni voiture, ni avion. Aucun d'entre nous qui sommes ici n'a vraiment décidé ce que devait être le XXe siècle. Nous sommes pris dans un vaste mouvement et, plus nous progressons, plus nous nous rendons compte que les grands événements de notre vie nous dépassaient. Des causes innombrables remontant au Big Bang, impliquant tant d'autres personnes, ont produit des successions de résultats. « Qu'est-ce qui fait que je suis allé, ce jour-là, à tel endroit où j'ai rencontré cet homme qui est devenu mon mari... » Observez, observez, vous n'avez pas à croire sur parole tant que cela ne correspond pas à votre réalisation personnelle. Ce sens de l'interdépendance, de l'interconnexion, de la totalité organique deviendra peu à peu votre expérience.

Mais dans des détails plus infimes de nos existences, nous avons une liberté sur laquelle est fondée la voie. Vous pouvez décider de mettre votre réveil non plus à 7 h 30 le matin, mais à 7 heures et méditer une demi-heure. Et il se peut que vous teniez cette décision. Mais regardez le nombre de décisions importantes que nous prenons et que nous ne tenons pas. Soyez extrêmement attentive, observez rigoureusement : « Qu'est-ce que j'ai comme marge de liberté ? » De ne pas m'énerver, alors qu'en fait je constate que je m'énerve ? Je prends des décisions et, si je suis lucide, je vois que je ne les tiens pas. Qu'est-ce qui fait que je désire cette chose, que cette pensée m'obsède ? Où est-ce que j'ai un choix ? Soyez très réaliste, concrète, à partir de la manière dont vous percevez les choses aujourd'hui, sans vous duper avec les grandes vérités métaphysiques. Vous réaliserez que nous sommes soumis à des lois qu'étudient les sciences humaines mais auxquelles, peu à peu, nous pouvons cesser d'être assujettis.

En rencontrant Swâmi Prajnânpad, je me suis intéressé de nouveau à la psychologie car il m'a bien montré que je ne pouvais pas faire l'économie du psychique au nom du spirituel. La psychologie en tant que science est supposée observer des faits, formuler une hypothèse d'explication, la vérifier et, s'il y a confirmation, exprimer une loi. Donc des lois régissent le psychisme humain. Les ouvrages de psychologie peuvent traiter du désir, de la peur, de l'angoisse fondamentale, de l'ambivalence, des motivations inconscientes de nos actions. À l'ashram de Swâmi Prajnânpad, je me suis rendu compte que rien de ce qui était écrit dans ces ouvrages de psychologie ne s'appliquait à lui. Ces lois me régissaient encore, je dois honnêtement le reconnaître, à travers mes fascinations, mes souffrances, mes peurs, mes réactions. Toutes ces lois, auxquelles d'une manière générale l'humanité est soumise, ne le concernaient plus, lui, Swâmi Prajnânpad, c'était évident, tout le prouvait. Il était libéré – *moksha*, *mukti* en sanscrit – très concrètement. On n'est pas plus ou moins libre, mais on est plus ou moins asservi. Je dis un chiffre arbitrairement, nous sommes soumis d'abord à deux cents lois, puis nous ne sommes plus assujettis qu'à cent lois, puis vingt et enfin plus aucune. La peur peut disparaître de nos existences, la jalousie, le doute, la souffrance du désir frustré, l'insatisfaction essentielle, les réactions impulsives ont disparu.

Évidemment, cela vous paraîtrait miraculeux qu'un être humain sautant par la fenêtre d'un immeuble s'envole comme Superman : les lois de la gravité et de la pesanteur ne s'appliquent plus à lui. De la même façon, vous pouvez vous libérer des lois psychologiques dont vous êtes aujourd'hui prisonnière. Les mêmes types de situations, les mêmes types de causes ne produisent plus les mêmes effets. Là, le mot liberté prend un sens concret. Imaginez que vous réussissiez – bien sottement et bien fâcheusement – à terrifier un enfant : « Je suis un ogre et je vais te manger ! » Si je vous dis la même chose aujourd'hui, je ne crois pas que je fasse lever en vous une terreur. Nous pouvons tester notre progression sur la voie et envisager concrètement, réalistement ce thème de la liberté et du déterminisme, au lieu de nous demander : « Quand est-ce que je serai libéré ? »

Je comprends bien ce qu'a voulu dire André. Qu'est-ce qui fait que vous êtes ici ce soir ? C'est que les circonstances vous ont permis de venir, amenée à venir. Peut-être certains auraient-ils eux aussi souhaité venir mais ils ont des problèmes financiers, des problèmes familiaux. Nous voyons bien qu'il y a tellement d'éléments, qui concourent à ce qui se produit ou non et sur lesquels nous n'avons pas de pouvoir. On pourrait remonter jusqu'au Big Bang. Oui ! Si l'homo sapiens sapiens n'était pas apparu sur la terre, aucun de nos problèmes ne se poserait.

QU'EST-CE QUE L'AUTRE PEUT ENTENDRE ?

UNE FEMME : Qu'est-ce que je peux partager avec mon conjoint concernant mon cheminement sur la voie, quelles sont les idées essentielles ainsi que celles à ne pas partager ?

ARNAUD : Il n'existe pas de réponses toutes faites, cela dépend du conjoint et de la relation que vous avez entre vous. Partager ne signifie pas dire ce qui vous paraît intéressant à vous, mais plutôt essayer vraiment de sentir ce que lui, aujourd'hui, peut entendre, ce qui peut l'intéresser lui. Qu'est-ce qu'il lui sera très difficile d'admettre aujourd'hui ? Qu'est-ce qu'il pourra admettre plus facilement ? Quand nous donnons quoi que ce soit mais que l'autre ne le reçoit pas, nous ne donnons pas. « *There is no giving without receiving* », disait Swâmi Prajnânpad. S'il n'a pas pu l'entendre parce que c'est trop éloigné de ses conceptions actuelles, il ne l'a pas reçu. À ce moment-là, notre action n'est pas une action réelle. Vous vous exprimez vous, mais vous ne parlez nullement à l'autre. L'autre, l'autre, l'autre. Et non pas ce que vous, vous considérez comme beau, noble, vrai, lumineux. Mais comment parler le langage de l'autre ? En fait, il faudrait parler toutes les langues : parler le Michel à Michel, le Catherine à Catherine et de même pour nos enfants. La confusion des langues de la « Tour de Babel », c'est que les gens ne se comprennent plus ! Denis ne parle que le Denis et Christiane ne parle que le Christiane. Essayez de parler le langage de l'autre. « Quelle image, quel vocabulaire puis-je utiliser ? » Pourquoi communiqueriez-vous en japonais avec un Italien qui ne va rien comprendre ? Donc, si vous parlez d'une certaine manière à quelqu'un et que cela ne correspond pas à sa sensibilité, à son cadre intellectuel ou mental actuel, il ne pourra pas vous entendre. Peut-être qu'avec quelqu'un aujourd'hui il vaut mieux ne pas insister sur l'aspect religieux de votre démarche mais que si vous soulignez l'aspect connaissance de soi, il pourra entendre quelque chose. Ou inversement, si j'emploie un certain vocabulaire religieux, cela aura beaucoup d'écho chez un autre. C'est la première question : « Qu'est-ce que je peux partager des idées qui me paraissent, à moi, précieuses ? Et comment le faire habilement ? »

Le deuxième thème est valable pour tous : « Qu'est-ce que je peux partager avec mon conjoint de mes difficultés, de mes découvertes, de mes souffrances ? » Là encore, qu'est-ce que l'autre peut entendre ? Est-ce judicieux de dire sa souffrance à l'autre et qu'il le sente comme un reproche : « C'est à cause de toi que je ne suis pas heureuse, que je souffre, que je ne suis pas épanouie ? » Il n'entend pas sa femme lui ouvrant son cœur, il entend l'accusation. C'est déjà si difficile, quand on est pourtant venu pour cela, d'entendre un maître nous dire un soupçon de vérité sur nous-mêmes sans nous défendre. Soyez donc déjà attentive à ne pas créer ce réflexe de fermeture. Il est inutile de poursuivre le dialogue si vous avez occasionné un refus chez quelqu'un – or c'est ce que nous faisons dans la mécanicité habituelle alors que l'autre ne peut plus entendre. Voici une règle simple : faites très attention, si vous décidez de partager votre ressenti avec quelqu'un d'autre, que cela ne lui apparaisse pas comme un reproche, sinon il ne pourra pas vous écouter, du moins pas tout de suite. En conséquence, l'inverse est vrai aussi : un être humain, même s'il est encore assez égoïste, est capable d'entendre ce que l'autre éprouve pourvu qu'il ne se sente pas mis en cause. Nous pouvons parler à un autre d'un thème dans lequel il n'est pas impliqué, par exemple d'une difficulté dans notre vie professionnelle, alors que lui-même exerce une tout autre activité ; là, il ne l'éprouve pas comme une accusation. Mais le plus souvent, à l'intérieur du couple, nous souhaitons échanger avec l'autre sur des thèmes dans lesquels il est impliqué. Est-ce que cela va être une fois encore un dialogue de sourds ? Il y a tant de discussions, de partages d'une difficulté avec un autre où celui-ci se sent mis en cause et où nos paroles lui deviennent inécoutables : il se défend, se justifie et va même jusqu'à nier. Une femme osant se confier, s'ouvrir, avoue : « Je ne suis pas heureuse en ce moment, je ne sais pas ce qu'il y a » et ce n'est peut-être même pas vraiment à cause de son compagnon. Il se peut très bien qu'un homme le ressente tout de suite comme un blâme : « Je ne fais pas ce qu'il faut pour la rendre heureuse. » Inévitablement, il se défend : « Mais non, comment malheureuse, mais écoute, tout va bien. Regarde, tu fais un travail intéressant, et puis nous avons… » n'importe quoi, simplement pour lui prouver qu'elle est très heureuse.

Il faudrait entrer dans le détail, prendre des échantillons concrets pour voir comment vous procédez quand vous tentez de communiquer avec votre mari et où vous pouvez éventuellement vous tromper, ce qui entraîne alors des réactions de sa part. C'est un travail tout à fait nécessaire mais que nous n'effectuons pas dans ces réunions communes qui sont plutôt des réunions de transmission des grandes données de la voie. Vous accomplissez ensuite un travail plus approfondi en entretien ou en petit groupe ; toute l'organisation d'Hauteville et de Mangalam est là pour que ce travail puisse s'accomplir même s'il ne se fait pas avec Arnaud lui-même. Comment sentez-vous ma réponse ? Qu'est-ce qui manque ?

LA MÊME FEMME : Y a-t-il des aspects essentiels qu'il ne faut jamais partager ?

ARNAUD : Une fois de plus, je vous dirai : « Avec qui ? » Avec quelqu'un qui a vraiment franchi certaines étapes importantes sur ce que nous appelons la voie, vous pouvez partager beaucoup, beaucoup plus ! De même, peut-être que certains psychothérapeutes possèdent une réelle capacité d'accueil et d'écoute neutre, que le contre-transfert ne se produit pas ou qu'il est impeccablement géré. Un sage ou un disciple vraiment avancé sur la voie peut tout écouter, même ce qui le mettrait en cause. Toutefois, dans les conditions ordinaires, tout le monde ne peut pas tout entendre, loin de là. Il y a donc certaines réalités ou certaines vérités pour lesquelles il vaut mieux reconnaître : « Je ne peux pas les dire, elles ne seront pas entendues et ne seront pas comprises. » Un prêtre vous conseillerait aussi : « Dites tout à Dieu, Lui peut tout entendre de vos peines, de vos souffrances ! » Si elle est comprise intelligemment, cette parole devient tout à fait vraie.

PEUT-ON AVOIR PLUSIEURS MAÎTRES ?

UNE FEMME : Vous écrivez dans vos livres que lorsqu'on a trouvé un maître, généralement, il est préférable de continuer dans une même voie. Existe-t-il des exceptions ? Est-il possible de faire un bout de chemin avec un maître et, ensuite, décider de faire un autre bout de chemin avec un autre ?

ARNAUD : C'est une question grave. C'est possible. Il pourrait arriver que vous vous engagiez sur une voie et que vous découvriez tout d'un coup : « Mais je me suis illusionnée, je m'aperçois des mensonges du maître, des tricheries autour de lui. » Il est possible également que vous vous engagiez sur une voie pour laquelle vous aurez toujours de la gratitude mais où vous trouviez une limite et qu'ensuite vous vous engagiez sur une autre voie. J'ai quitté les groupes Gurdjieff au bout de quatorze ans après avoir rencontré Swâmi Prajnânpad. Mais, aujourd'hui encore, je peux dire que j'ai une grande dette de gratitude pour tout ce qui m'a été montré dans ces « groupes ». Il arrive qu'une religieuse souhaite devenir carmélite puis, se rendant compte que ce n'est pas exactement là où elle peut le mieux s'épanouir, elle devienne cistercienne et le demeure.

Mais il faut bien qu'un jour vous trouviez votre voie, votre engagement, sinon votre prétendue ascèse devient : « Je prends ce qui me convient et je ne prends pas ce qui ne me convient pas », et l'ego n'est jamais mis en cause. Vient un moment où l'ego, les illusions doivent être mis en cause. L'habileté du mental pour éviter ce passage décisif, c'est de prendre un peu chez les Tibétains, de participer ensuite à un séminaire, puis de séjourner un mois dans un ashram. À force de suivre beaucoup de voies, en vérité, vous n'en suivez aucune ! Posez-moi votre question plus précisément, si vous voulez une réponse plus explicite.

LA MÊME FEMME : D'accord, j'ai été ordonnée nonne chez des bouddhistes deux années et, même si mon engagement était profond, j'ai constaté que la voie monastique n'était peut-être pas ma place. Maintenant, j'ai l'impression de trahir mon maître en allant voir ailleurs.

ARNAUD : Parlez avec lui ! Dites-le-lui ! Et s'il ne peut vous donner la réponse qui vous satisfasse, quelle que soient sa pureté, son intégrité de moine bouddhiste, vous ressentirez que ce n'est pas lui qui peut vraiment vous aider. Ce n'est pas une trahison. Ce qui se passe aujourd'hui, c'est qu'on prend trop vite des engagements : on rencontre un lama tibétain, on s'engage et on prend les trois refuges dans le bouddhisme ; on rencontre un swâmi hindou, on lui demande un *mantram* en sanscrit, qu'il nous donne mais dont nous ne pouvons rien faire de sérieux ensuite.

En outre, aujourd'hui, qu'est-ce que nous appelons prendre des vœux de nonne ou de moine ? En principe, les moines d'un monastère zen n'ont pas de vie sexuelle. Par contre, il y a eu des maîtres zen atypiques, des grands rinpochés qui ont été mariés et pères de famille. Mais ils n'étaient pas moines. Dans la tradition chrétienne, prononcer ses vœux de carmélite, de cistercienne ou de bénédictine correspond à un engagement très précis ; ce n'est pas toujours le cas dans certaines filiations bouddhistes. Il faut donc être très clair sur ce point : quels sont les vœux prononcés et à quoi nous engageons-nous ? Parlez avec votre lama, votre maître, c'est le premier à qui il faut exprimer votre malaise et voyez si sa réponse, quelle qu'elle soit, vous satisfait. « Maintenant je suis en paix, je comprends que je peux avoir des doutes, des difficultés par moments, mais c'est vraiment ma voie », ou encore « Est-ce que je peux renoncer à ces vœux tout en continuant à suivre une voie bouddhiste ? ». Mais il est possible également que vous ressentiez, sans mettre en cause la valeur de votre maître, que sa réponse ne vous convienne pas, ne vous aide pas. Ce n'est pas un reniement. On m'a parfois demandé des témoignages sur les enseignements Gurdjieff et ce que j'ai décrit a toujours été positif car je ne vois pas uniquement ce qui a manqué pour moi mais également ce que j'ai reçu de précieux et que je ne peux pas oublier. Nous avons terriblement besoin d'aide. Où allons-nous trouver celle qui nous convient ?

Un centre de gravité permanent

UN HOMME : Est-ce que c'est votre ego qui vous a poussé à vouloir devenir comme Swâmi Prajnânpad ?

Est-ce que c'est mon ego qui me pousse à vouloir devenir comme vous ?

ARNAUD : Tant que notre état de conscience, c'est l'ego, nous ne sommes pas encore au-delà de l'ego. Donc, c'est l'ego. Le mot « ego » a un inconvénient, c'est qu'il donne l'impression d'une réalité fixe, comme le « château Frontenac » que nous percevons comme une entité fixe (bien qu'il soit lui aussi soumis à la loi du changement). L'ego n'a aucune fixité ! C'est une succession de peurs, de désirs, d'états d'âme dont l'égocentrisme est le seul dénominateur commun. Tout est apprécié par rapport à moi ; pour moi c'est une bonne nouvelle, pour un autre c'est une très mauvaise nouvelle. La succession de ces désirs et états d'âme momentanés, c'est l'ego. Mais parmi tous ces désirs, ces peurs, ces ambitions, ces personnages contradictoires qui nous habitent et qui prennent tour à tour le devant de la scène, il y a un ego particulier qui, lui, a *un* but particulier, « un but différent des buts ordinaires des hommes ». Ce but peut être le même à vingt-quatre ans et à soixante-dix ans. Dans *Fragments d'un enseignement inconnu*, Gurdjieff décrit avec des expressions convaincantes l'éparpillement de l'être humain, son manque d'unité, son instabilité. Mais, dit-il, dans cette incohérence se forme un *centre de gravité permanent* qui attire, qui assimile ce qui lui correspond. Il attire peut-être une rencontre avec un sage tibétain dont on ne devient pas spécifiquement le disciple mais dont la présence est un superbe témoignage que la voie conduit quelque part. Ce centre de gravité permanent attire et assimile aussi une lecture d'un livre marquant dont on se souviendra trente ans plus tard.

L'idée est qu'il y a un ego particulier, « un ego de disciple », dont l'intention est, à mesure qu'il comprend de mieux en mieux, la dissolution de l'égocentrisme ordinaire. En Inde, l'image classique est : « Quand on s'est planté une épine dans le doigt, on utilise une autre épine pour l'extraire et ensuite on les jette toutes les deux. » Mâ Anandamayî employait aussi une autre image : « Quand on est sale, pour se laver, on se savonne. Ensuite, quand on se rince, on fait partir à la fois la crasse et le savon. » C'est la même idée. Pour progresser sur la voie, il y a un ego particulier qui comprend, grandit et entrevoit de mieux en mieux de quoi il s'agit vraiment. Quand les années passent, en se souvenant de beaucoup de moments de notre existence, nous pouvons nous dire : « Quand je pense que j'ai tellement voulu ceci, ou que cela m'a tellement fait souffrir ! Qu'est-ce qu'il en reste ? » Par contre, si je me souviens de mes premiers exercices de présence à soi-même dans les groupes Gurdjieff à vingt-quatre ans, je peux affirmer : « C'est hier ! »

Oui, vous pouvez dire « c'est l'ego », mais un ego particulier parce qu'il a un but unique, définitif. « Je suis triste, j'ai toujours ce même but ; je veux réussir, je n'oublie pas ce but ; je n'ai que des difficultés, je n'oublie pas ce but. » Un but qui peut s'éveiller à vingt ans et qui devient le centre de gravité permanent de toute notre existence. Ce qu'on appelle « la Terre promise » dans l'Ancien Testament c'est l'effacement des *deux* ego pour passer au-delà. L'Exode a souvent été interprété symboliquement. Moïse est en nous, le pharaon est en nous, la mer Rouge est en nous, le peuple hébreu est en nous. Moïse a conduit cette multitude, cette foule, dont il a fait un peuple jusqu'à la Terre promise. Il a vu celle-ci mais il n'y entre pas, il meurt avant. L'ego de disciple nous a conduits jusqu'au seuil au-delà duquel nous avons disparu pour que la vie éternelle se révèle en nous et à travers nous, ce que les soufis dénomment *fana*, extinction, et *baqa*, subsistance en Dieu.

Vers l'accomplissement

Les chemins de la sagesse

Arnaud Desjardins

Depuis des millénaires, les religions et les philosophies qui ont façonné les civilisations insistent sur l'importance de notre comportement vis-à-vis des autres et de soi-même. Une attitude particulière qu'il n'est pas si facile d'adopter, ni même de comprendre.
C'est pourquoi, à tous ceux qui souhaiteraient partir à la (re)découverte de soi et reconsidérer l'orientation de leur existence, Arnaud Desjardins propose un guide clair et précis, afin d'accompagner leurs premiers pas sur la voie de la sagesse.

(Pocket n° 12831)

Les clés du bonheur

Bienvenue sur la voie

Arnaud Desjardins

À tous ceux qui sont à la recherche du bien-être, de la sérénité et de la sagesse, Arnaud Desjardins propose à la fois une synthèse et un guide pratique. Fort d'une expérience hors du commun au contact des plus grands maîtres des différents courants orientaux, Arnaud Desjardins nous éclaire sur la nature et le but de toute démarche spirituelle, et nous donne les clés de vie qui ouvrent la voie de la sagesse et du bonheur.

(Pocket n° 13319)

Cet ouvrage a été imprimé en France par

CPI
Bussière

à Saint-Amand-Montrond (Cher)
en mai 2009

Composé par Nord Compo Multimédia
7, rue de Fives, 59650 Villeneuve-d'Ascq

POCKET - 12, avenue d'Italie - 75627 Paris Cedex 13

— N° d'imp. : 90855. —
Dépôt légal : juin 2009.